晋商文化

主　编　范志萍　贾雪梅　曹晓玲
副主编　田云国　魏莉霞
参　编　张　焱　常敬忠　黄　娟

北京理工大学出版社
BEIJING INSTITUTE OF TECHNOLOGY PRESS

内 容 提 要

本教材是"三教"改革背景下太原旅游职业学院新形态教材改革实践探索成果。本教材编写坚持以社会主义核心价值观为引领，以立德树人为根本，以传承中华优秀传统文化为宗旨，系统发掘展示晋商文化、晋商精神价值内涵。本教材共分为八个模块，分别是解读山西商业、揭秘山西票号、寻迹万里茶道、开启山西实业、领悟晋商智慧、走进晋商家族、探访遗址遗迹、盘点晋商民俗。整体设计以学生为中心，坚持建构主义；聚焦新形态数字化，动态更新教学资源；设置分层学习内容，满足个性化学习需求。

本教材可作为高职院校和职业本科院校旅游大类、财经商贸类等专业教材，也可作为体现省城特色文化的高职院校公共选修课教材。

图书在版编目（CIP）数据

晋商文化 / 范志萍，贾雪梅，曹晓玲主编 . -- 北京：
北京理工大学出版社，2024.7
ISBN 978-7-5763-3582-8

Ⅰ.①晋… Ⅱ.①范… ②贾… ③曹… Ⅲ.①晋商—
商业文化—高等学校—教材 Ⅳ.① F729

中国国家版本馆 CIP 数据核字（2024）第 045659 号

责任编辑：王梦春	文案编辑：邓　洁
责任校对：刘亚男	责任印制：王美丽

出版发行 / 北京理工大学出版社有限责任公司	
社　　址 / 北京市丰台区四合庄路 6 号	
邮　　编 / 100070	
电　　话 / （010）68914026（教材售后服务热线）	
（010）68944437（课件资源服务热线）	
网　　址 / http：//www.bitpress.com.cn	

版 印 次 / 2024 年 7 月第 1 版第 1 次印刷	
印　　刷 / 河北鑫彩博图印刷有限公司	
开　　本 / 787 mm×1092 mm　1/16	
印　　张 / 17	
字　　数 / 412 千字	
定　　价 / 88.00 元	

前言

PREFACE

　　明清晋商"纵横欧亚九千里，称雄商界五百年"，在我国经济发展史上留下了浓墨重彩的商德文化和晋商精神，它积淀着中华民族最深层的商业精神，代表着中华民族独特的商业文化标识。习近平总书记四次莅晋考察指导，高度重视保护历史文化遗产。2017 年 6 月习近平总书记视察调研山西时高度评价"诚实守信、开拓进取、和衷共济、务实经营、经世济民"的晋商精神。2022 年 1 月习近平总书记在平遥古城考察时指出，"要坚定文化自信，深入挖掘晋商文化内涵，更好弘扬中华优秀传统文化"。党的二十大报告指出："中华优秀传统文化源远流长、博大精深，是中华文明的智慧结晶""坚守中华文化立场，提炼展示中华文明的精神标识和文化精髓，加快构建中国话语和中国叙事体系，讲好中国故事、传播中国好声音，展现可信、可爱、可敬的中国形象"。这些重要论述为文旅行业把握新发展阶段、贯彻新发展理念、构建新发展格局、推动高质量发展点明了方向、指明了路径，对文旅行业实现理念重构和实践创新具有重要的指导意义。

　　《晋商文化》是山西省高职院校和职业本科旅游大类、财经商贸类等专业的优势特色课程教材，也是体现省域特色文化的高职公共选修课程教材。本教材的编写坚持以社会主义核心价值观为引领，以立德树人为根本，以传承中华优秀传统文化为宗旨，系统发掘展示晋商文化、晋商精神价值内涵，填补了以"晋商"为题材的优秀地方特色文化教材的空白，助力山西学子弘扬晋商文化、传承晋商精神，增强热爱家乡、建设家乡的责任感和使命感。

　　作为特色文化教材，本教材具有以下特点：

　　1. 整体设计以学生为中心，坚持建构主义。本书编写秉承"以学生为中心、学习成果为导向、促进自主学习"的设计思路，通过"案例导入""知识精讲""课堂活动""微课视频""知识检测""模块评价"等环节设计，引导学生自主完成知识意义的建构，确保教材组织逻辑与课程实施模式相匹配。

　　2. 聚焦新形态数字化，动态更新教学资源。本教材通过添加微课视频二维码、小视频二维码、习题二维码，并配套线上教学平台等方式，将纸质教材教学内容与数字媒体教学

模块一 | 解读山西商业

模块导读

晋商为中国十大商都之首,其历史可追溯到春秋战国时期。明清两代是晋商的鼎盛时期,其财产富可敌国,曾经一度垄断中国票号汇兑业,是当今银行的鼻祖,在晋商繁荣期间,晋商曾称雄国内商界500年之久。从明初到清末,其活动区域遍及全国各地,并将足迹延伸到了欧洲、日本、东南亚和阿拉伯等国家和地区,赢得了"有麻雀的地方就有山西商人"的美誉。晋商的经营项目十分广泛,"上自绸缎,下至葱蒜",无所不包。尤其清代创立票号之后,商品经营资本与金融资本相结合,一度执全国金融界之牛耳(图1-1)。那么山西孕育出晋商的背景有哪些?明清以前山西商人的状况如何?晋商是怎样兴起与衰落的?中国十大商都都是哪些?晋商与徽商又有哪些异同呢?本模块的学习将为您揭晓答案。

图1-1 平遥古城市楼

学习目标

知识目标	1.了解晋商的发迹背景，熟悉明清以前的名商大贾、丰富的物产资源； 2.掌握晋商在明代兴起的原因与发展过程； 3.掌握晋商在清代达到鼎盛的过程与表现； 4.熟悉晋商的衰落过程及其历史启示； 5.了解明清中国十大商帮，熟悉晋商与徽商的异同
能力目标	1.具备收集资料、整理分析并进行归纳总结的能力； 2.具备比较分析和历史思维能力； 3.能够将晋商智慧应用到日常学习、生活和以后的工作之中
素养目标	1.树立创新意识、机遇意识、危机意识和大局意识； 2.提升文化涵养，树立文化自信，增强民族自豪感

思维导图

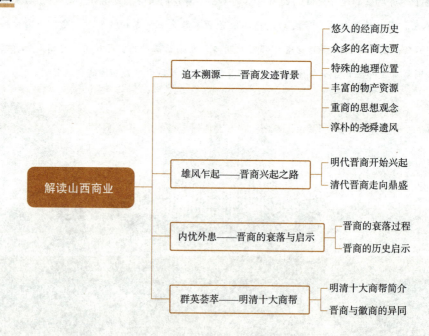

微课：追本溯源
——晋商发迹背景

• 案例导入

梁启超《在山西票商欢迎会演说词》节选

　　1912年，梁启超结束了十几年流亡海外的生活，回到北京并出席了山西商人为他举行的欢迎会。在这个场合，他说这样一段话："鄙人在海外十余年，对于外人批评吾国商业能力，常无辞以对，独至此有历史，有基础，能继续发达之山西商业，鄙人常以此自夸于世界人之前。夫一国独精之业，岂在乎多，得一二业而足以自豪，即已足与世界人民角逐于竞争场里。故今日诸君欢宴，固当表谢意。然鄙人所欲谢诸君者，则又在其能以此一业以塞世人之口也。"

　　案例分析：梁启超是清朝光绪年间举人，中国近代思想家、政治家、教育家、史学家、文学家，中国近代维新派、新法家代表人物。梁启超早年参与领导了戊戌变法，变法失败后，为了躲避朝廷的拘捕，他先是逃往日本，后来还曾到英国、美国等国家游历。他不仅亲眼看到了西方国家的富强，也体会到实现这种富强的条件之一就是整个社会商业的兴旺。梁启超对山西商人的评价，并未局限在财富的层面上，他更看重山西商人创造出的一种独特的商业文化。

　　明清晋商的崛起也并不是一蹴而就的，而是历史发展的必然，是天时、地利与人和共同促成的，主要有悠久的经商历史、众多的名商大贾、特殊的地理位置、丰富的物产资源、重商的思想观念、淳朴的尧舜遗风等内容，这就是晋商的发迹背景。

• 知识精讲

一、悠久的经商历史

山西的商业起源甚早，可谓源远流长。早在原始社会时期就出现了原始交换行为。

1. 春秋

到了春秋时期，商业贸易已成为社会生活的重要组成部分。晋文公称霸时，就注意到商人在富国利民方面的作用，对内推行"工商食官"的制度，对外实施"轻关易道，通商宽农"的政策。当时晋国境内已有巨商大贾，生活豪奢，榆次、安邑已经成为有名的商业集镇。

> **知识链接**

　　（1）"工商食官"制度。"工商食官"是商周政府占有工商业者并进行垄断性经营的制度。"工"是指百工，"商"是指商贾，指当时的手工业者和商贾都是官府的奴仆，他们必须按照官府的规定和要求从事生产与贸易，他们创造的价值由国家进行支配。

（2）"轻关易道，通商宽农"政策。"轻关"为轻税政策，借此降低通关税收；"易道"是治理政策，以此剪除盗患，整饬交通道路。将"轻关""易道"合并来看，显然有利于人、财、物在地域之间的往来与流动，因此"通商"可理解为以具体的措施实现商旅、商贸之间互通。全面的经济政策需要农商俱利，"宽农"就是要放宽农政，减少农民负担，不夺农时。

2. 战国

战国时期，三晋的商业都很发达，魏国早期国都安邑（今夏县），赵国早期国都晋阳（今太原），韩国早期国都平阳（今临汾），都是能够铸造货币的大城市。战国时期山西也出现了很多名垂史册的巨商大贾，如猗顿、白圭、段干木等。

3. 两汉

两汉时期，山西北部边境虽与匈奴时有战争，但双方的商业贸易也很频繁，多在边关进行，称为"关市"。汉武帝时期，马邑（今朔州）人聂壹就是边关贸易的大商人。西汉时期山西境内的丝绸、纸张和铜器等商品，通过"丝绸之路"输往西域，甚至远至罗马。

知识链接

灵石古罗马铜钱

清朝末年，在山西省灵石县出土了16枚古罗马铜钱，经考证，是罗马梯拜流斯至安敦皇帝时代铸造，与其时代相对应的正是中国汉朝时期。专家还推测，今天灵石县的贾胡堡村就是当年西域商人的聚集居住之地。

4. 魏晋南北朝

魏晋南北朝时期，战争频繁，在我国大部地区商业停滞的情况下，山西的商业仍有一定的发展。北魏定都平城（今大同），恢复了中断多年的丝绸之路，且贸易往来深入民间和社会各阶层，在平城遗址中出土了许多外来器物就是有力的佐证。东魏北齐时期的晋阳（今太原）胡商很多，留下了许多胡人活动的记录与遗物，太原娄睿墓壁画中的"驼队图"（图1-2）就生动反映了当时山西与境外商人的贸易情况。

图1-2 娄睿墓壁画中的"驼队图"

5. 隋唐

隋唐时期的山西四通八达，是全国商业网的重要中转点，唐朝女皇武则天的父亲武士彠（yuē）就是当时著名的木材商人，用财力支持李家争雄天下，后得官获爵，尊荣无比。由于李渊在太原起兵，所以在唐朝时期，山西的商业受到国家政策的支持，发展得十分迅速。在当时的汾河两岸，商业现象十分繁盛，韩愈形容当时的太原是"朗朗闻街鼓，晨起似朝时。"

6. 宋代

宋代时期的中国经济发达，商业空前繁荣，山西商人与徽州商人并称，成为当时中国商业的中坚力量。由于山西地处北方的辽和南方的宋之间，成为南北方做生意的必经之地。南方的宋想要北方辽的战马，北方的辽想要南方宋的大量生活物资，于是就在边境地区广泛开展商业活动，山西商人在这一阶段也积累了大量的财富。

7. 元代

元代时期的近一百年间，虽然战乱比较多，民族冲突比较频繁。但是由于元代建立了全国畅通的交通要道，各地的驿站也十分完备，这为山西商人从山西走向全国提供了便利的条件。山西商人不再是偏安一隅的小商人，而是将生意做向大江南北的商人，也为后来明清晋商五百年的辉煌奠定了良好的基础。

> **知识链接**
>
> **《马可·波罗游记》节选**
>
> 《马可·波罗游记》是13世纪意大利商人马可·波罗记述他经行地中海、欧亚大陆和游历中国的长篇游记，其重点部分是他在中国17年的经历。马可·波罗在《马可·波罗游记》中以大量的篇章和热情洋溢的语言记述了中国无穷无尽的财富和巨大的商业城市。他游历山西后描述到："从太原到平阳（今临汾）这一带的商人遍及全国各地，获得巨额利润"；他描述山西的太原府和平阳府："商业及数种工业颇见繁盛，有大商人自此发足，前往印度等地经商牟利。"

二、众多的名商大贾

山西人经商历史久远，因而从先秦到明代著名的商人也就很多，例如，春秋战国时期的计然、猗顿、白圭、段干木，西汉时期的聂壹，东汉时期的王烈，魏晋南北朝时期的莫含，隋末唐初时期的武士彠，宋朝时期的张永德等。这里选取其中较有影响力的五个大商人与大家分享其经商之道。

1. 范蠡之师——计然

计然是春秋时期晋国人，著名谋士、经济学家。史载其博古通今、无所不通、尤善计算。据说大商人范蠡（lí）曾拜计然为师，他教给范蠡"贵流通""尚平均""戒滞停"等七策，这大约是中国古代最早的商业理论。范蠡只用了其中五策，便使越国强盛。计然最杰出的成就是总结出一套商业经营的理论和原则——"积著（zhù）之理"，这样的见解在今天都是至理名言。

积著之理

语见《史记·货殖列传》："务完物，无息币。以物相贸易，腐败而食之货勿留，无敢居贵。论其有余不足，则知贵贱。贵上极则反贱，贱下极则反贵。贵出如粪土，贱取如珠玉。财币欲其行如流水。"这段话的意思是：要保持商品的质量完好，不要使货币停留在手里，不要储存容易腐坏的食物，不要贪求过分的高价，商品贵时要看到它向贱的方向转化的可能性，而及时抛售，商品便宜时应及时收购。总之，商品和货币只有不断地处在流动中才能获得较大的利润。

2. 白手起家——猗顿

猗顿是战国初期魏国人，著名的大手工业者和商人。年轻时家境贫寒，请教陶朱公范蠡，听从其建议，迁徙西河（今山西西南部地区），在猗氏（今临猗）南部畜牧牛羊。接着又开发运城盐池经营盐业，至唐时，人们仍称河东盐池为"猗氏之盐"。后来猗顿涉足珠宝行业，成为"珠宝大亨"，最终成为与陶朱公齐名的巨富。猗顿效法陶朱公"能聚能散"的精神，不忘本来面目，这就使远近百姓都来归附于他，形成了一个聚居点，后人称其为"猗顿城"，西汉置猗氏县，即以猗顿城作为县治。现在的运城临猗县就是 1954 年由原临晋县、猗氏县两县合并而成的。猗顿"穷则思变，辛勤开拓"的经验和经商过程中的"品牌意识、创新意识"都值得人们学习。

猗顿与晋南大黄牛

猗顿先从养鸡、放羊开始，慢慢积累经验。他认真观察马、牛、羊、猪、鸡的生活习性，发现问题，解决问题，总结经验，找出规律。他把草与米搅拌、密封、发酵，用斗米养千鸡，解决了鸡饲料不够的问题。他想方设法在牲畜发情期增加营养，提高它们的孕育率。为解决牲畜瘦弱的现象，他发明了去劣存优的品种改良法。为解决牲畜乱繁殖的难题，他对不宜作种的牛、马、驴进行阉割，而这些牛、马、驴深受市场欢迎，成了农田耕种、商道运输、战争坐骑的主力。而阉割后的猪肉、羊肉，口感鲜嫩，此法一直沿用至今。经他培育改良的耕牛温顺、个头大、有劲头、有耐力，这就是今天的晋南大黄牛。

3. 中国商圣——白圭

白圭是战国时期魏国人，他不仅是一位成功的商业实践家，还是一位商业理论家，总结出了经商"十二字理论"（图 1-3）。他更是一名商业教育家，广收门徒，创办了中国最早的"商学院"。司马迁在《史记·货殖列传》中就曾经高度评价白圭，并说"天下言治生祖白圭"。《汉书》中说他是经营贸易、发展生产的理论鼻祖。宋景德四年，真宗更是封其为"商圣"。白圭的经商之道自成

> **白圭十二字理论**
>
> 八字秘诀：人弃我取，人取我予
> 四字箴言：智、勇、仁、强
>
> 智不足不能权变
> 勇不足不能决断
> 仁不足不善取舍
> 强不足不会守业

图 1-3　白圭十二字理论

体系，其中注意时机，预测市场行情，强调薄利多销，经营农副产品，供应优良种子，支持农业生产，讲求取予之道，不搞投机居奇，上下同甘共苦、俭约自律，在发展市场经济的今天仍具有一定的借鉴意义。

想一想　白圭"十二字理论"对当代商业有何启示？

4. 爱国商人——聂壹

聂壹是西汉汉武帝时期马邑（今朔州）人，是一位在边境与匈奴进行贸易往来的大商人。他还有一颗爱国之心，看到匈奴蛮横无理、烧杀抢掠，为国献策引诱匈奴人自投罗网、瓮中捉鳖，这就是历史上著名的"马邑之围"。虽然计策最后以失败告终，却使汉朝结束了自西汉初以来奉行的屈辱的"和亲"政策，同时，也拉开了汉匈大规模战争的序幕。汉朝开始主动出击匈奴，派山西大将卫青、霍去病征伐，解除匈奴威胁，保障了北方经济文化的发展。

小视频：马邑之围

5. 女皇之父——武士彟

武士彟是唐代并州文水人，出身商人世家，自己也是一个天才商人。隋炀帝时期大兴土木，武士彟看准时机做起了木材生意，因此大富。隋末与太原留守李渊结交，武士彟在财力上帮助李渊起兵反隋，成为唐王朝的开国元勋，官至工部尚书，封应国公，完成了从商人到新贵的华丽转变。武士彟还是一代女皇武则天的父亲，武则天称帝后，追谥武士彟为"无上孝明高皇帝"，庙号太祖。唐玄宗先天年间，削除帝号，降封"太原郡王"。

三、特殊的地理位置

我国地域辽阔，农业经济生态区大体可分为两大块，从黑龙江的漠河到云南的腾冲，这条线的西北是少数民族游牧经济区域，东南是中原汉族广大的农业、手工业区域，它们是两类不同的农业生态系统。而山西正处于这两个不同经济区域的中间地带，是南北区域物资交换的重要场所。北方各少数民族生活必需的茶叶、米、盐、铁器、绸布等日用品依赖汉族地区供给，而汉族所需的马匹、皮毛等由北方少数民族提供。所以，南北区域的物资交流历来在山西十分活跃。自唐宋到明清，长城内外的商业活动基本上由山西商人进行。尤其在明朝，政府在张家口、大同、杀虎口等地区设市，大大促进了汉族与北方少数民族的贸易发展，也给有地利之便的山西商人带来了巨大的商机。随着清代疆域的不断扩大，精明的山西人又一次捷足先登，北上南下，贩运货物，占尽地理优势。

四、丰富的物产资源

山西虽然土地贫瘠，但资源丰富，有天然结晶的盐池，有煤、铁、铅、铜、硫黄等矿产，农业种植业有麻、桑、棉、蓝靛及各种谷物。煤炭可以炼焦；麻既可以织麻布又可以造纸；桑可以养蚕，蚕茧提丝可以织丝绸；棉花可以织棉布；高粱颗粒可以食用，秸秆可以编席和烧柴，还是酿酒的好原料……山西商人就着眼于这些点点滴滴的资源，进行开发生产，从而拥有了大量的商品，为山西商业的繁荣提供了物质保障。

1. 盐池资源

中国的产盐史始于山西运城，运城盐池是人类开发较早的盐湖，已有四千多年的开发历史。"运城"也是因这里是盐运之城而得名。这里有源远流长的中国盐文化，有"舜吟南风歌""蚩尤血化盐""唐太宗巡盐""关公除盐霸"等脍炙人口的故事。宋代大诗人梅尧臣就在其诗中描述到："盐池暗涌蚩尤血。岸旁遗老记南风"（图1-4）。基本上，历代掌管这片盐池的盐官就是全国盐官之首。唐朝时期，运城盐池的收入占全国盐利收入的1/4，占全国财政收入的1/8；宋代时期，更是占到国库收入的1/6；明政府实行开中法后，解州盐池为宣府、大同纳粟开中的盐场，解州盐池的产、运、销十分活跃，不仅造就了一批盐商，更是成为晋商兴起的核心商品资源。

> **《送潘司封知解州》宋·梅尧臣**
>
> 盐池暗涌蚩尤血，红波烂烂阳乌热。
> 岸旁遗老记南风，五月满畦吹作雪。
> 白径岭上橐驰鸣，太行山中骐骥茶。
> 古人射利今人同，行商不困何由设。
> 朱审太守自东来，先世大夫留故辙。
> 是非取与应不移，秦人休衔张仪舌。

图1-4 《送潘司封知解州》

知识链接

五步产盐法

据《河东盐法备览》记载，5 000多年前，我们的祖先就在运城盐湖发现并食用盐。隋末唐初时期"五步产盐法"的出现，将盐湖千百年来靠"天日暴晒，自然结晶，集工捞采"的自然生产方式转变为"集卤蒸发、过'箩'调配、储卤、结晶、铲出"的产盐生产方式，这被称为"五步产盐法"。"五步产盐法"的出现，是河东盐池产盐工艺的重大创新，是盐业生产技术发展的重大进步，也是中国盐业生产史的一个划时代标志。到宋代以后，此法传到了沿海，取代了那里的"煎煮成盐法"，这一先进生产方式领先于世界海盐生产技术1 000余年，被英国近代生物化学家和汉学家李约瑟博士在《中国科学技术史》一书中称为"中国古代科学史上的活化石"。2014年，"五步产盐法"被列入国家级非物质文化遗产名录。

2. 铁矿资源

山西的铁资源丰富，"产铁之地十之八九"，所以，历代王朝都在山西设立官办冶铁所。唐宋时期，并州（今太原）生产的剪刀名扬天下，唐代大诗人杜甫曾赞誉："焉得并州快剪刀，剪取吴淞半江水"。宋代大诗人陆游在《秋思》中说："诗情也似并刀快，剪得秋光入卷来"。明代山西的冶铁生产，其规模、产量、技术都超过了以往任何朝代，成为当时中国冶铁生产最发达的地区之一。明初全国共有官营冶铁所13个，山西就占有5个，之后明政府又允许商民自己采炼，从此民营冶铁业在山西日益发展起来。在炼钢技术上，宋代的山西已炼出灌钢，明代又创造了"地下炉炼钢法"。在种类上有生产工具、生活用具和铁钟、铁牛、铁狮等艺术品，而且铸造工艺相当高超。例如，铸造于北宋年间的晋祠铁人精美绝伦，长治的潞锅物美价廉，深受蒙古牧民的欢迎。由上可见，明代山西的冶铁生产和工艺都有了较快的发展。

晋祠铁人

晋祠铁人（图1-5）造型雄健英武，铠甲鲜明，胸腹膝腿等处铸有清晰的文字，全身不见铸造披缝，估计是用传统失蜡法铸造。铁人露天放置，经历了近900年的风霜雨雪，仍晶莹明亮。祠内尚有同时代的铸铁狮兽多尊，也未生锈，可见当时冶铸技术已具有很高水平。晋祠铁人千年不锈至今还是未解之谜。

图1-5 晋祠铁人

3. 煤炭资源

山西是我国煤炭资源最丰富的省份，也是我国最早发现并利用煤炭资源的一个地区。山西煤炭最迟在战国时期就有文字记载，南北朝时期就广泛用于生活方面，宋代已成为冶铁、烧石灰、烧砖、制陶、酿酒等行业的重要能源，使大量百姓"仰石炭以生"。明清时期，不仅从事煤炭贩运的人越来越多，而且许多城镇都出现了煤店，大同等地区还出现了煤炭交易的中间人"炭牙子"。明代山西巡抚于谦写诗《咏煤炭》，并借煤炭的燃烧来表达忧国忧民的思想（图1-6）。山西悠久的煤炭开采利用历史，特别是明清晋商的大规模生产运销为山西日后成为全国最大的煤炭生产基地开辟了先路，并奠定了基础。

> **《咏煤炭》明·于谦**
>
> 凿开混沌得乌金，藏蓄阳和意最深。
> 爝火燃回春浩浩，洪炉照破夜沉沉。
> 鼎彝元赖生成力，铁石犹存死后心。
> 但愿苍生俱饱暖，不辞辛苦出山林。

图1-6 《咏煤炭》

4. 潞绸

山西是我国丝绸业的发源地之一。1926年，在夏县西阴村仰韶文化遗址中，发现了半个茧壳，有学者通过鉴定认为它是我国最古老的蚕茧遗存。北宋以后，晋东南一带逐步成为山西丝绸的主要产地，并以著名的产品"潞绸"盛极一时，长期成为皇家贡品，明清更是出现了众多经营潞绸的巨商富贾。明代地理学家王士性的著作《广志绎（yì）》记载："平阳、泽、潞豪商大贾甲天下、非数十万不称富"。2014年，潞绸手工织造技艺入选国家级非物质文化遗产名录。

潞绸与沈王

明朝初期，明太祖朱元璋第21子沈王朱模就藩于潞安府后，除组织本地的潞绸机户外，还从外地征集了许多机户来潞州织造潞绸，有力地促进了潞绸生产的繁荣。明弘治四年（1491年），朝廷在潞州设立织造局，负责管理潞绸生产、调剂、运输、上贡等事宜，主管为皇家派造潞绸，使潞绸在潞州形成了一个庞大的织造规模，是当时泽潞乃至山西地区进贡的主要产品和赋税的大宗来源，盛极一时，作为皇室贡品，代表了明清山西乃至全国纺织技术的最高水平。

除上述四大资源外，山西烟草的种植，始于明代的曲沃县，由此开设的旱烟作坊越来越多，带动了商贸的发展。山西陶瓷业的发展也是立足于本省的资源，黄土高原有各种适合烧制瓷器的资源，因而，琉璃瓦、水缸、面盆、砂锅和各种瓷器有着悠久的历史，其中以长治、介休和太原等地区最为有名。《大明一统志》有记载：代州、保德、曲沃、翼城、闻喜、垣曲产铜；交城、平陆产锡；临县产铅；临汾产矾。另外，麻纸、皮毛、棉布、砂器、酒等也是山西的特产，以质量高闻名。山西丰富的物产资源为山西商人的兴起提供了物质条件。

五、重商的思想观念

1. "学而优则商"的观念

中国的传统思想是儒家思想，儒学要求人们读书做官、光宗耀祖。因而有"学而优则仕""万般皆下品，唯有读书高""天下四民，士、农、工、商，士为首，商为末"的价值观。山西由于自然条件恶劣，人多地少，因而外出经商就成为必然，价值观念也随之转变。清代纪昀称："山西人多商于外，十余岁辄从人学贸易。"《山西通志》及许多县志，都有许多关于山西人重商的记述，这些地方志中还记述了许多弃儒经商的人物，他们或因家境所迫，或谨遵父命，都放弃了考取功名，转向了商贾领域。人们认为经商可以致富，于是纷纷弃学经商，弃农经商，去改变自己和家乡的落后面貌。如平遥达蒲村李氏是由仕宦之家专营经商而发展起来的，祁县乔家堡乔氏始祖乔贵发早年是一个光棍，后来被迫走西口、做小买卖而起家。

总之，由于价值观念的转变，人们或"弃儒经商"或"弃农经商"，重利轻名观念非常强烈，致使每年参加乡试的人数减少，明清两朝，山西没有出过一个状元。清末举人刘大鹏说："当此之时，凡有子弟者，不令读书，往往学商贾，谓读书而多穷困，不若商贾之能致富也。是以应考之童不敷额数之县，晋省居多。"几千年来"士、农、工、商"的顺序被山西人颠倒了过来，成为"商、农、工、士"。山西人骨子里形成了"学而优则商"的观念，造就了一个个富商巨贾，也造就了精明、诚信的晋商群体。

雍正语录

雍正年间，山西巡抚刘於义上奏说："山右积习，重利之念，甚于重名。子弟俊秀者多入贸易之途，其次宁为胥吏，至中材以下方使之读书应试。以故士风卑靡。"雍正阅此奏章后批阅："山右大约商贾居首，其次者尤肯力农，再次者谋入营伍，最下者方令读书。朕所悉知，习俗殊属可笑。"

2. 王现的"异术同心"理论

王现，字文显，是明代蒲州（今永济）商人，他在经商致富之后，根据自己的人生经历提出"异术同心"理论（图1-7），也就是说经商与做官一样，只要道德高尚，其人格是不分高下的。这番论述是他对自己人生的总结，也是教育后代的依据。在王现等晋商看来，无论在什么时候、在什么情况下，只要按照这一法则为人处世、入仕经商，必定会做出一番不平凡的事业。后来无数成功的商人在巨富之后对王现的论断产生回应，并逐渐成为商人的一种理念支柱。

"异术同心"理论

"夫商与士，异术而同心。故善商者，处财货之场，修高明之行，是故虽利而不污；善士者，引先王之经，是故必名而有成。故利以义制，名以清修，各守其业，天之鉴也。如此则子孙必昌，身安而家肥矣。"

图 1-7　"异术同心"理论

想一想　结合当前社会，谈谈王现"异术同心"理论有哪些现实意义。

六、淳朴的尧舜遗风

1. 尧舜时代

尧舜时代指的是尧舜统治时期，处于原始社会末期，大概距今四千多年。在尧舜时代，帝王继任是"禅让制"，公天下；人员任用是选贤任能的"推举制"，德才兼备。帝王仁义爱民，德行天下；社会安定，没有战争；民风淳朴，人与人之间没有压迫、没有剥削、相互平等、相互扶持，安居乐业。这个时代，形成古代传说中最理想的太平盛世："九族和睦，四夷咸服，天下太平"。

因此，中国历史上就将尧舜和尧舜时代用来作为明君和淳朴民风的比照。孟子认为，尧舜时代是最为理想的社会，并提出"人皆可为尧舜"的思想。唐朝诗圣杜甫更是用"致君尧舜上，再使风俗淳"来表达自己的远大理想和政治抱负。

2. 尧舜活动中心

尧舜活动的中心地带就在以运城、临汾为核心的晋南一带，这里就是"古中国"的所在地。尧建都于平阳（今临汾），近年考古学家在临汾发现的陶寺遗址，就是尧的都城；舜建都于蒲坂（今永济），相传《南风歌》就是舜歌唱运城盐池和人民生活关系的民歌（图 1-8）；大禹建都安邑（今夏县）。因此，淳朴的尧舜遗风深深扎根于山西这片土地，被世世代代山西人传承和发扬，关羽就是一个典型个例，晋商则是一个群体代表。山西淳朴的民风为晋商精神的孕育和形成提供了良好的人文环境。晋商那种"信誉至上、诚实守义、勤奋谨慎、俭约自律、乐善好施、热心公益"等精神内涵都是尧舜遗风的继承和创新。

《南风歌》

南风之薰兮，可以解吾民之愠兮。
南风之时兮，可以阜吾民之财兮。

图 1-8　《南风歌》

知识链接

"义会"——翼城汤王庙会

翼城汤王庙会上，一般人购衣买饭都可赊欠记账，但到会终时决不拖欠，皆各如数清偿，百年来从未发生债务纠葛；各处商店摊棚，无论客商参会与否，均照常支付地皮租金，商德信誉，年久不变；会期无保卫组织，但也从未发生抢劫哄闹事件。翼城汤王庙会因会风好，商风正，自古被称为"义会"。

• 课堂活动

任务1：收集山西明清以前名商大贾的经典故事，并讲述这些故事，感悟他们身上的精神。

任务2：在晋南空白示意图中填出：①运城市；②临汾市；③解州盐池；④尧都平阳；⑤禹都薄坂；⑥禹都安邑。再给同学们讲讲尧、舜、禹的故事，并谈谈心得体会。

任务3：运城盐池的"七彩盐湖"，每年5—6月，盐池的部分池水开始慢慢变色，呈现出斑斓多姿的"七彩盐湖"。试说一说盐池是怎么形成的，并说明"七彩盐湖"的原理。

| 单元二 | 雄风乍起——晋商兴起之路 |

• 案例导入

龚自珍《西域置行省议》节选

嘉庆二十五年（1820年），新疆爆发了张格尔兄弟的叛国分裂活动，边疆频频告急。消息传到京城，正当而立之年的龚自珍以其敏锐的眼光和广博的见识，撰写了《西域置行省议》，其中一个重要主张是将内地省份的居民迁徙到新疆："应请大募京师游食非土著之民，及直隶、山东、河南之民，陕西、甘肃之民，令西徙。除大江而南，筋力柔弱，道路险远，易以生怨，毋庸议。云南、贵州、两湖、两广，相距亦远，四川地广人稀，不宜再徙。山西号称海内最富，土著者不愿徙，毋庸议。虽毋庸议，而愿往者皆往。"

案例分析：龚自珍作为浙江人，如果说他呵护家乡父老是怀有反哺桑梓之心，那么他对山西的特殊"照顾"并没有夹带丝毫的个人感情色彩，甚至毫不吝啬地用"海内最富"来形容山西。这足以说明清代的晋商商帮地位显赫、影响力巨大。其实晋商在商界的地位在明代中期就已经基本确立了。明代王士性在《广志绎》中提到："平阳、泽、潞豪商大贾甲天下，非数十万不称富。"明代谢肇淛（zhè）也在《五杂组》中写道："富室之称雄者，江南则推新安，江北则推山右。"晋商就是从明代开始兴起，到了清代达到鼎盛，这得益于晋商在明清时期一次次历史机遇的捕捉，甚至有化危机为机遇的神奇，最终创造了明清晋商五百年的辉煌。

• 知识精讲

一、明代晋商开始兴起

"晋商"通常指的是明清500年间的山西商人，因为作为一个商帮的称呼，这个地方性集团组织出现在明代。晋商的兴起，首先是明朝初年"开中法"政策的实施，为晋商的发展提供了契机，造就了一代盐商和粮商，进行了原始资本的积累。然后，明中期"开中纳银"的出现，迫使晋商扩大经营范围和活动范围，并促进了晋商合伙经营的发展。到了明朝晚期，晋商已经成为当时势力最大的一个地方商人集团。

1. 开中法的创立与兴盛

1368年，朱元璋建立明朝，将蒙古人驱逐出了中原大地。但是为了防范蒙古残余势力的骚扰和入侵，明王朝从东北的鸭绿江直至西北的嘉峪关一线，相继设立了九个边防重镇，历史上称"九边重镇"（图1-9），

九边重镇
辽东镇（辽宁沈阳）
宣府镇（河北宣化）
蓟州镇（天津蓟州）
大同镇（山西大同）
山西镇（山西偏头）
延绥镇（陕西榆林）
宁夏镇（宁夏银川）
固原镇（宁夏固原）
甘肃镇（甘肃张掖）

图1-9　九边重镇

相当于今天的九个军区。按照明永乐年间的统计，这"九边重镇"有驻军86万人，配备军马34万匹，这就人为地造就了一个高额的军事消费区。如此庞大的军队和马匹所需的军粮和马料的数量是巨大的。再加上"九边重镇"干旱少雨粮草短缺，位置又偏远，后勤补给困难重重，军饷问题很大（图1-10）。

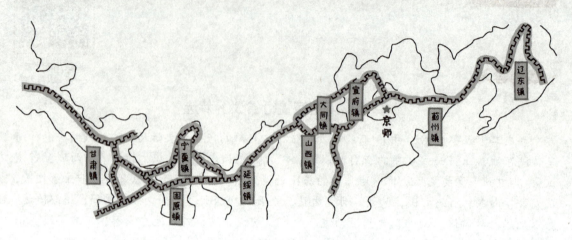

图1-10　明"九边重镇"示意图

为了解决"九边重镇"的粮饷供给，明政府实施了军屯、民运粮、开中法三套制度，即军士屯种自给、百姓向边镇输纳、商人纳粮中盐的办法，也称屯粮、民粮、盐粮。然而，北部长城沿线地处高寒，屯田产量有限；政府每年要征调周边省份（北直隶、晋、陕、豫、鲁等省份）农民将粮食运送到边镇，妨碍农作不说，成本还高，困难重重。

明洪武三年（1370年）六月，因大同镇急需军粮，山西参政杨宪上书建议实施开中法（图1-11）。这就是说，政府招募商人往边境运输粮换取盐引，再凭盐引领上盐，运销于指定地区，称为"开中"。这样，国家就把盐的专卖权转给了商人，使政府既节省了运费，又使边境的粮草充足，而且又增加了各产盐区食盐的推销。朱元璋觉得此法利国、便民、惠商，一举三得，就下令全国推行。《明史·食货志》如此记载："召商输粮而与之盐，谓之开中。"

开中法的步骤分为报中、守支、市易三项，如图1-12所示。

> **杨宪的建议**
>
> "大同粮储，自陵县（今山东长芦）运至太和岭（今山西马邑），路远费重，若令商人于大同仓入米一石，太原仓入米一石三斗者，给淮盐一小引（200斤）。商人鬻毕，即以原给引目赴所在官司缴之。如此，则转运费省而边储充。帝从之。"

图1-11　杨宪的建议

图1-12　"开中法"三步图

14

食盐专营

食盐，是人类身体必须摄入的一种物质，是生活必需品。春秋时期，管子就讲"十口之家，十人食盐。五口之家，五人食盐。无盐尔，饿死而肿"。由于盐的重要性，历代把盐当作特殊商品加以控制，甚至制定盐法。国家控制盐，一方面是因为这是一种"战略物资"，防止不法商人和居心巨测者利用食盐囤积来造成盐荒，扰乱社会秩序，甚至颠覆政权；另一方面食盐在古代是重要的税收来源，是国家的经济命脉之一。

开中法从洪武三年（1370年）到洪熙元年（1425年）是其兴盛阶段。在这50多年间，明朝的社会经济迅速恢复和发展，政治清明，国力增强，呈现上升兴旺势头。特别是开中法自洪武朝创行，再经永乐时期全面推进，在国计民生中的作用日益显著。与此同时，山西商人以开中法为契机，利用地理优势和河东盐池之利，捷足先登，兼粮商、盐商于一身而兴起于商界，纷纷北上、南下，从河南、山东等产粮大省收购粮食，再运输到北部边疆换取盐引，获得了巨额利润。许多山西商人都逐渐发展为拥资数十万乃至百万的富商大贾，当时只有新安商人可与晋商分庭抗礼。这一时期成功的山西盐商有蒲州的展玉泉、范世逵、王海峰、张允龄、王瑶等。

2. "纳粮开中"改为"纳银开中"

开中法本身并不是完美的，是政府将盐利让给商人换来的，减少了政府的收入，但是在明朝初期总体来说还是利大于弊，就其本质属于一项战时经济制度。当全国基本平定，进入以发展社会经济为主的和平时期后，其缺陷就渐渐凸显出来。其主要表现是"收支之苦"，就是商人"报中"后拿着引票到指定盐场支不出盐。其主要是由政府忽略了盐引的数目要根据食盐的产能决定，滥发盐引所导致。再加上大量皇亲国戚、贵族官员利用权势侵占盐引，无盐的情况愈演愈烈，成化末年，仅两淮盐场就有五百余万引盐无法支取，甚至有"守支"数十年的情形，大大打击了商人的积极性。

接着，明政府的腐败又进一步加剧了这种危机。边镇官员与不法奸商勾结，"纳粮掺假"甚至"虚出通关"（图1-13）。此外，由于贩卖食盐利润巨大，走私越来越猖獗。成化时期公然发展到武装走私，甚至出现了富商巨贾、名门世族、军卫土豪组成的走私集团，造成国家税收大量流失。"纳粮开中"逐渐走向末路，名存实亡。

明弘治五年（1492年），户部尚书叶淇主持工作，提出"纳银"领取盐引的办法，被孝宗皇帝批准，这就是"纳银开中"，很快取代"纳粮开中"成为主流制度。从此，商人不再需要往边境运粮，只需要缴纳银两，就可以做食盐生意了。这个方法起到了立竿见影的效果，一年之内，国库增收白银百万两。

在这种情况下，晋商的地理优势荡然无存，危机重重。面对这一新情况，晋商又不失

> **虚出通关**
>
> 按明制，商人纳米到边镇，由仓官验收，在法票上注明纳粮品种、数量及应支盐引，并加盖骑缝印章，称作"通关"。但到正统时，奸商通过贿赂管仓官吏，不纳米却能盖印支盐获利，此为"虚出通关"。这使仓库未收到粮，盐场却支付了盐，政府蒙受双倍的损失。

图1-13　虚出通关

时机地进行多种尝试，进行了成功的转型，例如，经营项目由单一的盐业转为多种经营，以前从来没有贩运过的诸如丝绸、茶叶、颜料、煤炭、铁器、木材、烟草、纸张、干货、杂货等，都成为晋商经营的重要商品；活动范围也由原来的纳粮地区转向了全国各地，在黄河流域、长江流域，以至国外都留下了晋商的足迹；经营方式也发生了很大的变化，除一个人、一家人做买卖外，还出现了几个人合伙的组合方式，这样就增强了商业竞争力，生意越做越大。从明中叶以来，晋商就成为当时势力最大的一个地方商人集团了。

3. 晋商推动"蒙汉互市"

明政府与北方蒙古人的关系很不稳定，是时断时续、剪不断理还乱的关系。明政府与蒙古人有对立的一面：蒙古人不时侵犯北部边境地区，明政府当然要反击。明英宗带兵出征蒙古导致的"土木堡之变"正是这种矛盾冲突激化的结果。但明朝与蒙古人之间又有内在的贸易需求：蒙古人需要明朝的各种生活用品，明朝也需要蒙古人的马、牛、羊及皮毛。双方的贸易一直没有完全中断，但受到相当大的限制。

隆庆四年（1570年）九月，蒙古内部发生了内讧，蒙古土默特部重要首领俺答汗（又称阿勒坦汗、阿拉坦汗）之孙把那汉吉因其内部矛盾愤然出走、弃蒙降明。当时担任宣大总督的蒲州人王崇古，敏锐地意识到具有特殊身份的把那汉吉"此乃奇货可居"，是解决"和市之计"，所以力主归还把那汉吉，促成双方重新议和、通贡，恢复边地互市贸易，于是提出了"封俺答，定朝贡，通互市"的"朝贡八议"，也称"俺达封贡"。"八议"中有四条（定贡额、议贡期贡道、议立互市、议抚赏之费）是关于朝贡和边地互市的具体措施，另外四条（赐封号官爵、议归降、审经权、戒矫饰）大致是为保障互市的开通而拟定的。

王崇古的奏议得到了内阁大臣高拱、张居正、张四维等的大力支持，而王崇古、张四维都是山西商人家庭出身的官员，张四维还是王崇古的外甥。显然，王崇古的奏议，既符合明政府的利益，也体现了晋商的利益。在他们的帮助下，"朝贡八议"获得了准许。明政府封俺答为"顺义王"，并宣布开放北方的边市。

这一议和的结果，不仅确保了明朝长城沿线一带较长时间的和平，明朝每年节省的军费不下百万，而且在汉族与蒙古族之间广泛地开展了贸易活动，边疆贸易由此兴盛。

4. 明代晋商商帮的形成

明代之前的山西南部（包括现在的运城市、临汾市、晋城市、长治市）是一个富饶的地方。盛产盐的盐池就在运城，临汾、运城是产粮区，晋城、长治早就有发达的冶铁业和丝绸业。山西商人最早是在这一带从事经商活动，开中法实施之后这一带的商人利用早已从事粮食贸易和离盐池近的优势，从事盐业贸易，逐渐发展壮大，开始形成晋商。

在明代中期，"纳银开中"取代"纳粮开中"后，原以北方边镇市场为活动舞台的山西商人，将其活动场所逐渐向内地转移，特别是向盐业居全国之冠的两淮、江浙地区转移。这样，一部分商人仍在北部边疆组织纳粮纳布换盐引，称为"边商"，以山西人为主。另一部分内地商人则在盐运司纳银换盐引，称为"内商"，以徽州人为主。这就形成中国盐业的两大商帮——晋商与徽商。以后盐商向扬州集中，扬州盐商主要是晋商和徽商。晋商中著名的，如代州人杨继美，迁到扬州后成为富商，同时很有文化，被推为盐商祭酒；平阳府的亢氏是扬州的大盐商，亢氏在扬州有大片房产，著名的"亢园"是今天扬州瘦西湖的一部分；太原望族贾氏由边商转为内商，举家迁往扬州。

扬州瘦西湖与临汾亢氏

明代扬州盐商中的巨富历来有"北安西亢"之说。其中，"西亢"是山西平阳（今临汾）亢其宗及其家族。《扬州画舫录》卷九对盐商亢氏在扬州的庞大家业，有这样一段描述："亢园（扬州瘦西湖前身）在小秦淮。亢氏构园城阴，长里许，自头敌台起，至四敌台止。临河造屋一百间，土人呼为'百间房'"。当时民间流传着"上有老苍天，下有亢百万；三年不下雨，陈粮有万石！"据此学者们推断当今扬州的瘦西湖就是亢家的后花园。

伴随着活动范围的扩大，晋商经营项目随之增多。他们除继续经营盐、粮、丝、茶外，可以说除军民用品外无所不营，盐、米、棉布、铁器、丝绸、木材、瓜果、金融典当、牛马牲畜、香药草料、陶瓷器皿应有尽有，形成种类繁多的各色商人，其中主要有盐商、粮商、丝绸商、棉布商、冶铸商、金融商、木材商等。

随着经营项目的扩大，在异地他乡，山西商人之间需要互相帮助、互相合作，这就形成了"行帮"，即"纲"。"纲"是以商人的籍贯来划分的。《长芦盐法志》卷二《沿革》中记载："明初，分商之纲领者五：曰浙直之纲，曰宣大之纲，曰泽潞之纲，曰平阳之纲，曰蒲州之纲。"可见在明代，长芦盐商的五个纲中，除浙直纲外，其他四纲都是山西籍的商人。大约在明代中期，晋商商帮正式形成。到了明代中后期，晋商已发展成为拥有巨额资本的地域商业团体，在全国商界占有举足轻重的地位。

二、清代晋商走向鼎盛

入清以后，中国封建社会虽然继续走向末期，但历经康、雍、乾三朝盛世，我国的社会生产力和商品经济较明代又有很大的发展。历经明代200多年锤炼的晋商，无论是经营经验，还是商业资本的积累，都已经十分成熟。从清初的旅蒙商人、对俄贸易，至清晚期创立票号，执中国金融之牛耳，数百年纵横捭阖，称雄国内市场，闻名国际商界，晋商进入了鼎盛时期。

1. 旅蒙商人中的主力军

"旅蒙商人"是在蒙古地区进行贸易的商人，即行商，一般称"走草地买卖人"，又称"出拔子"或"贩子"，蒙古语称"丹门庆"，意思是肩挑货物的货郎担。旅蒙商始于清朝康熙年间，是通过随军贸易而带动和发展起来的。

康熙年间，为了平定新疆的噶尔丹叛乱，清政府派军队北进草原，为了解决军需粮草问题，清政府便放宽禁止汉民到蒙古边境的规定，组织一部分汉族商人，随军贸易。起初，随军贸易的商人，除贩运军粮、军马等军需品外，还在草原与蒙古人进行贸易，由于他们买卖灵活、诚信经商，成为很有势力的商人，这些旅蒙商人中绝大部分是山西商人。在随军旅蒙商人中最著名的有大盛魁的创始人王相卿、张杰、史大学，他们三人最早就是随军贸易的货郎担；还有介休籍内务府皇商范氏，范氏曾主动担任进入蒙古草地的清军军粮的运输任务。

旅蒙商人开辟的商道

清代，山西旅蒙商人在蒙古地区的贸易，开辟了三条商道，分别是多伦诺尔（今内蒙古锡林郭勒盟）、张家口、归化城（今内蒙古呼和浩特），具体商道如图1-14所示。

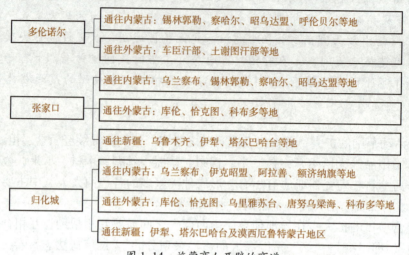

多伦诺尔	通往内蒙古：锡林郭勒、察哈尔、昭乌达盟、呼伦贝尔等地
	通往外蒙古：车臣汗部、土谢图汗部等地
张家口	通往内蒙古：乌兰察布、锡林郭勒、察哈尔、昭乌达盟等地
	通往外蒙古：库伦、恰克图、科布多等地
	通往新疆：乌鲁木齐、伊犁、塔尔巴哈台等地
归化城	通往内蒙古：乌兰察布、伊克昭盟、阿拉善、额济纳旗等地
	通往外蒙古：库伦、恰克图、乌里雅苏台、唐努乌梁海、科布多等地
	通往新疆：伊犁、塔尔巴哈台及漠西厄鲁特蒙古地区

图1-14 旅蒙商人开辟的商道

进入蒙古各地的山西商人，特别精于商业营销，他们为了做好对蒙贸易，首先要克服语言上的障碍，于是努力学习蒙古族语言，曾经自行编纂用汉语注音的工具书——《蒙古语言》。他们还学习和掌握一些简单的中医、中药、针灸等医术，在经商活动中医治一些生病的蒙古人，从而联络感情，推销其商品。他们还注意蒙古族的风俗习惯，做到入乡随俗，甚至极力讨好蒙古亲王、贝勒等上层社会人物，以便在营销活动中得到支持。经过长期的、多方面的努力，旅蒙晋商终于开拓并巩固了他们在蒙古草原的商业活动。

旅蒙晋商在蒙古地区的贸易形式主要是以物易物，一般等价物是砖茶，如一块砖茶可以换取一张羊皮。他们最基本的形式是组织骆驼商队，走屯串帐篷，流动经商，将货物运输到牧民居住的蒙古包，用较廉价的绸布、茶叶、烟酒和生产生活工具等，换取各类牲畜、毛皮等畜产品和珍贵的兽皮、药材等。他们还采用"赊销"的方式，就是把商品卖给牧民时，先不收银子，而是与牧民当面以货物折合相应的牲畜、皮毛的数量，等到秋冬牲畜膘满肥壮时，商人再拿着账簿到牧民居住地，收取这些牲畜和畜产品。旅蒙晋商通过灵活的经营手段，获取了高额利润。

旅蒙晋商的另一种贸易形式是进行城市集镇贸易。乾隆、嘉庆以后，随着旅蒙贸易的兴旺发达，旅蒙晋商逐渐由一年一度往返和以驼队、牛车载货游动经商，改为在蒙古各地开设固定性的商业网点，如多伦诺尔、归化（今呼和浩特）、库伦（今乌兰巴托）、乌里雅苏台、科布多等地区，都是旅蒙晋商的集中活动城镇。旅蒙晋商依靠灵活的营销手段、过硬的商品质量和周到热心的服务，长期保持了对蒙贸易的垄断地位。

草原第一商号——大盛魁

大盛魁商号是清代山西人开办的对蒙贸易的最大商号，极盛时有员工六七千人，商队骆驼近两万头，极盛时几乎垄断了蒙古牧区市场，蒙古的王公贵族及牧民大多是它的债务人。该商号三年分红一次，鼎盛时期，每股分红可达一万余银两。历史上对于大盛魁的评价非常了不起，说它是"雄踞塞外三百载，横跨欧亚九千里"，当时还有一种赞誉叫："一个大盛魁，半座归化城"，大盛魁也为民族的交流融合刻下了不可磨灭的一笔。

2. 晋商垄断恰克图国际贸易

中国与俄罗斯有着漫长的边境，两国的贸易源远流长，早在 17 世纪，中俄两国就已经建立了经常性的贸易联系。但正式通商却始自康熙二十八年（1689 年）中俄签订的《尼布楚条约》，该条约允许持有护照的两国商人过界贸易。于是俄国商队纷纷来到北京、库伦、归化、张家口经商，而这些地方的商业几乎完全被晋商垄断。因此，中俄之间的早期贸易主要是依靠晋商来进行的，这为后来晋商同俄国商人大规模的贸易打下了坚实的基础。

雍正五年（1727 年），清政府同俄国签署了《布连斯奇条约》，在此基础上，雍正六年（1728 年），两国又在恰克图正式签署了《恰克图条约》，这是关于中俄在蒙古北部边界及政治、经济、宗教等诸方面的相互关系的条约。其中关于双方的贸易规定有两条，如图 1-15 所示。

雍正八年（1730 年），清政府批准在恰克图的中方边境地区建立买卖城，这样就将恰克图分为南北两市，南市为中国商民居住，称为"买卖城"；北市为俄国商民居住，称为"恰克图"（图 1-16）。由于尼布楚、祖鲁海尔地理位置偏僻，恰克图就成为中俄贸易往来的重要据点。

> **《恰克图条约》**
>
> ➤ 俄国来华经商人数不得超过 200 人，每 3 年来北京 1 次，免除关税；
> ➤ 在两国边界的恰克图、尼布楚、祖鲁海尔设互市。

图 1-15　《恰克图条约》部分内容

图 1-16　"恰克图"老照片

恰克图的繁荣发生在乾隆二十年（1755 年）以后。这一年，清政府为避免俄商来到北京进行贸易的诸多不便，宣布中止俄商来北京进行贸易。这样，中俄之间的贸易就全部集中在了恰克图。中俄恰克图贸易，实质上就是晋商与俄商的贸易，这种发展机遇是中俄两国政府提供的。

嘉庆五年（1800年）开始，恰克图进入繁荣时期，中方销售的主要是茶叶、绸缎和棉布；俄方销售的主要是毛皮、呢绒、丝绸、铁制品、皮革和牧畜。恰克图已成为与广州遥相呼应的北方外贸码头，俄国也成为清政府仅次于英国的第二贸易大国。中俄恰克图贸易市场从雍正初到清末，一直持续了180多年，始终被晋商垄断。乾隆二十四年（1759年），晋商在恰克图贸易的商户已有百余家，其中资本雄厚者有60余家，依附在他们身上的散商有80多家。榆次车辋常家是在恰克图经营历史最久、规模最大的山西商号，从乾隆时期开始一直到清末，都在恰克图设有商号，如大升玉、大泉玉、大美玉、独慎玉等，营销的主要商品是茶叶；其次是太谷县北洸村的曹家，在恰克图设有锦泰亨、锦泉涌商号，主要营销的也是茶叶；汾阳牛允宽的璧发光商号也颇具规模，以经营皮毛为主，在国内外极负盛名。

另外，值得一提的是，同样是在恰克图做生意，晋商与俄商之间贸易的主动权完全掌握在晋商手里。首先，因为恰克图晋商同舟共济、约定俗成，形成了民主选举、决策透明、共同监督、具体执行等商界内部管理习惯。例如，在现已发现的三种俄文版本管理文件（译作《清政府对商人的训令》《对商人的秘密指令》《商人守则》）中，均详细规定了晋商应遵循的交易方法和法则共16条。其次，恰克图贸易中通行语是俄语，这是因为俄商不学习汉语，而晋商却努力学习掌握俄语，编写了《俄语话语俱全》（图1-17），这是采用汉语来标注俄语发音的字典，天天手不释卷。晋商的商帮力量和语言能力，致使其在谈判、交易中处于优势，获利颇丰。

图1-17 《俄国话语俱全》

买卖语

中俄商人贸易沟通最基本的便是语言交流，那时候，有条件的除随身雇请翻译外，绝大多数自学语言文字。于是，一种汉语、俄语、蒙语交杂的"买卖语"出现了。它简陋而实用，上万银两的买卖倚仗它而成交。该语言流通有限，仅在恰克图及周围通行。当时的归化城（今呼和浩特）流传着一句顺口溜："一个舌头挣钱有数，两个舌头挣钱刚够，三个舌头挣钱无数。"所谓的"舌头"指的就是中、蒙、俄语言。

3. 清代后期创立票号

清道光以来，晋商进入了鼎盛时期，这个时期晋商最大的特点是山西人首创票号，随着票号的发展，晋商逐渐执中国金融界之牛耳。同时，由于商业资本与金融资本的结合，晋商成为当时国内商业和金融界一支举足轻重的力量。

清道光三年（1823年），山西出现了中国历史上的第一家票号，它的前身是平遥达蒲村李大全开设的西裕成颜料庄。当时，善于捕捉商机的西裕成颜料庄北京分庄经理雷履泰，看到银两流通量空前增大，依靠镖局运送现银的风险大且成本高，又从已经零星办理的工商汇票和字号捎办银两的事例中吸取了经验，产生了开办汇兑业务的想法，征得财东的同意，即将西裕成颜料庄改为"日昇昌"票号，其总号设立在平遥，之后又陆续在各商埠设立了 14 个分号，经营汇兑和存放款业务，使埠际间的货币清算以汇兑为主代替了运现为主，开创了中国汇兑业务的新时代。

日昇昌后，票号如雨后春笋般出现，集中在平遥、太谷、祁县三帮。到清末 1904 年，山西票号在全国一百多个城市开设了 450 家分号，经营金额高达七八亿两白银。清后期清政府一年税收 1.3 亿两白银左右，大部分由山西票号汇兑。晋商主宰了当时北京、上海、广州等城市的金融与经济活动。

晋商除在国内设立票号外，还在国外如朝鲜新义州、韩国仁川和日本大阪、神户、横滨、东京等地区设立了票号，使票号业务真正地实现了"汇通天下"。票号的创立和迅速发展，是山西商帮进入鼎盛期的显著标志。

小视频：金融六行的金融业务

4. 晋商在鼎盛时期的突出表现

（1）金融六行并举，金融领域全面称雄。晋商创办票号后，并未放弃当铺、印局、钱庄、账局、银号等的生意，而是依托实力强大的票号，业务更加兴盛，形成**金融六行**并举的局面，在当时中国的金融领域全面称雄。

（2）康熙、乾隆时期出现商业世家和大型商业集团。清末民初的浙江人徐珂，喜好杂说，博览群书，他编撰的《清稗类钞》汇辑清代的朝野遗闻、社会经济、学术文化、名臣硕儒、民情风俗等方面的内容。其中记载了光绪时期中国最富有的 15 家晋商，见表 1-1。足以说明，晋商经过明代资本的最初积累，到清代康熙、乾隆时期已经涌现出许多商业世家或儒商世家，其产业继续发展壮大，成为大型的商业集团或商业金融集团。

表 1-1　光绪时期晋商富豪榜

地点	家族及资产
临汾（1 家）	亢氏数千万两
介休（2 家）	侯氏七八百万两，冀氏三十万两
祁县（2 家）	乔氏四五百万两，渠氏三四百万两
太谷（5 家）	曹氏六七百万两，刘氏百万两内外，武氏五十万两，孟氏四十万两，杨氏三十万两
榆次（5 家）	常氏百数十万两，侯氏八十万两，王氏五十万两，何氏四十万两，郝氏三十万两

（3）道光以来新的商界精英创业发迹。从道光到光绪年间，在家乡经商致富和贸迁四方发迹的晋商精英们继续兴起，使晋商队伍不断壮大，势力不断增强，并且在地域分布上呈现从祁县、太谷、平遥、介休、榆次、汾阳向周边扩展之势。

> **知识链接**

新的商界精英

平遥是票号的发源地，出现了与票号相关的几家富商，如邢村毛家，毛鸿瀚原是日昇昌票号的二掌柜，被排挤出局后被介休侯家聘为大掌柜并开设"蔚"字五联号。从此，毛家成为平遥新兴的巨富。平遥西赵村董家的祥泰隆是与大盛魁同期创办的旅蒙商号，祥泰隆又先后在宁夏银川开设广发店和隆泰裕两家字号，后来双双成为"宁夏八大商号"之一。

祁县是商人云集的地方，道光年间，祁县大贾村温氏等投资长盛源烟店，城南何家投资祥和集烟店和永聚祥茶庄，他们都是新兴起的地方商人。从道光年间祁县人在北京开设义字粮行开始，到咸丰年间，祁人在北京开设的粮店已达100余座，均带加工磨坊，占到京城粮店总数的1/3。

汾阳商人相当活跃，他们在张家口开设的大商号有公合盛、日升光、大成魁、广丰德等10余家，均在库伦设有分号，在恰克图设坐庄老板。其中经济实力最强的是公合盛，财东为三泉赵家堡村的孙家，光绪年间传到孙竹霖，被誉为"金财主"。汾阳人牛允宽在莫斯科、恰克图、库伦开设"璧光发"字号，成为经营大宗皮毛的巨商。

榆次的中小商人在道光年间也更加活跃，李凤池在张家口开设裕源生钱庄，张斌英在张家口棋盘街开设复兴成钱庄，聂店村王钺在省内外开设数处钱庄。

寿阳在同治、光绪年间也产生了一批中等水平的富商，号称张、祁、李、孟、袁、郝、聂、赵、王、阎"十大户"。

忻州人在大西路十分活跃。到同治、光绪年间，出现了郜、王、张、陈、连、石"六大户"。

（4）晋商在曲折中保持良好的发展势头。两次鸦片战争之后，1860年英法联军攻陷北京，1894年爆发中日甲午战争，1900年八国联军攻占北京，1904年日俄战争在中国东北爆发。同时国内局势也极为动荡不安，太平天国起义、捻军起义、义和团运动等此起彼伏。晋商的经营环境日益恶化，但晋商一次又一次在挫折中奋起，在总体上始终保持着发展势头，其鼎盛期一直维持到清末，甚至在光绪年间发展到极盛。这足以说明其经济实力强大，经营之道灵活，有着相当强的应变能力和抗风险能力。

知识链接

一千年出不了一个贾继英

庚子事变之后，慈禧西逃，途经山西时想找晋商借点盘缠。山西官员为了巴结慈禧，就在太原召集各商号商量"借钱"一事。晋商都持观望态度，只有大德恒票号太原分号的经理贾继英答应了借30万两。大掌柜阎维藩知道此事后，贾继英解释说："国家要是灭亡了我们也会灭亡，要是国家还在，钱还能要回来。"阎维藩评价此事："五百年必有王者兴，一千年也出不了一个贾继英！"乔致庸对此事也表示赞许。而慈禧为了表示对乔家的感谢，让乔家经营朝廷户部的款项，乔家因此获利颇丰！

• 课堂活动

任务1：围绕晋商兴盛的过程，感受晋商的创新创业精神。你作为新时代的大学生，结合时代发展的要求，看看能做哪些创新创业项目。

任务2：阅读以下材料，并回答问题：
晋商在1823年版本的管理文件中，详细规定了晋商应遵循的交易方法和规则，其中前七条列出了交易规则，第八至十七条规定了罚则。前七条内容如下：

第一条，商人有义务了解俄商品动态，与掌柜和同行交流信息，并就具体做法会商并达成一致，以维持己方商品价格。

第二条，商人应为全面压低俄货价格、造成俄对我方货物依赖而努力，使两国关系向更好方向发展。为此应对交易商品各地现状和前景事先详加探讨。

第三条，为让俄商运来己方所需多余商品，尤其当感到某些商品数量不足时，应装出透露机密的样子告知俄商，还要进一步表示购买意愿。如果将来因此造成了个别商号损失，视情况由全体填补。

第四条，当发现俄商要涨价或自己持有过多货物时，应以停止交易、散布假信息来反制对方，迫使对方降价。

第五条，对俄商要以礼相待，不能私下交往。

第六条，保守国家和商业秘密，以友好的态度提供令俄商判断失误的信息。

第七条，个别商号的交易判断应服从于对俄价格交涉全局需要。

（1）谈谈你对上述前四条交易规则的理解。

（2）谈谈上述七条交易规则反映了晋商身上的哪些精神。

（3）谈谈上述交易规则能否应用在当今商业"战场"之上。为什么？

微课：内忧外患
——晋商的衰落与
启示

• 案例导入

话剧《立秋》台词精选

赵成才：沈阳来电——时局动荡，殃及票号，商家囤货，急需现银救市！徐州来电——我丰德数家票号，库银已尽，无力支撑。汉口来电——金融风暴，挤兑成潮。广州来电——西式银行，难以抵挡，何去何从，时不我待！

马洪翰：可叹富甲天下傲视四海数百年的晋商后裔，竟然如此懦弱胆怯！想我先祖创业，经过多少风狂雨骤，电闪雷鸣，从不低头！而今这点子片风细雨，沟沟坎坎就跨不过去了？我就不信这个邪！

案例分析： 大型多场景历史话剧《立秋》是我国著名话剧艺术家、国家话剧院著名导演陈颙绝笔之作！剧以《立秋》命名，有其丰富的内涵和寓意。立秋，首先是一个时间概念，是自然气候由热转凉的一个转折点；它还关联着历史兴衰，寓意着晋商由繁盛转向没落的深层含义；同时，立秋在山西人的风俗中，是个祭祖的日子，这又涉及了祖宗与后代、传统与现代的历史对话。《立秋》在展现丰德票号内外交困、危机四伏以至彻底没落的历史瞬间时，反映了他们顽固保守的一面，同时，也展示了晋商自强不息、诚信为本的精神操守，展现了传统文化的合理性与保守性，揭示了历史转变关头和社会转型时期，改革创新与因循守旧之间的矛盾冲突及其必然结局。《立秋》演绎的票号故事其实是晋商衰落的一个缩影。

• 知识精讲

一、晋商的衰落过程

晚清民国时期，官僚风气极为腐化，苛捐杂税极多，这本就不利于商业发展。而列强资本的输入和倾销，更是对民族资本产生了巨大的冲击。沦为半殖民地的中国，在发展本土商业上处于极为不利的地位。晋商最终无法适应近代中国的剧变，整体性衰落了。

1. 国势衰微，对俄茶叶大战晋商受挫

清朝雍正、嘉庆、道光以来，中国从恰克图输往俄国的商品以茶叶为大宗，它的业务大都被山西商人所垄断，这是晋商对俄贸易最辉煌的时期。但是随着第一次、第二次鸦片战争爆发，国势衰微，清政府与列强陆续签订了一系列不平等条约，诸如《中俄天津条约》《中俄北京条约》《中俄陆路通商章程》等，使俄国商人可以深入中国内地经商并享受许多中国商人都不能享用的特权。随后，俄国砖茶厂（图1-18）在中国内地建立的俄国西伯利亚铁路全线通车，更是使晋商举步维艰。最后，俄国爆发的十月革命和外蒙古（今蒙古国）独立事件，导致晋商的财产全部没收，晋商垄断长达一个多世纪的对俄茶叶贸易也就此彻底结束。

图 1-18　俄国汉口顺丰砖茶厂老照片

2. 政府腐败，晋商投资矿业又遭重挫

19 世纪末，外国资本主义开始了掠夺山西煤炭资源的活动。1905 年 7 月，英国福公司借阳泉正太铁路通车之机，派人在铁路两旁，勘测矿地，竖立标志，霸占矿产，并要挟清政府查封当地人开办的小煤窑。这一行径激起了阳泉和山西各界人士、海外留学生及开明官吏的极大愤慨，同年 9 月，掀起了一场声势浩大的山西保矿运动。该运动首发于阳泉，波及全国，震惊海外，其规模之大，不仅动员了士、农、工、学、商各界民众，连海外的山西留学生也投入其中。经过长达三年的不懈抗争，最终以驱逐英商、赎回矿权、国人自办、成立"山西保晋矿务有限公司"而结束。但是，由于当时山西当局的压迫，在资金上釜底抽薪，该公司终不能有所作为。

3. 墨守成规，晋商错失改组银行机遇

清末，晋商经营的山西票号已呈衰落状态，改组银行成为票号最后的生存之道。但是，山西票号墨守成规，先是接连拒绝加入"天津官银号"和"大清银行"。接着三帮票号的北京分号联合致函总号请求改组银行，无奈总部平遥的总号经理们不为所动。辛亥革命爆发后，总号经理们终于幡然醒悟，可惜此时已没有足够改革的资金，向奥商华利银行借款的计划也随着担保人熊希龄的倒台和第一次世界大战的爆发而化为泡影。最后平遥帮尝试单独联合改组银行，但始终未能实现。民国初期，票号陆续倒闭，1921 年仅存 5 家，平遥日昇昌于 1923 年歇业，祁县大盛川于 1929 年歇业，三晋源于 1934 年歇业，大德通、大德恒于 1932 年后改银号。山西票号错失改组银行的四次机会，雄震百年的山西票号从此销声匿迹。

二、晋商的历史启示

驰骋商界长达 5 个多世纪的晋商于清末民初衰败了，究其原因，既有客观原因和外部原因，也有晋商自身原因和内部原因。

1. 外部原因

（1）国势衰微，外国资本主义侵略的影响。鸦片战争后，西方列强打开了中国的大门，我国蒙古、新疆的万里边境一时间变成俄商独占的无税贸易区，而晋商等华商却要逢关纳税，遇卡抽厘，自然难以与俄商抗争，迫使中国的手工业、商业蒙受了巨大损失。如

前所述，晋商垄断长达180多年的恰克图对俄贸易，就由于沙皇俄国的侵略而一落千丈。在这种不平衡的情况下，晋商又采取了赊销茶叶给俄国中小商人的办法，但种种原因，还款无望，晋商遭到巨大的损失。为了挽回损失，晋商又请求清政府与俄国当局交涉，但恐外媚外的清政府根本不管。宣统元年，俄国政府又突然违背两国的茶约规定，对在俄华商征以重税，以排挤在俄经商的中国商人。晋商遭到种种打击，终于在"对俄茶战"中惨败。

（2）封建政府的腐败与内乱外患的影响。清政府由于其封建性，而具有保守、落后、封闭、腐朽的一面，特别是在两次鸦片战争中，清王朝的腐朽无能表现得淋漓尽致。《南京条约》《天津条约》《北京条约》《马关条约》《辛丑条约》等一系列不平等条约的签订，使中国在半殖民地国家的泥坑中越陷越深。清政府的腐败和帝国主义的侵略，激起了中国人民反对清朝封建统治、反对帝国主义的战争。从国内看，1851年洪秀全领导太平天国运动，1853年上海小刀会起义，1898年爆发了义和团运动，1911年孙中山领导辛亥革命，之后军阀混战，土匪蜂起，社会混乱。在这种情况下，商人怎能安心经商，晋商受损不断。再看世界，1914年第一次世界大战爆发，俄国发生内战，在俄国的晋商落荒逃归，损失数百万两银子。仅大德玉、大升玉、大泉玉、大美玉、独慎玉商号在莫斯科的损失就达140万两。1917年俄国十月社会主义革命胜利后，在俄国的晋商的资本被没收。1924年蒙古成立共和国，实行公有制，晋商在蒙古的资产全部充公。

知识链接

徐继畬《松龛先生全集》节选

徐继畬（yú），晚清名臣，山西五台县人，是中国近代开眼看世界的伟大先驱之一，著有《瀛寰志略》。在其《松龛先生全集》中记载了清末晋商衰败的场景："买卖在三江两湖者十居八九，自粤匪窜扰以来，南省半为贼扰，山西买卖十无一存，祁太汾平各县向称为富有者，一旦化为乌有，住宅衣物之外，别无长物。"

（3）明清晋商是封建统治阶级的附庸。明初，晋商凭借明朝统治者的开中法而崛起，进入清代后又充当"皇商"而获得商业特权，清代后期又给清政府代垫和汇兑军饷等业务，从而进入辉煌。明清晋商始终依靠封建政府，因封建政府而兴盛，但当封建政府走向衰亡时，晋商也必然祸及自身。如太谷志成信票号，在庚子事变之后，曾将资本运往南省放贷，但辛亥革命导致这些资金大多散失，而清政府提银又刻不容缓，结果账面上有应收银400万两，有应付银200万两，但实际上已无法周转，被迫倒闭。民国初年，债权人大多在太谷、平遥、祁县坐索欠款，财东因票号损失惨重，无力偿还，只能卖房卖地，甚至逃匿他乡，有的还沦为乞丐。晋商的惨败，表面上看是中国武力的惨败，实质上是中国腐朽落后的封建政治的惨败。

（4）官府兵匪苛捐杂税繁多，晋商不堪重负。中国是一个封建农业国家，实行重农抑商的政策，因此对商人的压榨名目繁多，尤其是清代后期。如清政府除商税、关税外，还到处设卡收取厘税，仅山西每年的厘金收入就从光绪元年的9万两白银增加到光绪三十四年（1908年）的31万两白银。此外，还有捐输，表面上是商人自愿捐输，实际上是政府摊派，不交者甚至蹲班房，名曰"黑窑"。据统计，乾隆、嘉庆、同治几朝，山西每年要支付各种名目繁多的捐输，如乾隆二十四年（1759年）伊犁屯田，河东盐商和长芦盐商捐输银

20万两；再如"皇帝上五台山"的捐输多在百万两以上，占全国捐银的近一半。不难看出，捐输之频，数额之大，已成为山西商民的沉重负担。执中国商界之牛耳的晋商更是深受其害，往往承担更沉重的捐输、摊派。此外，大小官吏还对商人千方百计敲诈勒索，你要敢反抗，安你个"不法"或"谋反"的罪名，没收财产，中饱私囊也是常有的事情。

知识链接

清朝的捐输

捐输是清政府为解决财政困难（如国家庆典、军务、赈灾、河防等工程建设之需）或因地方公益事项（如修建书院、修建文庙等），发动绅商士民捐出一定数额的银粮钱物作为"报效"政府的途径，政府回报以某种奖励和议叙（或于个人封官赏爵衔，或于地方增广学额）的一种筹措经费的策略和举措。

（5）近代交通发展后贸易路线改变的影响。道光二十五年（1845年）以后，资本主义国家的一些轮船公司在中国先后开辟了若干航线，俄商对华贸易由陆路改为天津、大连、海参崴（今俄罗斯符拉迪沃斯托克）的海上运输，成本低廉，山西商人利用驼、马、车走蒙古大漠的陆路优势逐渐丧失。后来西伯利亚到海参崴的中东铁路、京绥铁路等线路的陆续开通，对晋商旧有的商路又造成了更大的打击。因此，近代交通业的发展，改变了货物运输路线，使晋商失去了原有商路上的市场。如临县碛口镇，西临黄河，与陕西隔河相望，这里河面宽阔，水流缓慢，是一个天然渡口。从乾隆年间开始，山陕两地的商人便在碛口经商，贸易十分繁盛，清末碛口有商号300多家，被称为"驮不完的碛口""九曲黄河第一镇"。但是后来由于近代公路交通的发展，这里的水路作用逐渐衰落，碛口的繁荣遂成为历史。

2. 内部原因

（1）观念落后，大量资金没有投入新兴产业中。"以末致富，以本守之"的传统观念，束缚了晋商的发展。晋商资本流向土地，在明代已屡见不鲜。入清后，晋商购置土地者很是普遍。有民谣称："山西人大褥套，发财还家盖房置地养老少。"这句民谣反映了晋商外出经商致富后还家盖房置地养老少的传统观念，在这一传统观念的支配下，其商业资本是不利于向近代资本发展的。在整个19世纪的中后期，晋商将祖先们积累下的财富除用于创办票号业外，都用在了盖房上，竟然没有一家投资近代企业。直到光绪二十八年（1902年），渠本翘才创办双福火柴公司，这是近代山西的第一家民族资本工业。而此时在我国的南方，宁波商人、广东商人早已经营进出口贸易、五金颜料行、钟表眼镜业、呢绒洋布业、房地产业、保险业、证券业、公用事业等众多的新兴行业。山西商人远远落后了三四十年。

（2）墨守成规，票号没能完成向现代银行的转变。随着外国资本主义的侵入，旧的商业模式已被打破，加快改革，适应潮流，是求得自身发展的途径。但山西票号的那些领袖却故步自封、墨守成规，外面世界似乎与己无关。与此同时，如李宏龄等一些有识之士，眼界宽阔，思维敏捷，多次建议总号的财东、总经理等人每年至少到各埠视察两次，借以了解世界各国知识、中外市场形势，并建议全体票号联合起来，组成大股份银行。然而，这个扭转票号败局的建议，却被平遥蔚泰厚总经理毛鸿翰束之高阁，致使改革举步维艰。后来，其他票号虽有改设银行的数次建议，毛鸿翰也幡然醒悟，但因种种原因均未成功，丧失了重振和复兴的时机，票商终究失去昔日的光辉。

（3）奢侈堕落，晋商后代后继无人。人们常说"富不过三代"，晋商在创业的初期，乃至以后相当长的一段时期，都保持了勤俭节约、艰苦奋斗的传统，一般都富过了五代、十代。但随着业务的发展、时代的变迁，到了后期，晋商中日益滋生出"奢为贵"的思想，大部分晋商的后代都陷入了奢靡的泥潭。以日昇昌为例，后期经营者将主要精力集中在官款业务上，由于不断与官场结交，勤俭持家的号风为之一变，上至总号，下至分号，个个穿着华贵，趾高气扬，对小型汇兑一概不接。经理们生活腐化，中饱私囊；财东们醉心于听戏享乐、吸食鸦片。票号鼻祖雷履泰的后代子孙大都才能平平，非但无法继承其祖先的事业，而且也一个个染上了大烟瘾，家道逐渐败落，至其玄孙雷东阳时，竟将其家产变卖一空，最后流落街头，活活饿死。所以，在培养后代人才上的失误，是晋商衰败的一个非常重要的原因。

• 课堂活动

任务 1："新晋商"是指新时期的山西商人（或祖籍山西的商人），他们与旧"晋商"相比，已向各类新兴产业伸展触角，如钢铁、房产、IT 等行业。

（1）举出一些"新晋商"的代表人物及其产业。

（2）围绕"晋商的兴起与衰落对于当代新晋商有何启示"展开讨论。

任务 2：阅读以下材料，并回答问题

自从改革开放以来，中国民营企业家已经超过了 300 万人，调查显示，由于找不到合格的接班人，95% 以上的中国民营企业家无法摆脱"富不过三代"宿命。

我国家族企业的平均寿命只有 24 年，只有不到 30% 的家族企业能进入第二代，不到 10% 能进入第三代，而进入第四代的只有大约 4%。

2013 年全球富豪榜上有四分之一的富豪财富来源为继承，但财富普遍继承到第二代为止，继承超过三代的仅有 22 位。

在美国，家族企业在第二代能够存在的只有 30%，到第三代还存在的只有 12%，到第四代及四代以后依然存在的只剩 3% 了。

葡萄牙有"富裕农民—贵族儿子—穷孙子"的说法；西班牙也有"酒店老板，儿子富人，孙子讨饭"的说法；德国则用三个词即"创造，继承，毁灭"来代表三代人的命运。

（1）通过上述国内外数据和案例，分析"富不过三代"现象背后的原因。

（2）讨论如何避免"富不过三代"现象，以及该现象对我们有哪些启示。

任务 3：新时代下，危机与机遇并存，众多行业面临大洗牌，谈谈如何运用"晋商智慧"应对这个变化。

单元四	群英荟萃——明清十大商帮

微课：群英荟萃
——明清十大商帮

• 案例导入

谁是大清第一经商天才？

晋商的代表乔致庸和徽商的代表胡雪岩都是清朝商人中璀璨的明珠，人称"北有乔致庸，南有胡雪岩"。两人同处于一个时代，乔致庸生于1818年，比胡雪岩大五岁，两个人都达到千万两的财富。那么谁才是大清第一经商天才呢？

案例分析：这个问题是没有正确答案的，乔致庸与胡雪岩之间的比较与争论一直是商业界茶余饭后喜欢讨论的话题。这其实也是长期以来人们喜欢将晋商与徽商比较的一个缩影。

两人区别很大，例如：不同的出身，乔致庸出身商贾之家，胡雪岩是白手起家；不同的经营范围，乔致庸的生意主要是票号和生活用品，胡雪岩是钱庄、中药和军火贸易；不同的知名度，胡雪岩"红顶商人"的头衔和"二等爵位"身穿黄马褂的身份，乔致庸仅仅是民间商人；不同的结局，乔致庸高寿且善终，胡雪岩晚年遭遇抄家不得善终。

但是两人也有共同点：两人的道德信仰都是儒家文化，都曾经尽己所能帮助穷苦无依的人们；两人对洋人的排斥态度都是一样的；两人同样具有爱民情节和爱国情怀，值得我们去崇敬和学习。

除晋商和徽商外，明清时期的中国大地上还兴起了其他八个影响较大的商帮，合起来称为"中国十大商帮"。

• 知识精讲

一、明清十大商帮简介

1. 晋商商帮

十大商帮中最早崛起的就是山西商人，历史可以追溯到周朝。作为一个商帮组织，晋商兴起于明代，清代达到鼎盛。旧时曾有人说："凡是有麻雀的地方，就有山西商人"，晋商的足迹不仅遍及国内各地，还出现在欧洲、日本、东南亚和阿拉伯等国家和地区，完全可以与世界著名的威尼斯商人和犹太商人相媲美。晋商经营范围十分广泛，上至绸缎，下至葱蒜，更是创建了中国最早的银行——票号，执中国金融界之牛耳。明清晋商可以说达到了"贸易天下""汇通天下"和"富甲天下"的程度。

晋商的成功秘诀很多，例如，艰苦奋斗、开拓创新的创业精神；诚实守信、以义取利的商业理论；信义用人、恪尽职守的商业操守；稳健审慎、精明权变的经营原则；中庸和气、团结互助的团队意识等。相比其他商帮，晋商有一些特点非常鲜明，例如，活跃时间长、活动地域广的特点；首创票号，活跃于金融界；注意同业交往的"慎待相与"；伙计制、股俸制的创设；学而优则商的观念形成等。晋商的精神文化充分秉承了中华民族的优秀文化传统，是宝贵的文化遗产。

2. 徽商商帮

徽商来自安徽南部的徽州府，包括歙县、休宁、婺源、祁门、黟县、绩溪六县，即古代的新安郡，因此，徽商又称徽州商人、新安商人。徽人经商，源远流长，早在东晋时期就有新安商人活动的记载，以后代代有发展，明朝成化、弘治年间形成商帮集团，全盛期则在明代后期到清代初期。徽商主要经营盐业、典当行、茶叶、木材四大行业，当时在江南流传有"无徽不成镇"的谚语。

徽商与其他商帮的最大不同就在于"儒"字，他们的商业道德观带有浓厚的"儒家味道"。徽商以儒家的诚、信、义的道德说教作为其商业道德的根本，也正因为如此，徽商身兼商、儒、仕于一身，经商致富以后，更加热衷于文化建设，在家乡修造精美住宅、建祠、立坊、修桥、办学、刻书、藏书、建戏班、办文会，为后世留下了一笔宝贵的文化遗产。

3. 粤商商帮

粤商商帮又称为广东商帮，是由广东本地的三大民系及其他民系组成的，最主要的是广府帮、潮州帮和客家帮。粤商最早走出国门，是对外贸易的先驱。广东是中国重要的对外经济贸易发源地之一，自西汉时期广州就已成为南部中国珠玑、犀角、果品、布匹的集散之地；宋代时期的广州已是"万国衣冠、络绎不绝"的著名对外贸易港了；到了清代，广州"十三行"成为中国唯一的对外贸易窗口，清代诗人屈大均在其诗作《广州竹枝词》中就做了生动的描述（图1-19）。粤商在外贸买办行业中显赫一时，在通商口岸开埠后逐渐向近代商人转变，粤商也成为近代上海最大的商帮之一，也是继徽商和晋商之后中国有名的商人群体。

> **《广州竹枝词》**
> 清·屈大均
>
> 洋船争出是官商，
> 十字门开向二洋。
> 五丝八丝广缎好，
> 银钱堆满十三行。

图1-19 《广州竹枝词》

粤商由于特殊的地理位置，毗邻东南亚、香港、台湾，国外的先进技术和设备最早由广东进入，然后辐射全国。粤商有着吃苦耐劳的优良品质，通过自身不懈的努力，创造出独特的南粤文明和粤商文化。特别是20世纪80年代中国改革开放以来，粤商凭借特殊的地域和政策优势，加上聪明才智，迅速成为全国经济的领跑者。

知识链接

广州十三行

广州十三行是清代专做对外贸易的牙行，是清政府指定专营对外贸易的垄断机构。乾隆二十二年（1757年），乾隆皇帝下旨，仅保留广州作为对外贸易港口，广东"十三行"成为当时唯一能够进行外贸的组织。十三行并不是指特定的十三家商行，数量偶有增减。十三行成立之初，商行多达26家，乾隆四十六年（1781年），商行减至4家，一般时期商行数量保持在10家左右。在"一口通商"时期，"十三行"的发展达到了巅峰，成为"天子南库"，与亚洲、欧美主要国家都有直接的贸易关系。

4. 闽商商帮

闽商一般是指福建籍商人和海外闽民系从商的人。闽人自古就有移民和崇商的传统，这是与福建的地理条件分不开的。艰难的生存环境迫使他们不得不远涉重洋，以寻求生路。在异地他乡艰苦谋生的历练，练就了福建商人"骨子里的吃苦耐劳"和"亲力亲为"的精神。与多山这一不利于生存的条件相比，福建拥有绵长曲折的海岸线，众多的港湾岛屿。宋元时期，福建人就开辟了"海上丝绸之路"，便开始从家乡带着丝绸、药物、茶、糖、纸、手工艺品等特产顺着"海上丝绸之路"漂洋过海，将商品销往世界各地，开始海外贸易活动。因此，大量的海外贸易和大量的海外移民就成了当地的两大特色，也形成了后来遍布全球的闽籍商人。

闽商最大的特点是冒险精神。数百年来，遍布全球的闽商，秉承"爱拼会赢""富贵险中求"的精神，努力拼搏，以他们的勤劳、智慧和热情，为中国及所在国家或地区的经济社会发展做出了重要的贡献。闽南语歌曲《爱拼才会赢》（图1-20）就唱出了闽商的这种精神。闽商也在这几百年的商海驰骋中形成了自己特殊的闽商精神，人们将它概括为蓝色的海洋经营精神，包括善观时变、顺势有为、敢冒风险、爱拼会赢、合群团结、豪爽义气、恋祖爱乡、回馈桑梓。

> **《爱拼才会赢》**
> 作曲、作词：陈百潭
>
> 一时失志不免怨叹
> 一时落魄不免胆寒
> 哪怕失去希望
> 每日醉茫茫
> 无魂有体亲像稻草人
> 人生可比是海上的波浪
> 有时起 有时落
> 好运 歹运
> 总嘛要照起工来行
> 三分天注定
> 七分靠打拼
> 爱拼才会赢

图 1-20　《爱拼才会赢》

5. 甬商商帮

"甬"是浙江省宁波市的简称，因境内有甬江而得名，因此，甬商是指宁波籍经商的人。这里所说的宁波是指旧宁波所属的鄞（yín）县、镇海、慈溪、奉化、象山、定海六县和后划入宁波府的余姚、宁海，包含今天绍兴市和舟山市的部分县。明清时期，宁波商人在北京、天津、汉口、上海等地区已有相当势力。在北京，他们控制了银号业、成衣业、药材业。鸦片战争后，清政府开放的通商五口之中就有宁波，而且，宁波距离上海很近，甬商抓住这个历史机遇，进入上海，最终掌握了上海总商会的实权，也完成了自己从封建商人向近代企业家的转型。

鸦片战争是中国历史由传统转向近代的转折点。在这一转折时期，其他商帮都没有实现转型，或者努力了但没有成功，所以在清灭亡之后都衰亡了。只有甬商在社会转型时自己也实现了成功的转型，并在新形势下迅速壮大。这种转型包括两种：一是由从事纯粹的商业活动转为投资现代产业；二是从传统的银号、钱庄转入现代银行。

甬商对清末上海、天津、武汉的崛起和第二次世界大战后香港的繁荣都做出了贡献。甬商推动了中国工商业的近代化，为中国民族工商业的发展也做出了贡献，如第一家近代意义的中资银行，第一家中资轮船航运公司，第一家日用化工厂，第一家机器染织企业，第一家灯泡制作厂，最早的保险公司、房地产公司、证券交易所，甚至大名鼎鼎的北京同仁堂、上海老凤祥、**商务印书馆**等，都是在甬商手里诞生的。新时期的甬商更是不乏世界级的"工商巨子"，例如，"现代郑和"董浩云、"世界船王"包玉刚、"娱乐业大亨"邵逸夫、"芯片大王"张忠谋等。

小视频：商务印书馆

31

6. 衢商商帮

衢（qú）商是指以浙江衢州府龙游县为中心的商帮集团，又称龙游商帮，它是中国十大商帮中唯一以县级单位为区域的商帮群体。衢商萌发于南宋，兴盛于明代中叶，有"遍地龙游"之美誉。历史上，衢商善于经营珠宝业、贩书业和纸张业。衢商无论发轫之初还是鼎盛之时，都毫无背景可言。他们凭借踏实、苦干、聪慧的经商本领鏖战商场，堪称"平民式贵族"。

衢商虽地处偏僻，却有着开放的心态，在观念上也比较新潮，主要表现在两个方面，即投资上的"敢为天下先"精神和"海纳百川"的肚量。明清时期，许多商人将经营商业所赚得的资金用来购买土地或经营典当、借贷业，以求有稳定的收入。而衢商敏锐地意识到，要获得更多的利润，必须转向手工业生产和工矿产业。他们果断地投入纸业、矿业的商品生产，或者直接参与商品生产，使商业资本转化为产业资本，给当时封建社会注入了带有雇佣关系的新生产关系。衢商还不排斥外地商帮对本乡的渗透，并且相处友善，吸收外地商人进入己帮，扩大了衢商的实力，推进了衢商的发展。

7. 洞庭商帮

洞庭商帮是明清时期苏州洞庭东山和西山形成的一个地域性商帮，也是"苏商"的主体。苏州洞庭东山与西山，就在今天吴中区的东山镇和西山镇（今金庭镇），东山为伸入太湖的半岛，西山为太湖中的一个岛屿，这是两个面积分别为80平方千米和90平方千米的地方，也让洞庭商帮成为地域范围最小的一个商帮。

洞庭商帮的精明之处在于审时度势，把握时机，另辟商道。他们没有与晋商、徽商在盐业和典当经营上争夺市场，而是扬长避短，稳中求胜，利用苏松地区得天独厚的条件贩运棉布、丝绸和粮食，他们又不断更新观念，开拓经营新局面，向外部世界发展，因而被江湖上誉为"钻天洞庭"。

8. 赣商商帮

赣商又称江西商帮、江右商帮，兴起于北宋时期，是中国古代最早成形的商帮。赣商以其人数之众、操业之广、实力和渗透力之强称雄中华工商业900多年。1 500多座江西会馆（万寿宫）遍布全国。

历史上著名的大移民事件即"江西填湖广"和"湖广填四川"，其中江西移民最多。在这些江西移民中，有不少是"挟技艺以经营四方"的手工业者和"负贩遍天下"的商人，很快他们的活动地域和范围广布全国，甚至扩张到了海外。中国大多数市镇流传着"无江西人不成市场""无江西人不成码头"之语。

> **知识链接**
>
> #### 江西会馆——万寿宫
>
> 江西是中国本土宗教道家的发源地之一，龙虎山、三清山在道教的地位显赫，道家、道教思想在历史上对江右商帮的凝聚成形起到了极为突出的作用。可以说江右商帮属于"道商"，道以商传，商以道盛。万寿宫是江西人为纪念他们的地方保护神——俗称"福主"的许真君而修建的，历经许多朝代，宫中香火不断。随着江右商帮行走全国，也在其他地方纷纷修建起来，最后发展成了外地江西同乡的"江西会馆"。他们在此开展亲善友好、祭

祀活动，路过的江西籍商人、官员、文人也可暂住议事。这一建筑是赣商的标志，更是江右商帮财富与实力的象征。

9. 鲁商商帮

鲁商即山东籍从事商业营销活动的商人的通称。尽管山东地区曾在春秋战国时期出过管仲这样的理财家，陶朱公范蠡也是在山东经商成功的，但直到明代以后经商者才逐渐多起来，到清代才最终形成商帮。鲁商在兴盛时期也曾控制了北京乃至华北地区的绸缎布匹、粮食批发零售、餐饮等行业。尤其是在东北地区，鲁商由于地缘、人缘的便利，纵横驰骋，风光无限。清末时期，鲁商在东北各城商业中均位居主导地位。

从历史小说《水浒传》、电视剧《闯关东》等诸多记载中可以得知，山东人质朴豪爽，讲究义气。鲁商在经商过程中，很讲哥们义气，可以说有难同当，有福同享，具有侠胆忠心。山东是儒家文化的发源地，鲁商深得"内圣外王"之道，信奉"博施济众""益群利己"的教义，体现的是义利合一，可以说较其他商帮的实践特点更为突出。

知识链接

鲁商老字号——瑞蚨祥

瑞蚨祥创始于 1862 年，由山东章丘旧军孟氏家族创立于济南。主要经营项目有绸缎、呢绒、棉布、皮货、化纤、民族服装服饰等。生意兴隆后就到北京、上海、青岛、天津等地区设立分店。尤其是 1893 年在北京大栅栏开设的"北京瑞蚨祥绸布店"发展成为北京最大的绸布店，为旧京城"八大祥"之首。新中国成立后，天安门广场升起的第一面五星红旗的面料就是周恩来总理指定瑞蚨祥提供的。

10. 秦商商帮

秦商在中国历史上曾居显赫地位。秦汉时期就以独立自由商人登上了经济舞台；唐代以"帝国商人"的身份傲视天下；明清时期，形成了名震全国的商业资本集团，被尊为"西秦大贾"。秦商在中国明清商业史上叱咤风云了近五百年之久，为中国西部的初期开发和明清以来陕西经济的发展立下了汗马功劳。

晋商和秦商由于地理位置相近，从事的商业活动也差不多，所以经常作为商业联合体，在各地也多是一起共事，人们通常将他们合称为"西商"或"山陕商帮"。他们在全国各地的会馆也往往建在一起，叫作"山陕会馆"。

秦商主要有三大历史贡献：一是"丝绸之路"，与中外商人开辟通往世界的商业大道，其中西北丝绸之路国内部分被称为"拓北庭"；二是陕康藏茶马古道茶马交易，民间称为"蹚古道"；三是走西口，陕北民歌《走西口》家喻户晓。这些都促进了民族间经济文化的交流，民族间的融合，对稳定边疆、开发边疆意义重大。

想一想 如果把明清中国十大商帮按照今天的发展再排列顺序，你会怎样排列？重新排序后，对你有什么启示？

二、晋商与徽商的异同

晋商和徽商相继形成于明代中叶，在商贸影响方面旗鼓相当，不分伯仲，所谓"富室之称雄者，江南则推新安（徽州），江北则推山右（山西）"，世人有"北晋南徽"之说，形成了南北对峙的局面。作为同一时期兴起的两大商帮，晋商和徽商必然存在相同之处，但也存在许多相异的地方。

1. 相同之处

（1）晋商、徽商均为我国封建社会后期商品经济发展的产物。明清时期虽然处于我国封建社会的末期，但是它的生产力发展水平优越于以往的任何朝代，自然经济生产的劳动产品不断增多，市场贸易繁荣，商业市场增多，以盈利为目的的商业实体不断增多，这便促进了我国商品经济的快速发展。再加上白银作为货币广泛流通，水陆驿站干道的迅速扩展，都为晋商、徽商的兴起创造了条件。

（2）晋商、徽商都有着继承和发扬中华优秀传统文化的特点。中国古代商人吸取了儒、法、兵、道诸家文化的良性影响，创造出具有传统文化的商业文化，这一文化在明清晋商、徽商身上更集中、更典型地体现出来，反映了传统文化对商人经营理念的价值导向作用。

（3）晋商、徽商都与封建政治势力有着结托关系，商业势力消长受到政治势力的影响。明清时期是封建专制主义的一统天下，封建专制主义的触角伸向了社会的各个角落，依附、逢迎和仰攀是晋商、徽商对封建势力所持的基本态度。而封建政治势力既在一定程度上维护晋商、徽商的利益，又未放松对晋商、徽商的敲诈勒索。他们之间既有共同利益，又有矛盾斗争。晋商、徽商与封建政治势力之间的这种关系，反映了封建社会后期商人经济地位的动摇和政治上的懦弱，因而也就避免不了与封建社会同枯共衰的命运。

（4）晋商、徽商都对当时社会经济、文化的发展起到了促进作用。晋商、徽商在商业活动中有个共同特点，就是突破区域性界限，进行长距离贩运，从而促进了各地区之间的联系，扩大了国内外贸易市场。晋商推动了包头、西宁、张家口、多伦诺尔、平遥、祁县、太谷等城镇的兴起，徽商则有"无徽不成镇"之说。晋商不仅对商业、金融经营管理形成了经营文化，而且促进了社会文化的发展，如山西地方戏曲的繁荣，社火活动的开展，古籍文物的收藏，武术活动的推广，饮食、茶叶文化和珠算、会计、医药文化的推动，以及民风、民俗的变化等。徽商则对教育、书画、经学、理学、医学、园林、徽剧、徽菜、徽俗等的发展起到了推动作用，并形成了著名的徽州文化。

> **知识链接**
>
> **徽州文化**
>
> 徽州文化是一个极具地方特色的区域文化，在各个层面、各个领域都形成了独特的流派和风格，如新安理学、徽派朴学、新安医学、新安画派、徽派版画、徽派篆刻、徽剧、徽商、徽派建筑、徽菜、徽州方言等。它全息包容了中国后期封建社会民间经济、社会、生活与文化的基本内容，被誉为后期中国封建社会的典型标本，也被誉为并列于敦煌学和藏学的中国三大走向世界的地方显学之一。

2. 相异之处

（1）晋商、徽商在起因、兴衰时间上略有不同。晋商兴起于明初，因北方边塞大量驻军，明王朝实施"开中法"而兴起。徽商则是明中期，改"开中"为"折色"，商人以银两换取盐引后贩盐，徽商以地缘近两淮盐场而兴起于商界。晋商衰败于清末，随清王朝的灭亡而衰败，徽商的衰落则是从清王朝道光十二年（1832年）实行盐法改革，将"纲盐制"改为"票盐制"，取消了盐引和引商对盐业的垄断，从此走上了衰落之路。这样计之，晋商从明初到清末活跃商界500余年，徽商从明中叶到清道光年间活跃商界近300年。

（2）晋商、徽商在主营业务方面有所不同。晋商大户基本上都是靠贩盐起家的，待生意做大以后，开始将生意涉及了北方所需的粮、盐、棉、茶叶等业务。晋商形成规模后，开始主打票号生意，专门汇兑银票，后来才逐渐增加了存贷款等业务。徽商经营盐、木材、丝绸等业务，虽然也主打金融类业务，主营的却是钱庄。钱庄出现于明朝中期，主营存贷款业务。与票号动辄上百万的投资不同，钱庄规模较小，但却遍布江南一带。

（3）晋商、徽商在价值取向上迥然不同。晋商与封建社会中传统的重儒轻商的观念不同，晋商家庭并不在意自家子弟能否考取功名，他们是"学而优则商"，以至于各大商贾家中天赋异禀的子弟在幼年时便开始学习经商之道，读书变成了"副业"，而走上科举道路的往往是那些被认为天资较差的孩子。就连雍正皇帝都曾经对山西这种不重读书的风气颇有成见。徽商则是"学而优则仕""贾而好儒"，将儒家"修身、齐家、治国、平天下"作为自己的终极目标，商户们家中的子弟自幼便进学堂学习四书五经，那些生性顽劣的孩子才会被安排经商。徽商致富后，还会在家乡修建官学、书院、私塾，为家乡的贫困子弟提供更好的读书环境。正因为如此，徽州被世人称为"东南邹鲁""程朱阙里"。因此，整个清代科举考试中全国共选拔出114个状元，其中安徽9人，仅次于江浙两省，而山西一个都没有（表1-2）。

表 1-2　清代状元分布表

排名	省份	人数	排名	省份	人数
1	江苏	49	7	福建	3
2	浙江	20	7	八旗	3
3	安徽	9	12	湖南	2
4	山东	6	12	贵州	2
5	直隶	4	14	河南	1
5	广西	4	14	陕西	1
7	湖北	3	14	四川	1
7	广东	3	17	山西、甘肃、云南、新疆、台湾	0
7	江西	3	合计		114

（4）晋商、徽商在文化理念上也有本质不同。晋商崇尚"义"，尊奉关公，凡有晋商活动的地方都会在会馆中供奉关公，甚至有的地方先建关帝庙后建会馆。晋商家族将关公作为他们尊奉的神明，以关公的"诚信仁义"来规范族人的行为和经商活动；晋商家族将关公文化作为他们的伦理取向，在其精神、道德、行为方面发挥了不可估量的作用。徽商崇尚"仁"，尊崇理学，尊奉的是乡人朱熹，朱熹主张的"去人欲，存天理"，以及"道者，古今共由之理，如父之慈、子之孝、君仁臣忠"等，与徽商的宗法思想一脉相通。理学加固了徽商家族的宗法势力。朱子所制定的"家典""族规"是徽商所遵循的，他们不仅在家

乡祭祀他，就是到了外地经商也要建会馆祭祀他。很显然，徽商将理学作为家族内行事和经商活动的准则，理学观念在徽商中影响极大。"贾而好儒""左儒右贾""业儒高于服贾"都充满了对子弟业儒的期待。

（5）晋商、徽商在用人上区别较大。晋商用乡人而不用亲属，称为"避亲"；而徽商习惯于用亲属。晋商企业用人只能从乡人中择优保荐，财东与掌柜既不能荐用自己的亲戚，更不能荐用"三爷"，即少爷、姑爷、舅爷。晋商此举，既有利于企业管理，也表达了财东造福乡里之意。徽商为了规避用亲的风险，一般会通过大修宗祠，用朱熹理学所倡导的尊卑有序的宗族力量来强化对企业内部族众的规范和控制。

小故事

"六必居"与"三不用"

坐落于北京大栅栏的六必居酱园，相传始于明嘉靖九年，是京城历史上最悠久、最负盛名的老字号之一。六必居原是山西临汾西社村人赵氏兄弟开办的小店铺，专卖"开门七件事：柴米油盐酱醋茶"中的前六样，故名六必居。为了确保用人管理方面的公正公平，六必居还规定，店内不用"三爷"，即少爷、姑爷和舅爷，这样既可以加强对所有员工的管理，同时避免出现投鼠忌器的尴尬局面。

（6）晋商、徽商在经营方式上也有明显区别。晋商和徽商都是背井离乡、跨地区经营的商帮，但晋商常常只身外出经商，不带家眷外出，他们一去数年，待赚了钱才回家。正如清人纪昀所说："山西人多商于外，十余岁辄从人学贸易。俟蓄积有资，始归纳妇。纳妇后仍出营利，率二三年一归省，其常例也。"而徽商往往举家外迁，聚族经营，这与徽州人祖先早年为避战乱，具有迁徙传统有关。另外，晋商和徽商赚了钱，都会回家乡买田造房，以光宗耀祖，但在宅院具体的建造上，**晋商大院和徽商大院**也存在很大差别。

小视频：晋商大院与
徽商大院

• 课堂活动

任务1：晋商和徽商是明清时期中国最著名的两大商人集团，一个在北方，一个在南方，请同学们围绕"晋商与徽商的异同"展开讨论，并从不同的角度加以分析。

任务2：目前中国的三大商帮：潮商风头正盛，浙商影响力大，闽商低调内敛。请查阅相关资料，解读每个商帮的特点及其代表性企业与人物。

余秋雨《抱愧山西》节选

我在山西境内旅行的时候，一直抱着一种惭愧的心情。

......

大概是八九年前的某一天，我在翻阅一堆史料的时候发现了一些使我大吃一惊的事实，便急速地将手上的其他工作放下，专心致志地研究起来。很长一段时间，我查检了一本又一本的书籍，阅读了一篇又一篇的文稿，终于将信将疑地接受了这样一个结论：在20世纪乃至以前相当长的一个时期内，中国最富有的省份不是我们现在可以想象的那些地区，而竟然是山西！直到21世纪初，山西，仍是中国堂而皇之的金融贸易中心。北京、上海、广州、武汉等城市里那些比较符合一定标准的金融机构，最高总部大抵都在山西平遥县和太谷县几条寻常的街道间，这些大城市只不过是腰缠万贯的山西商人小试身手的"码头"而已。

......

其实，细细回想起来，即便在我本人有限的所见所闻中，可以验证山西之富的事例也曾屡屡出现，可惜我把它们忽略了。如现在苏州有一个规模不小的"中国戏曲博物馆"，我多次陪外国艺术家去参观，几乎每次都让客人们惊叹不已。尤其是那个精妙绝伦的戏台和演出场所，连贝聿铭这样的国际建筑大师都视为奇迹，但整个博物馆的原址却是"三晋会馆"，即山西人到苏州来做生意时的一个聚会场所。说起来苏州也算富庶繁华的了，没想到山西人轻轻松松来盖了一个会馆就把风光占尽。要找一个南方戏曲演出的最佳舞台作为文物永久保存，找来找去竟在人家山西人的一个临时俱乐部里找到了。记得当时我也曾为此发了一阵呆，却没有往下细想。

又如翻阅宋氏三姐妹的多种传记，总会读到宋霭龄到丈夫孔祥熙家乡去的描写，于是知道孔祥熙这位国民政府的财政部部长也正是从山西太谷县走出来的。美国人罗比·尤恩森写的那本传记中说："霭龄坐在一顶十六个农民抬着的轿子里，孔祥熙则骑着马，但是，使这位新娘大为吃惊的是，在这次艰苦的旅行结束时，她发现了一种前所未闻的最奢侈的生活。……因为一些重要的银行家住在太谷，所以这里常常被称为'中国的华尔街'。"我初读这本传记时也一定会在这些段落间稍稍停留，却也没有进一步去琢磨让宋霭龄这样的人物吃惊、被美国传记作家称为"中国的华尔街"，意味着什么。

看来，山西之富在我们上一辈人的心目中一定是世所共知的常识，我对山西的误解完全是出于对历史的无知。唯一可以原谅的是，在我们这一辈，产生这种误解的远不止我一人。

误解容易消除，原因却深可玩味。我一直认为，这里包含着我和我的同辈人在社会经济观念上的一大缺漏、一大偏颇，急需从根上进行弥补和矫正。因此好些年来，我一直小心翼翼地期待着一次山西之行。记得在复旦大学、同济大学、华东师范大学等学校演讲时总有学生问我下一步最想考察的课题是什么，我总是提到清代的山西商人。

......

知识检测

模块一题库

思考与实践

1. 思考

（1）晋商的兴起与衰落对当代社会主义经济建设的启示。

（2）收集资料比较犹太商人与中国商帮（徽商、晋商、潮商、浙商等）的区别。

（3）当下我们如何做好晋商文化的传承与创新，重振晋商？

2. 实践

选择自己所在城市附近有特色产业的乡村进行考察学习，运用历史思维，总结该乡村发展成功的经验，尝试运用晋商的智慧为"乡村振兴"献计献策，写成1000字左右的考察报告。

模/块/评/价

评价内容	自评	组评	教师评价	综合等级
知识检测（题库成绩）	（　　）分	（　　）分	（　　）分	☆☆☆☆☆
课堂活动（任务完成）	☆☆☆☆☆	☆☆☆☆☆	☆☆☆☆☆	☆☆☆☆☆
课下实践（调研报告）	☆☆☆☆☆	☆☆☆☆☆	☆☆☆☆☆	☆☆☆☆☆

感悟提升

学习本模块后，你在职业感悟、生活感悟、生涯感悟等方面是否有新的认识和提高？请具体写出。

模块导读

　　"我站在这个院子里凝神遐想，就是这儿，在几个聪明的山西人的指挥下，古老的中国终于有了一种专业化、网络化的货币汇兑机制，南北大地终于卸下了实银运送的沉重负担而实现了更为轻快的商业流通，商业流通所必需的存款、贷款，又由这个院落大口吞吐。我知道每家被我们怀疑成日昇昌的门庭当时都在做着近似于日昇昌的大文章，不是大票号就是大商行。如此密密麻麻的金融商业构架必然需要更大的城市服务系统来配套，其中包括适合来自全国不同地区商家的旅馆业、餐饮业和娱乐业，当年平遥城会繁华到何等程度，我们已约略可以想见。"

　　这是当代学者余秋雨先生在他的散文作品《抱愧山西》里对山西票号的描述与思考。那么中国历史上第一家票号为什么诞生在山西？山西票号在百年发展史中又经历了哪些传奇故事与辉煌业绩？山西票号又是如何经营和盈利的？本模块的学习将打开你的视野，为你揭开山西票号辉煌背后的秘密。日昇昌票号博物馆如图 2-1 所示。

图 2-1　日昇昌票号博物馆

学习目标

知识目标	1. 梳理山西票号从诞生到消亡的百年发展史； 2. 解读山西票号"汇通天下"的深刻内涵； 3. 理解山西票号整体衰败的背景和原因； 4. 熟知山西票号的基本业务，区分其与现代银行的不同
能力目标	1. 具备辩证思维的能力与洞察事物发展规律的能力； 2. 增强与时俱进的学习能力，提升自身的创新创造能力
素养目标	1. 树立创新意识、机遇意识、危机意识和大局意识； 2. 传承优秀三晋文化，提升文化涵养，坚定文化自信

思维导图

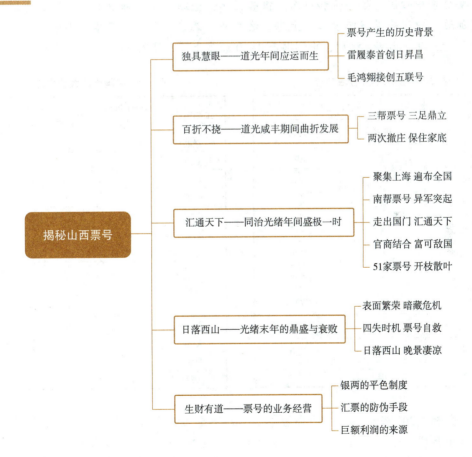

揭秘山西票号

- 独具慧眼——道光年间应运而生
  - 票号产生的历史背景
  - 雷履泰首创日昇昌
  - 毛鸿翙接创五联号
- 百折不挠——道光咸丰期间曲折发展
  - 三帮票号 三足鼎立
  - 两次撤庄 保住家底
- 汇通天下——同治光绪年间盛极一时
  - 聚集上海 遍布全国
  - 南帮票号 异军突起
  - 走出国门 汇通天下
  - 官商结合 富可敌国
  - 51家票号 开枝散叶
- 日落西山——光绪末年的鼎盛与衰败
  - 表面繁荣 暗藏危机
  - 四失时机 票号自救
  - 日落西山 晚景凄凉
- 生财有道——票号的业务经营
  - 银两的平色制度
  - 汇票的防伪手段
  - 巨额利润的来源

单元一　独具慧眼——道光年间应运而生

微课：独具慧眼
——道光年间应运
而生

● 案例导入

全球十大金融中心

2022年9月22日，"第32期全球金融中心指数报告（GFCI 32）"在中国深圳和英国伦敦联合发布，该指数从营商环境、人力资本、基础设施、金融业发展水平、声誉等方面对全球主要金融中心进行了评价和排名。报告显示：全球十大金融中心排名依次为纽约、伦敦、新加坡、中国香港、旧金山、上海、洛杉矶、北京、深圳、巴黎，中国占了4个，分别是香港、上海、北京、深圳；中国共有14座城市上榜，见表2-1、表2-2。

表2-1　全球十大金融中心

中心	GFCI 32	
	排名	得分
纽约	1	760
伦敦	2	731
新加坡	3	726
香港	4	725
旧金山	5	724
上海	6	723
洛杉矶	7	722
北京	8	721
深圳	9	720
巴黎	10	719

表2-2　中国十四大金融城市

金融中心	大中华地区	GFCI 32	
	排名	排名	得分
香港	1	4	725
上海	2	5	723
北京	3	8	721
深圳	4	9	720
广州	5	25	704
成都	6	34	695
青岛	7	36	693
台北	8	80	607
南京	9	83	604
杭州	10	85	602
天津	11	87	600
大连	12	93	553
西安	13	118	531
武汉	14	119	501

案例分析： 200多年前中国的金融中心，并不是今天上榜的那些大城市，而是深居内陆的一座小县城——平遥。想当年，一座面积只有2.25平方千米的古城内，票号就有22家之多，钱庄、当铺更是不计其数，被当今的中国人称为"大清金融第一街"、中国的"华尔街"。要了解中国的金融业，这里是必去之处。

"日昇昌、蔚泰厚、凉帽壳壳窑窑铺，道东过来蔚丰厚、天成亨、新泰厚，米家巷开的蔚长厚、百川汇、百川通，郝登五写的金字牌匾蔚盛号，协同庆、南街开，普天同庆贴门脑。"这是平遥当地流传的一首民谣，描绘了城内票号林立的繁荣景象。

• 知识精讲

票号，是中国古代的一种金融机构，也被称作"票庄"或"汇兑庄"，因票号多为山西人开设，又被称为"山西票号"或"西号"。山西票号产生于清道光年间，在我国历史上存在近百年，被余秋雨赞为"中国银行的乡下祖父"。在我国，明代中后期出现了资本主义萌芽，沿袭数千年的低价值的货币制度已与经济发展不适应；加之晋商在明清时期积累了大量的金融经验，在这种情况下，专营汇兑业务的票号应运而生。

一、票号产生的历史背景

1.社会经济条件成熟

（1）社会商品经济的发展对货币金融提出了新要求。明中叶之后，传统社会的经济得到了很大发展，并达到了高峰。农业生产稳步发展，商品资本空前活跃，全国性的大市场逐步形成，国外市场也得到了很大拓展。其主要表现为粮食、棉花、生丝、蔗糖、绸缎、棉布、铁器等成为重要的交易商品，出现了晋商、徽商、粤商、闽商、甬商等地方大商帮，形成了30多个大型商业城市。商品经济的发展自然对货币金融提出了新的要求。商品流通频繁、货币流通量增大，依赖运送现银进行货款清算已远远满足不了要求，而靠镖局担任现银运输又极不安全，风险很大。另外，埠际贸易的开展也使商品流通幅度扩大，出现了不同地区债务清算和现金平衡的问题，于是需要汇兑专业化。

知识链接

"天下四聚"

清人刘献廷说："天下有四聚，北则京师，南则佛山，东则苏州，西则汉口，然东海之滨，苏州而外，更有芜湖、扬州、江宁、杭州以分其势，西则维汉口耳。"

——刘献廷《广阳杂记》卷四

（2）银币的广泛使用对金融业的发展提供了一定条件。银币的广泛使用大致是从明英宗正统元年（1436年）时田赋折收"金花银"开始，至万历年间张居正推行的"一条鞭法"税制改革，是中国历史上封建劳役经济转向货币经济的一大进步。清初，对赋役规定银米兼收，后来除部分银粮外，几乎全部征收银两和钱。再后来清政府的征收赋役和发放薪饷一律用银两。此外，由于商品货币交换日趋频繁，民间为了交换方便，除用银两外，还在一些地方出现了用钱和纸币的现象。如广东，小民贸易"喜用钱"；福建"多用纸币，自四百以至千万……听人自便"。

（3）账局、钱庄等早期金融组织的出现为票号的产生创造了条件。在票号产生之前，因商品货币经济发展而产生的各种类型金融机构，主要有账局、钱庄、当铺、印局、银号等。经过长期的发展，到了清代，这些金融机构已初具规模，资本市场日益活跃，就为清中叶票号的诞生提供了条件（详见模块一单元三"小视频：金融六行的金融业务"）。

想一想　目前市场上除银行外，还有哪些金融机构？

（4）镖局运现已不能适应越来越扩大的货币交割需要。在商品交易过程中，由于商人异地采购业务的不断扩大，现银调动数额越来越大，次数也越来越多，因此既安全又快速运现就成为一个突出问题。镖局就是在这种状况下应运而生的专门运现机构。所谓镖局，就是雇用武艺高超的镖师护送押运现银和贵重货物，也称为"走镖"或"护镖"，平时则看家护院和坐店下夜。但是随着山西商人商业贸易的扩大，特别是清中期以后由于内忧外患日深，社会动荡不已，土匪遗兵四出，沿途已不安全，保镖并不能万无一失；再加上起镖运现不仅费时且数额有限，成本很大，难以适应日益发展的商品交易需要。在这种情况下，以经营汇兑为主的票号自然就应运而生了。

2. 晋商具备优越条件

（1）晋商的足迹遍天下。明代"开中法"实行后，围绕山西境内的盐铁丝绵的生产和流通，以及政府在北部边镇推行的纳粮开中制度、西部边境的茶马制度等，山西商人北至宁夏、宣化、张家口，东北至北京、山东，东南至吴越，西南至四川，西至西宁、嘉峪关，已经足迹半天下。进入清代，随着清王朝对东北、内外蒙古、新疆地区的统一，晋商在中国所有行省的土地上，都留下自己的足迹。尤其是苏州、佛山、汉口、北京这四大市场，晋商之多更为突出。如清乾隆三十年（1765年），晋商单在苏州的钱庄就有81家；乾隆三十五年（1770年），在北京的河东烟商就有532家；嘉庆二十四年（1819年），开设在北京的平遥县颜料商就有36家。总之，晋商的商业活动从明代的"半天下"发展为清代的"遍天下"。

（2）晋商的资本雄厚扎实。经营金融业比经营商业更需要有雄厚的资本，经过二三百年的经营，到了清代，晋商已经逐渐具备了这一条件。《清稗类钞》中记载仅介休、太谷、祁县、榆次等地区拥三四十万两白银到七八百万两白银资产的财东就有14家，晋商"百十万家资者，不一而足"。咸丰初年，晋中地区家产逾百万两白银者多达数十家，当时有人估算其金额超过亿两，比清政府的国库存量还多。清咸丰年间（1853年）清朝宗室惠亲王绵愉对皇帝描述过当时晋商的富庶（图2-2）；清嘉庆道光时期汪喜孙说：在两淮，"向来山西、徽歙富人之商于淮者百数十户，蓄资以七八千万计。"因此，著名思想家龚自珍就曾以"海内最富"四字来形容山西的富庶。长期经商积累起来的大量资本为晋商开创票号奠定了雄厚的资金基础。

> "伏思天下之广，不乏富庶之人，而富庶之省，莫过广东、山西为最。风闻近数月以来，在京贸易之山西商民，报官歇业回家者，已携资数千万出京，则山西之富庶可见矣。"
>
> ——清朝宗室惠亲王绵愉

图2-2　对晋商富庶的描述

知识链接

龚自珍的"西部大开发"计划

清道光二年（1822年），当时中国的文化思想家龚自珍，提出一个极具超前意识的"西部大开发"计划，他撰写成《西域置行省议》，提出把东部、中部、南部城市中的无业人员迁徙到大西北去创业，国家会给予政策倾斜。但龚自珍认为内地只有两个地方可以"毋庸议"，一是江浙一带，那里的人民筋骨柔弱，吃不消长途跋涉；二是山西省，他觉得"山西号称海内最富，土著者不愿徙，毋庸议。"

（3）晋商的社会信誉良好。晋商在长期经营过程中，建立了良好的信誉。早在创业之初，他们就把"信""义"定为自己的立业之本，以此夯实了自身商业文化的基石，在社会大众中建立了值得信赖的良好形象。其经商"虽以盈利为目的，凡事则以道德信义为根据……才能通有无……近悦远来"，明代王现的"异术而同心"理论就是最好的见证。又如旅蒙商为了适应草地牧民缺医少药的情况及牧民的生活习惯，要求员工学习针灸、中药等知识，遇到牧民患一般疾病，就可以帮助治疗；牧民则很认同晋商，不问价格，争相购货。由于晋商在经营中"重信义，除虚伪""贵忠诚，鄙利己，奉博爱，薄嫉恨"，反对以卑劣手段骗取钱财，使其得到长足发展。晋商依靠良好的社会声誉作为支撑，票号才能"一纸汇票传千里，几十万两银子立等可取"。

（4）晋商的金融经验丰富。如前所述，晋商早期经营的典当、银号、钱庄、账局等金融组织，不仅为经营票号积累了大量的金融经验，而且培养了大批专业人才，为从事票号工作储备了大量人才。

二、雷履泰首创日昇昌

1. 财东李大全资本雄厚

平遥城西20千米处的达蒲村，有一家姓李的富商大户。李氏（图2-3）原籍陕西汉中，元朝时祖先李实任官于山西后，落户达蒲村；后来随着朝代的更替，李家子弟由官逐渐转入商业。清雍正年间，李占殿创办西裕成颜料庄，总号设立在平遥县城西大街。当时，经营颜料是平遥商人的一项主要财源，达蒲村具有制作颜料的悠久历史，达蒲村的颜料商分布于全国各地，有"无达不成颜"的俗语流传。经过李家前后三四代人的艰苦创业和资本积累，到嘉庆末、道光初年，传到李大元、李大全兄弟俩时，达蒲村设立有加工颜料的手工作坊，平遥的西大街设立总号，北京崇文门外草厂十条南口设立分号，还相继在四川、沈阳、天津等地区设立了分号。西裕成已成为平遥、北京众颜料庄中资财雄厚、规模较大的一家。

与此同时，李家又陆续在达蒲村开设了绸缎、杂货、药铺、洗衣局、干果、肉铺等一系列店铺，此时的李家已成为平遥首屈一指的富户了。但李家的极盛还是在建立票号之后。

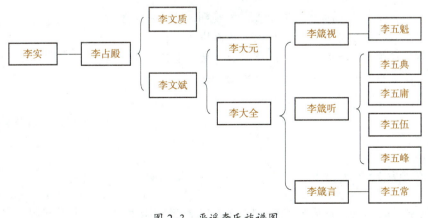

图2-3 平遥李氏族谱图

2. 总经理雷履泰首创票号

西裕成颜料庄早期是制作和贩运相结合的商号，在达蒲村有颇具规模的手工作坊，北京、天津、汉口、重庆等地区开设分庄。当时，平遥、介休、祁县、太谷、榆次等县的商人，也在北京开设各种商号，每逢年终结账，他们都要往老家捎银两，在当时这些银两都是靠雇佣镖局运现的，但时局动荡，风险较高。于是有人将银钱交给西裕成北京分号的经理——雷履泰（图 2-4），然后请他给平遥总号写信，待他们回到平遥总号后，再从总号取款。时间一长，人们感到这种方法既方便又保险，愿意支付一定的手续费，当时大约是 1%，这个费用比镖局运现要少得多，又安全可靠。

图 2-4　雷履泰像

等到年终财务结算时，精明的雷履泰发现原来不经意间的手续费反而比苦心经营的颜料庄的收益还多！雷履泰认为此乃生财之道，便把这个大胆的设想汇报给财东李大全。而此时的李大元、李大全兄弟俩因经营理念和处世观点不同而分了家，分家后，哥哥李大元分到了达蒲村的作坊；弟弟李大全分到了商铺的总号和各地的商号，却因为没有货源，经营上遇到了困难。此时，天赐良机，李大全、雷履泰一拍即合，于是李大全放弃了颜料生意，改为专营汇兑业务的票号，投资 30 万两白银，并且重新起了一个响当当的名字——日昇昌，是希望票号"旭日东升、繁荣昌盛"，这一年是清道光三年（1823年）。雷履泰此举将我国只做存放业务的账局银钱业，向前大大推进了一步，创建了专营汇兑、存汇款和拆借资金业务的票号。

知识链接

雷履泰年谱

1770 年，出生于平遥县细窑村（今龙跃村）；

1785 年，本年前后入宝房做学徒；

1808 年，入西大街李家西裕成颜料铺；

1810 年，任西裕成颜料庄汉口分号执事；

1814 年，任西裕成颜料庄北京分号执事；

1818 年，任西裕成颜料庄总号大掌柜；

1823 年，与东家李大全设立日昇昌票号，任大掌柜；

1826 年，雷履泰与毛鸿翙发生矛盾，毛鸿翙离开日昇昌票号；

1838 年，本年前后与东家李箴视设立日新中票号；

1840 年，雷履泰七十寿诞，平遥商界赠"拔乎其萃"金字牌匾；

1844 年，雷履泰为修缮平遥文庙捐银四十两；

1849 年，雷履泰逝世，日昇昌分号达十余家。

——资料来源：雷履泰故居

三、毛鸿翙接创五联号

日昇昌票号的创办，标志着在中国这个东方古老的国度里，产生了起源于经营埠际间汇兑业的中国旧式银行业——票号。日昇昌票号的创立对中国社会，特别是商品经济的发展起着积极的推动作用。

1. 大掌柜、二掌柜分道扬镳

日昇昌票号的创办，是由于适应远距离贸易在贩运过程中资金汇拨的需要，一经创办，业务就十分火爆，分号很快遍及北京、天津、苏州、汉口、成都等地区。但是随着日昇昌业务的不断扩大，票号内部高级经理间争夺权力的冲突也逐渐明显，矛盾主要产生于大掌柜雷履泰与二掌柜毛鸿翙之间。

雷履泰老成持重、深谋远虑，主管票号的大方向；毛鸿翙年轻有为，思想活跃，主管票号的具体实施。他俩都是很有作为和才干的人，开业之初，他们能团结一致，相处融洽，同舟共济，使票号越做越大。但是随着日昇昌业务繁荣，分庄增加，两人之间开始有了分歧，雷履泰认为，日昇昌的产生与发展壮大是自己一人的功劳，唯我独尊，在分配人员、处理业务时，每每颐指气使，独裁独断，从而引起毛鸿翙的强烈不满。随着两人互相猜疑，"一山容不得二虎"，两人由共事走向反目，甚至互相攻击、诟骂、拆台。最终，二掌柜毛鸿翙被排挤出了日昇昌。这就是**雷、毛之争**的故事。

小视频：雷、毛之争

2. 毛鸿翙创办"蔚"字五联号

毛鸿翙被排挤出日昇昌后，很不甘心。正在这时，命运给了他一个绝好的机会，不仅能让他在更广阔的天地施展才干，更能与雷履泰针锋相对地竞争。这个机会是介休北贾村的侯财东给予的。

徐珂的《清稗类钞》里记载，介休侯氏的资产有七八百万两，第十七代侯万瞻外出到苏杭一带经商，专贩绸缎，到了第十九代侯兴域时，侯家的商号达60多处，资产达800万两。第二十代侯庆来又适应市场变化，聘请毛鸿翙把经营绸缎的"蔚"字号商号均改为票号。

侯氏的商号以蔚泰厚（图2-5）实力最为雄厚，它原是一家绸缎店，开设在平遥西大街，与西裕成仅一墙之隔。侯庆来见西裕成由颜料庄改为票号后生意兴隆，十分眼红，也想将自己的绸缎店改为票号，但苦于没有这方面的人才。当得知毛鸿翙受到排挤，被迫辞职的事情，便第一时间高薪把毛鸿翙聘请过来，委以重任。毛鸿翙则感激侯氏的知遇之恩，在他的精心策划下，道光六年（1826年），侯氏投资9.5万两白银，将蔚泰厚绸缎店改组为票号，这是中国历史上的第二家票号。随后，侯氏把又蔚丰厚、新泰厚、蔚盛长、天成亨均改为票号，这就是山西票号史上著名的"蔚"字五联号。

图2-5 "蔚泰厚"牌匾

3. 雷、毛之间的对抗与斗争

至此，雷、毛的阵营已经基本排布好了。刚开始，雷履泰和毛鸿翙的争斗还局限于个人意气之争，相互之间以对方的名字作为其子孙的名字进行攻击。例如，雷履泰给自己的儿子取名雷鸿翙；毛鸿翙反戈一击，给自己的四个孙子起名叫毛履泰、毛履祥、毛履廷、毛履恭。两人真是水火不容，这种斗争直到雷履泰去世才告一段落。

日昇昌票号成立后，雷履泰根据自己多年来市场需求和晋中商人经营的特点，选派精明干练、诚实可靠的伙友采取广设分庄、扩展业务的策略，先后在汉口、天津、北京、济南、西安、开封、成都、重庆、长沙、厦门、苏州、扬州、镇江等地区设庄，招揽汇兑业务。这样，日昇昌的市场大展，业务量骤升。毛鸿翙为了在业务上胜过日昇昌，则采取强本固基、以建集团的策略回击雷履泰，"蔚"字五联号组建好以后，在毛鸿翙的悉心经营下，业务蒸蒸日上，分号数量倍增，气势咄咄逼人，不几年便大获其利。雷履泰、毛鸿翙在各个城市进行激烈的竞争，毛鸿翙处处以日昇昌为竞争对手，日昇昌在哪开设分号，"蔚"字号也开在哪里，毛鸿翙还利用他原来的人际关系，到处招揽生意。

雷履泰也不甘示弱，为了壮大总号实力，道光二十年（1838年），由日昇昌出资开办日新中票号，作为兄弟号联手与"蔚"字五联号抗衡，争夺市场和业务。日新中票号开办不久，便在北京、张家口、归化、三原、济南、周村、营口、周口、南京、苏州、镇江、芜湖、屯溪、汉口等处开设分号。双方的激烈竞争很快由平遥城总部延伸到外地的分号。

> **知识链接**
>
> **日昇昌与蔚泰厚在苏州的竞争**
>
> 　　日昇昌和蔚泰厚作为两家开业最早、存续近一个世纪的票号，早在1840年就成为竞争对手。1844年，日昇昌苏州分号为了招揽生意，主动为一名乡绅降低了报捐所需的费用。此举导致蔚泰厚苏州分号"概不能做分文，原因主要是日昇昌、广泰兴等号操纵把持，一再抬高价格……是以，只可不做"。1851年2月，蔚泰厚苏州分号在与日昇昌竞争汇兑海运经费中再次败北。当时因押送现银路途不宁，藩台已经准许将一款项约二十五六万两的海运经费交由日昇昌和蔚泰厚汇兑至京。但蔚泰厚得罪了苏州本地的粮道"倪大人"，最终只有日昇昌参与汇兑，海运经费7万两，而蔚泰厚分文未获，其余款项仍由陆路押解现银。

"蔚"字五联号与日昇昌的激烈竞争，表面上是毛鸿翙与雷履泰两人之间矛盾明朗化，却极大地推动了山西票号的发展与繁荣。

• 课堂活动

任务1：讲述雷履泰与毛鸿翙的故事，深度思考人与人之间的相处之道。

任务2：收集或拍摄与日昇昌、"蔚"字五联号相关的照片，做成PPT与大家分享。

任务3：走进博物馆，或在文献资料里，收集与日昇昌、"蔚"字五联号相关的资料，拓展知识面。

微课：百折不挠
——道光咸丰期间曲
折发展

· 案例导入

1853—1863 年山西票号实存数量

山西票号自 1823 年创立之后，发展迅速，但是不是一帆风顺呢？表 2-3 是 1853—1863 年山西票号实存数量比较，从表中可以看出，票号的发展并不是一帆风顺的，而是受到时局的很大影响。这十年中，山西票号关闭了 8 家，新开设了 6 家，到 1863 年，总体上只比十年前的 18 家减少了 2 家。

表 2-3　1853—1863 年山西票号实存数量

帮别	1853 年实存票号	新设	关闭	1863 年实存票号
平遥帮	日昇昌　蔚泰厚　蔚丰厚　天成亨　新泰厚　蔚盛长　聚发源　义兴永　隆盛长　万成和　万盛成　光泰永　隆和永　日新中	协和信　协同庆　百川通	聚发源　义兴永　隆盛长　万成和　万盛成　光泰永　隆和永　日新中	日昇昌　蔚泰厚　蔚丰厚　天成亨　新泰厚　蔚盛长　协和信　协同庆　百川通
祁县帮	合盛元　巨兴和	大德兴　元丰玖	—	合盛元　巨兴和　大德兴　元丰玖
太谷帮	志成信　大德玉	协成乾	—	志成信　大德玉　协成乾
合计	18 家	6 家	8 家	16 家

——资料来源：《晋商学》，山西经济出版社，180 页

案例分析： 山西票号发展到第 30 年时，国内外战争连绵不断，票号不可避免地遭受挫折，长达十年之久，曾出现工商业逃离，市场萧条，票号撤庄停业，形成汇兑不通，金融死滞。在挫折中，一批票号损失严重，不能继续维持；另外，在票号裁减员工的情况下，又为其他票号的开设提供了人才，于是又有新的票号开设。这是票号挫折发展的必然结果。

由此也可以看出，任何事物的发展并不是一帆风顺的，事物发展总趋势是前进的，发展的道路是迂回曲折的，一切新事物发展的途径都是在前进中曲折，在曲折中向前进，是螺旋式的上升、波浪式的前进。

· 知识精讲

继 1823 年第一家票号、1826 年第二家票号相继创办之后，从 1826 年起，山西票号进入了快速发展阶段。但在 1853—1863 年受到国内外战争的影响，经历了两次撤庄，但总体趋势是大发展的。可以说 1826—1863 年是山西票号最初发展与曲折发展的并行时期。

一、三帮票号 三足鼎立

随着日昇昌票号的创立和"蔚"字五联号的形成,引起了邻近的平遥、太谷、祁县的大财东、大商号的关注,他们便急起直追,纷纷效仿,投资票号。这样,从1823—1852年的29年中,由1家发展到多家,由1县发展到3县,形成了平遥帮、祁县帮和太谷帮。"平、祁、太"三帮的形成,标志着山西票号群体组织的确立。

知识链接

"帮"的形成

这种"帮"以总号的所在地来区别,即总号设立在平遥县的为"平遥帮",总号设立在祁县的为"祁县帮",总号设立在太谷的为"太谷帮"。平遥、祁县、太谷三帮票号,营业活动区域大体上呈分合演进状况,所谓"平遥帮的营业在正西、西北和长江;祁县帮在平津和东北;太谷帮在广东和长江"之说,反映了初期发展状况,后来随着业务的发展,上述活动范围也逐渐被打破。

1. 平遥帮票号

平遥县是中国票号的发祥地,道光初年全国第一家票号——日昇昌便诞生在这里。继日昇昌票号后,1826年,平遥的蔚泰厚、蔚丰厚、蔚盛长、新泰厚绸缎庄和天成亨布庄均改营票号业,形成"蔚"字五联号。道光十八年(1838年),日昇昌东家和掌柜议定,由日昇昌票号出资,成立日新中票号,以增加与"蔚"字五联号的抗衡力量。从此,平遥票号发展到7家,初步形成了山西票号中最早的平遥帮,走过了平遥票号的初创阶段。

拓展延伸

平遥帮的票号数量

到光绪初年,平遥帮票号增至22家。百余年间来,平遥帮票号时间长,数量多,网点广,资本雄厚,经营有道,为全国票号之最,堪称票号界之佼佼者。这22家平遥帮票号是日昇昌、蔚泰厚、蔚丰厚、蔚盛长、新泰厚、天成亨、日新中、协和信、协同庆、百川通、乾盛亨、谦吉升、蔚长厚、其昌德、云丰泰、松盛长、祥和贞、义盛长、汇源涌、永泰庆、永泰裕、宝丰隆。

2. 祁县帮票号

道光十七年(1837年),祁县的合盛元由茶庄改成票号,成为祁县帮中最早的票号。合盛元是一家起步早、发展快,在国内外享有很高信用度和知名度的票号。光绪三十二年(1906年)秋,合盛元票号去日本神户设立了分号,成为国内第一家把分号开到国外的票号。此后祁县帮又有祁县乔家堡乔家开设的大德兴票号、孙家河人孙郐开设的元丰玖票号。

拓展延伸

祁县帮的票号数量

祁县帮票号先后共设12家,其中乔家独资、合资经营的4家,渠家3家。祁县帮具有资本集中、来源单一、决策谨慎、固本防险、整肃法规、严于律己的经营特点。这12家票号是合盛元、大德兴、大德通、元丰玖、三晋源、巨兴隆、存义公、兴泰魁、长盛川、大德恒、大盛川、大德源。

3. 太谷帮票号

在太谷最早经营的票号是志成信，成立于道光二十七年（1847年），是由丝绸杂货庄改办的，志成信在商界被誉为与日昇昌齐名的重要商号，是太谷帮的领袖，实力相当雄厚。

票号成立后，营业繁荣，业务发展迅速。以日昇昌为例，到道光三十年（1850年）已在北京、苏州、扬州、重庆、三原、开封、广州、汉口、常德、南昌、西安、长沙、成都、清江浦（淮安）、济南、张家口、天津、河口（江西）18个城镇建立了分号，光绪十二年（1886年）后又陆续在沙市、上海、杭州、湘潭、桂林5城镇增设5个分号。据日昇昌在北京等地区的14个分号统计，仅光绪三十二年（1906年）一个账期即获利583 762银两。

可以说，至此，山西的票号已经初具规模，并为山西票号雄霸天下、赢得当时"金融界之牛耳"的显赫地位奠定了坚实的基础。

二、两次撤庄 保住家底

正当山西票号发展壮大的时期，国内外局势却发生了急剧变化。从咸丰三年（1853年）到同治二年（1863年）整整10年，中国先后发生了太平天国运动和第二次鸦片战争，内忧外患，整个社会处于严重的动荡时期。山西票号的大掌柜们审时度势、当机立断，先后两次裁减人员和撤庄，为后期走出低谷、迅速恢复发展保存了实力。这是山西票号发展史上的受挫10年。

1. 第一次撤庄裁员

1851年，洪秀全在广西金田发动起义，**太平天国运动**爆发，1853年开始北伐、西征、东征。1853—1856年，太平军与清军展开了长达3年大规模的激烈争夺战，交通中断，业务萧条。山西票号总号鉴于时局的变化，一再号令江南各分号撤庄缩业。为了避免或减少损失，各地不得不撤庄裁减人员。太平军与清军激战的主要地区是汉口至南京的长江流域，因而设立在汉口、屯溪、芜湖、扬州、清江浦（淮安）、南京、苏州等地区的分号，便先后收撤。

小视频：
太平天国运动

汉口九省通衢，是清中叶四大市场之一，早在19世纪20年代，票号就进入汉口。汉口是每家票号必去设分号的城镇，票号家数之多，超过所有设分号的城镇。山西票号在汉口的金融市场上居于主导地位。太平军攻打到这里时，票号就在各重要据点收缩业务，撤出资本，并把总管理处撤往上海。直到战乱停止后，汉口又恢复设庄，重新营业。

苏州也是清代四大市场之一，商贾云集，富甲天下。太平军定都南京后，由于江路不通，大量员工被裁减，就连分号经理也逃脱不了裁减的命运。例如，蔚泰厚苏州分号经理刘庆和与他的好友孟子元，都被裁减。幸好平遥的广聚银号用人，刘庆和与孟子元才去了广聚银号做事。又如，日昇昌票号苏州分号，汇兑业务原来连接着全国二三十个大中城镇，到1856年时，汇兑业务只能通往平遥、京师、三原、沙市、重庆、成都6个城市，汇兑业务量下降到153 315两，其中京师、三原两地，计139 081两，占90.72%；汇入的城市也只有平遥、京师、开封3地，汇入仅有149 892两，其中平遥、京师两地，占了93.93%。

2. 第二次撤庄裁员

太平军引发的风波还未消除，洋人的外患又接踵而至，导致山西票号于1856—1864年进行第二次撤庄。咸丰六年（1856年），英法联军发动了**第二次鸦片战争**，仅4年时间，英法联军就先后攻占广州、天津，于1860年攻入北京；之后，英法联军又以"换约"为名占领天津，攻入北京，大肆抢劫，火烧圆明园，咸丰皇帝逃到承德避暑山庄。这次战争给当时的经济社会带来了严重的灾难，尤其是京津所受到的影响最大，政治混乱，经济无法正常运行。清政府内外交困，财政困难，滥发宝钞，铸大钱、铸铁钱引起物价飞涨，民不聊生，城内偷盗和抢劫之风盛行。

小视频：
第二次鸦片战争

在这种情况下，山西票号紧急撤庄，先后从京师、张家口、开封、沙市、长沙等地区撤离分号并裁减员工。例如，日昇昌票号从咸丰十年（1860年）十二月至咸丰十一年（1861年）十月，屡向各处分号发信，决定收撤京师、张家口、开封、沙市、长沙各庄，并通报各处不要再做上述几处的收交之票。据史料统计，日昇昌在这次裁减员工过程中，由分号回到平遥总号的有18人，辞退出号的19人，死亡1人。

3. 低谷时期的状况

两次撤庄裁员带来的直接后果就是山西票号数量明显下降，导致业务量缩减。但由于及时采取了应对措施，票号元气未伤，大都保存了原有的实力；但同时又有许多家票号问世。

以平遥帮为例，1853年实存票号14家，分别为日昇昌、蔚泰厚、蔚丰厚、天成亨、新泰厚、蔚盛长、聚发源、义兴永、隆盛长、万成和、光泰永、万盛成、隆和永、日新中；新开设的票号有协和信、协同庆、百川通3家。但是到1863年仅剩日昇昌、蔚泰厚、蔚丰厚、天成亨、新泰厚、蔚盛长、协和信、协同庆、百川通9家，倒闭的票号数量基本上达到了一半，使山西票号的发展受到了严重的挫折。这期间其他开业的票号有1856年祁县的大德通创办；1862—1864年，平遥的乾盛亨、谦吉升、蔚长厚、云丰泰先后开办。

票号撤建并举，危机也是机遇，这就说明，在当时还是很有市场的。正因为如此，所以很多家票号才会出现一边撤庄、一边营业的状况。甚至个别票号的盈利还是相当可观的，如蔚丰厚票号，咸丰九年（1859年）结账分红，四年共赢利82 499两，当时资本只有3万两，年利润率达68.74%，银股与身股共17.7股，每股分红达4 660.97两之多。

• 课堂活动

任务 1：阅读表 2-3 "1853—1863 年山西票号实存数量"，分析以下问题：

（1）哪些票号的实力强大，能够抵御住外界风险，生存下来？

（2）选择其中的两三家，分析其生存下来的原因。

任务 2："学史以明智，鉴往而知来"，阅读下面资料，回答问题：

2020—2022 年受世界性不可抗拒力的影响，旅游业近乎坍塌，亏损、倒闭、转业成为旅行社的高频词汇，原本以为幸存下来的旅行社数量肯定所剩不多，然而实际数据截然不同。据文旅部统计，截至 2019 年 12 月 31 日，全国旅行社总数为 38 943 家；截至 2020 年 12 月 31 日，全国旅行社总数为 40 682 家；截至 2021 年 12 月 31 日，全国旅行社总数为 42 432 家，比 2020 年增长 4.30%；截至 2022 年 9 月 30 日，第三季度全国旅行社总数为 44 359 家，同比增 5.24%，较 2021 年年末增长 4.54%。

——资料来源：文化和旅游部 迈点研究院整理

（1）用柱状图汇总 2019—2022 年旅行社的数量。

（2）思考：受不可抗拒力因素影响，旅游业遭到了前所未有的打击，但是据统计，旅行社总量在增加，对比山西票号的发展进行分析，并说明事物发展具有怎样的规律。

（3）调查本省旅行社（民宿、酒店、餐饮业等）近 3 年的数量，深度思考不可抗拒力对各行各业的影响。

微课：汇通天下
——同治光绪年间
盛极一时

• 案例导入

光绪皇帝赐字"汇通天下"

在日昇昌最深的院落里，挂着一块蓝底金字的匾额——"汇通天下"（图 2-6），据民间传说此匾是光绪皇帝亲笔所书。1840 年 6 月，第一次鸦片战争之后，清政府被迫签下了第一个不平等条约——《南京条约》。条约里有一项规定，便是清政府向英国赔款 2 100 万银元！当时的清政府完全没有能力支付高额的战争赔款；而各省被摊派的收税任务，需要很长时间才能运到上海。此事很快传到雷履泰的耳中，他凭借全国的 30 多个分号，在极短的时间内将全国各地的资金如数汇兑到日昇昌北京分号。当光绪皇帝手持日昇昌的一纸汇票，不禁感叹道："好一个日昇昌，竟能汇通天下！"从此日昇昌北京分号写为"京都日昇昌汇通天下"，名声大振。"汇通天下"成了日昇昌的金字招牌（备注：此故事为民间传说）。

图 2-6　日昇昌的"汇通天下"牌匾

案例分析：第一，这段民间轶事，口口相传，历史上没有文字依据。我们必须承认，在封建社会，皇帝的御笔赐字，绝对具有轰动的广告效应，这也是在金融机构林立的状态下，日昇昌票号能够一枝独秀的重要原因。第二，日昇昌票号步入鼎盛阶段时，设立的分号增加到 35 个，同时与外国来华设立的银行，如英国汇丰、麦加利，美国花旗，俄国道胜，德国德华，日本正金等银行也经常发生业务往来，"汇通天下"也真正名副其实了。第三，晋商在明清商界驰骋 500 年，足迹不仅遍布中国大陆，而且远涉蒙古、俄国、日本、新加坡等地区，他们经营项目广泛，尤以金融业名震海内外，山西票号被称为"汇通天下"，山西票商被誉为"第一商人"。

"汇通天下"四字是对日昇昌票号的最高褒奖与肯定。"汇通天下"是票号的志向，是票号的主要业务，也是它收入的主要来源。

• 知识精讲

1863—1893 是山西票号大发展时期。经过两次鸦片战争，中国的国门被打开，上海成为全国经济金融中心，在这样的形势下，票号发展迅速，官商结合，家数增多，出现了南帮票号，业务进入极盛时期。

一、聚集上海　遍布全国

十九世纪四五十年代，两次鸦片战争打开了中国的门户，中国成为半殖民地半封建社会。上海、宁波、福州、厦门、广州五口通商后，外商接踵而来，国内贸易路线发生变化。丝绸和茶叶的出口由过去的输往广州，渐渐转向上海、宁波和厦门；19世纪50年代末来上海的外国商人和洋行急剧增加；专营金融汇兑业务的票号也随着国内国际贸易发展的变化，由昔日荟萃苏州，迅速向上海转移。到1872年左右，在上海设立分号的票号达22家之多。光绪二年（1876年），在上海成立了"山西汇业公所"，作为汇兑业的同行组织，选举董事，订立条规，对内处理日常事务，对外以团体名义合力处理重大问题。经过十几年的发展，到19世纪90年代初，"上海与全国各地贸易繁盛，每年几乎有数万两巨额，而且转送正货极少者，赖有票号为之周转。"上海很快发展为国内外最主要的贸易区。

通商口岸是国内国际贸易的中心，边远城镇也是国内市场的一个组成部分。19世纪50年代末到60年代初，票号相继向云南、贵州、广西、甘肃、归绥、吉林等边远地区城镇发展，有利于边远地区与内地的商品交换。但这些边远城镇相对经济落后，票号只设在相对繁华的城镇，如昆明、西安、三原县、兰州等地区，并且家数也不多。但是，不言而喻，票号经过这样的布局，使沿海各口岸与内地的汇兑畅通，加强了相互联系，促进了商品经济的发展。

票号经过本时期的发展，业务范围从内地向沿海、边远城镇扩展，到19世纪80年代末，它的分支机构已经遍布全国。如果19世纪50年代它主要分布在内陆城镇，至此它已经把分支机构设立到全国各行省，在更大范围内起着调剂金融的作用。

二、南帮票号 异军突起

在山西票号的影响下，从同治年起，我国南方地区也出现票号，当时人们把江南人开办的票号称为"南帮票号"，主要票号如下：

（1）安徽绩溪人胡光墉（胡雪岩）在同治二年（1863年）在上海建立阜康票号。
（2）云南人李氏（一说王兴斋）在光绪初年（1865年）在云南设立天顺祥票号。
（3）浙江慈溪人严信厚在光绪九年（1883年）在广州设立源丰润票号。
（4）安徽合肥人李经楚在光绪二十一年（1895年）在上海建立义善源票号。

拓展延伸

"红顶商人" 胡光墉

胡光墉（1823—1885年），幼名顺官，字雪岩，出生于安徽徽州绩溪，13岁移居杭州，是中国近代著名的"红顶商人"，晚清著名的政治家，徽商的代表人物。胡雪岩凭借其卓越的商业才能，受到左宗棠赏识，援助左宗棠组织"常捷军"、创办"福州船政局"，采供军饷、订购军火，并做情报工作而备受重视。胡雪岩利用过手的官银在上海筹办私人钱庄，后在全国各地设立了"阜康"钱庄分号20余处，被称为"活财神"。在杭州创立了"胡庆余堂"中药店，制造出"避瘟丹""行军散""八宝丹"供军民之需，药店传承至今，赢得"江南药王"之美誉。人称"为官须看《曾国藩》，为商必读《胡雪岩》"。

南帮票号的兴起是票号大发展的一个标志。其意义在于，不仅"山西帮"经营范围在迅速扩大，而且又有山西以外的商人开设票号；票号的家数比前期几乎增加一倍，票号在国内组成了庞大的金融网络，更具有了全国性的银行性质。至此"山西帮""南帮"并峙争雄，竞相发展，中国票号业出现了一种大发展局面。

三、走出国门 汇通天下

1863—1893年，票号不仅在大江南北得到充分发展，而且有的票号已经在国外设立自己的分号，最有名的是祁县的合盛元票号。

合盛元票号于清道光十七年（1837年）由茶庄改组而成，是祁县帮最早的票号（图2-7）。财东是祁县荣仁堡人郭源逢和祁县城关张廷将（大盛魁商号创办人张杰的后裔），其总号设立在祁县城内。辛亥革命前，合盛元票号看到大清户部银行及外国银行挤占山西票号传统市场份额的危机，便把发展视野放在了国际金融市场。光绪三十二年（1906年）秋，合盛元票号冷静分析国内外金融市场，看到外国银行来我国开设分行者甚多，而我国票号却没有到国外开设分号者，合盛元票号总经理贺洪如、营口分号经理申树楷，决定东渡日本开设分店。他们冲破种种困难，申树楷数次往返于日本政府和中国政府之间，终于在光绪三十三年（1907年）4月30日在神户开设了合盛元神户分店。半年后，又先后在日本东京、横滨、大阪及韩国仁川设立了分店，开创了中国银行业到海外设行的新纪元，在国外占有了一席之地。

图2-7 位于祁县城内的合盛元旧址

此外，南帮的源丰润票号，曾在新加坡设立分号；平遥宝丰隆票号也在加尔各答设立了分庄。票商在国内外设立分号，因而形成了四通八达的金融汇兑网，使票号业务真正地实现了"汇通天下"。这不仅是中国票号业的辉煌业绩，也成为中国历史上空前的创举。

四、官商结合 富可敌国

山西票号大发展时期有一个显著特点，那就是与清政府的关系日益密切。这一时期即1863—1893年，票号不仅为清政府汇兑京饷、协饷等业务，还为各省关借垫京饷、协饷；甚至在清政府财政困难时，票号为解救清朝中央政府及地方政府的财政危机，参与国家的财政金融活动。

1. 汇兑"官饷"业务

"官饷"是清代财政制度的规定，包括"京饷"和"协饷"。"京饷"就是各省份交给中央的款项，如清政府官吏的俸禄、八旗兵饷及皇宫开销费用等，都是靠各省和海关的地丁钱粮、盐课、关税等项征收的白银运往京师保证供给的；"协饷"就是中央财政分派各省和海关运往各地驻军的兵饷与贫困地区的经费。过去，这些都是由官府采用**装鞘运现**的方式直接交运，

小视频：装鞘运现

不许商人插手。

　　但社会动乱，交通不便，同时各省财政困难，朝廷不得不改变祖制，允许商人承担官饷的汇兑业务。票号汇兑公款业务的开通，是从汇兑京饷开始的。从1852年起，中国大半部分的区域受到太平天国运动和北方捻军的影响，在这种情况下，东南各省和海关都无法按照规定时间足额向北京运送京饷了。例如，咸丰十一年（1861年）各省应运送京饷700万两，实际只运送到100万两。京饷的严重短缺，已经威胁到政局的安定，在这种万般无奈的情况下，清朝政府才不得不准许通过票号"汇兑"来交纳京饷，以解救燃眉之急。同治元年（1862年），清政府允准广东京饷汇兑，这样，就开通了山西票号汇兑京饷的新业务，这就是山西票号汇兑公款的开始。

　　1862年之后，京饷汇兑的地域范围日广，数额越来越大。从同治元年（1862年）到光绪十九年（1893年）间，经由山西票号汇兑的银两见表2-4。

表2-4　1862—1893年山西票号汇兑京饷表　　　　　　　　　　两

年份	汇兑京饷	年份	汇兑京饷	年份	汇兑京饷
同治元年（1862年）	100 000	同治十二年（1873年）	1 549 980	光绪十年（1884年）	243 498
同治二年（1863年）	1 390 985	同治十三年（1874年）	100 000	光绪十一年（1885年）	2 830 970
同治三年（1864年）	561 567	光绪元年（1875年）	4 527 550	光绪十二年（1886年）	2 795 688
同治四年（1865年）	1 279 130	光绪二年（1876年）	3 836 012	光绪十三年（1887年）	104 919
同治五年（1866年）	2 351 369	光绪三年（1877年）	23 33 587	光绪十四年（1888年）	175 684
同治六年（1867年）	4 128 463	光绪四年（1878年）	2 1335	光绪十五年（1889年）	3 489 988
同治七年（1868年）	—	光绪五年（1879年）	1 790 075	光绪十六年（1890年）	6 439 863
同治八年（1869年）	2 765 941	光绪六年（1880年）	2 959 197	光绪十七年（1891年）	5 334 217
同治九年（1870年）	370 729	光绪七年（1881年）	2 399 900	光绪十八年（1892年）	5 217 970
同治十年（1871年）	145 000	光绪八年（1882年）	1 425 433	光绪十九年（1893年）	5 253 595
同治十一年（1872年）	2 831 429	光绪九年（1883年）	2 213 628		

——资料来源：《晋商学》，山西经济出版社，354页整理

算一算

　　这32年间，票号汇兑京饷多达_____余两，平均每年汇兑京饷达_____余两。

　　从同治四年（1865年）起，山西票号又开通了汇兑协饷的业务，见表2-5。

表2-5　1865—1893年山西票号汇兑协饷表　　　　　　　　　　两

年份	汇兑协饷	年份	汇兑协饷	年份	汇兑协饷
同治四年（1865年）	2 000（陕甘新）60 000（其他）	光绪五年（1879年）	10 000	光绪十三年（1887年）	30 000（陕甘新）
同治八年（1869年）	30 000	光绪六年（1880年）	756 271	光绪十四年（1888年）	50 000
同治十年（1871年）	20 000	光绪七年（1881年）	678 127	光绪十五年（1889年）	948 363（陕甘新）132 000（其他）

年份	汇兑协饷	年份	汇兑协饷	年份	汇兑协饷
同治十一年（1872年）	90 250	光绪八年（1882年）	353 504（陕甘新）	光绪十六年（1890年）	2 127 392（陕甘新）270 000（其他）
同治十二年（1873年）	118 454	光绪九年（1883年）	552 285	光绪十七年（1891年）	825 421
光绪元年（1875年）	32 500	光绪十年（1884年）	26 000（陕甘新）	光绪十八年（1892年）	50 000（陕甘新）416 500（其他）
光绪二年（1876年）	798 115（陕甘新）160 000（其他）	光绪十一年（1885年）	307 250	光绪十九年（1893年）	1 428 355
光绪三年（1877年）	447 812	光绪十二年（1886年）	200 000（陕甘新）306 302（其他）		

——资料来源:《晋商学》, 山西经济出版社, 354～355 页整理

算一算

这 29 年间，票号汇兑协饷多达_____余两，平均每年汇兑协饷达_____余两。

2. 汇兑"洋务运动经费"业务

光绪二年（1876 年），山西票号开通了汇兑"洋务运动经费"的业务，最主要的是海军经费，见表 2-6。其次还有铁路经费：光绪十七年 70 000 两，光绪十八年 100 000 两；其他洋务经费，光绪八年 75 781 两。

表 2-6　1876—1893 年山西票号汇兑海军经费表　　　　　　　两

年份	汇兑海军经费	年份	汇兑海军经费	年份	汇兑海军经费
光绪二年（1876年）	30 000	光绪九年（1883年）	278 736	光绪十六年（1890年）	577 643
光绪三年（1877年）	124 366	光绪十年（1884年）	20 000	光绪十七年（1891年）	1 109 965
光绪五年（1879年）	146 67	光绪十二年（1886年）	465 908	光绪十八年（1892年）	1 314 592
光绪六年（1880年）	765 015	光绪十三年（1887年）	44 928	光绪十九年（1893年）	99 213
光绪七年（1881年）	60 000	光绪十四年（1888年）	120 000		
光绪八年（1882年）	41 246	光绪十五年（1889年）	403 994		

——资料来源:《晋商学》, 山西经济出版社, 355 页整理

算一算

这 18 年间，票号海军经费多达_____余两，平均每年汇兑海军经费达_____余两。

洋务运动——师夷长技以制夷的自救运动

洋务运动又称自强运动，该运动从1861年至1894年。在两次鸦片战争和农民运动的冲击下，清政府内外交困。一些有权势的官僚，为了维护封建统治，从19世纪60年代到90年代，从西方引进机器设备、科学技术和军事装备，在国内创办近代工矿交通企业、创建海军，以及兴办一些教育事业，这就是洋务运动。从事这些运动的官僚，被称为"洋务派"。洋务派的主要代表人物，在中央是奕䜣，在地方有曾国藩、李鸿章、左宗棠，以及后来的张之洞。洋务运动的根本目的是维护清王朝的统治。

3. 票号与官府互相结合利用

太平天国运动之前，票号仅仅只是民间资金的流动，主要业务对象是工商铺户，并未涉足官方的业务。太平天国起义，使南方各省向京城运银的道路被切断，票号的机会来了，开始从事汇兑官府的业务。同治元年（1862年），清政府允许广东京饷交由票号汇兑，实际上就是官府利用票号的开始。从此，各级官府、官员与票号之间，逐渐形成了一种互相利用乃至相依为命的关系。一方面票号为地方官府和海关解了燃眉之急；另一方面地方官府和海关为票号支付较高的汇费，双方关系自然就日益密切，由相互依赖不断向相互利用的关系发展。尽管清政府也一度强令禁止票号汇兑官款达四次之多，第一次禁汇京饷是在1863—1871年，第二次禁汇京饷是在1876—1878年，第三次禁汇京饷是在1884年，第四次禁汇京饷是在1889年，但汇汇停停、停停汇汇，在全国范围内始终没有真正停止过汇兑。造成这种局面的原因相当复杂，但也可以说明，历史发展是不以人的意志为转移的客观规律。票号与官府互相结合利用的事件很多，略举一些众所周知的事件。

（1）收复新疆，左宗棠西征借款。西征借款是清朝大臣、陕甘总督左宗棠，为镇压捻军和回族人民起义及收复侵略者阿古柏占领下的新疆伊犁，先后向外国银行和国内票号举借的军事经费。1867年4月至1881年5月先后共六次向外国银行借款1 595万两，均由胡光墉经手。1866年11月至1883年2月，向南北帮票号累计借款11 653 730两白银，其中8 823 730两来自晋商，几近八成。

（2）甲午战争，票号汇还四国借款。光绪二十年（1894年），中日甲午战争以中国失败、清政府与日本签订丧权辱国的《马关条约》而告终。清政府被迫答应赔款日本2亿两白银，赔款数额远超清政府财政收入，清政府被迫向俄、法、英、德大量借款，这样甲午赔款变为向四国借款。赔款和借款，每年偿还本利2 000余万两，全部由各省按期解往上海江海关道衙门，以备交付各帝国主义在华银行，这就大大增加了票号汇兑量和经营资本，山西票号的生意更上一层楼。

（3）慈禧西逃，山西票号热情接待。1900年八国联军入京，慈禧太后挟光绪皇帝逃出北京，在外逃期间，开支费用一时没有着落（图2-8）。途经山西受到晋商的热情接待，帮助慈禧一行渡过了难关。在此期间，慈禧太后住在乔家的大德通票号，随驾大臣董福祥则住在平遥的协同庆票号，其他人员也都由票号安置到各处。山西票号又借给清廷40万两，帮助慈禧渡过难关。1901年慈禧、光绪回京后，对山西票号大加赞赏，为了回报山西票号的雪中送炭，光绪皇帝传旨，令各省汇解京饷的款项，改为电汇到山西票号的老庄——平遥、祁县、太谷。顿时平、祁、太票号总号成了清政府的总出纳。

图 2-8 　慈禧西逃路

（4）《辛丑条约》，赔付巨额战争赔款。1901 年 9 月，李鸿章全权代表清政府与外国侵略者签订了丧权辱国的《辛丑条约》。其中，规定付给各国战争赔款白银 45 000 万两，年息 4 厘，分 39 年还清，本息共计 98 223 万两。清政府为了支付赔款，除从国家财政收入中腾挪一部分款项外，其余则全部摊派各省，要求各省按年分月汇解到上海集中，以便交付西方列强。庞大的赔款汇解、垫借汇兑，为票号生意"添砖加瓦"，票号出现了畸形的繁荣，与此同时也将票号与清政府的关系推向了一个更加密切的阶段。

五、51 家票号　开枝散叶

清代后期光绪年间，票号进入鼎盛时期，每家票号分红多者高达二三万两，少则也达一万余两。关于山西票号的总号和分号到底有多少家，相关史料记载见表 2-7、表 2-8。

表 2-7 　全国票号总览表（51 家）

总号	家数	票号名称
平遥	22	日昇昌、蔚泰厚、蔚丰厚、蔚盛长、新泰厚、天成亨、日新中、协和信、协同庆、百川通、乾盛亨、谦吉升、蔚长厚、其昌德、云丰泰、松盛长、祥和贞、义盛长、汇源涌、永泰庆、永泰裕、宝丰隆
祁县	12	合盛元、大德兴、大德通、元丰玖、三晋源、巨兴隆、存义公、兴泰魁、长盛川、大德恒、大盛川、大德源
太谷	7	志成信、协成乾、世义兴、锦生润、大德玉、三和源、大德川
太原	2	义成源、巨兴源
天津	1	杨源丰
上海	5	阜康、源丰润、义善源、晋益升、大庆源
云南	1	天顺祥
广州	1	源丰润公记

——资料来源：日昇昌票号博物馆

表 2-8 清代山西票号（总号、分号）分布图表

地区	分布
山西：22 地 143 家（含总号 43 家）	平遥 24、祁县 21、太谷 21、太原 12、曲沃 6、介休 6、忻州 5、绛州（今新绛县）5、解州（今属运城市）5、大同 4、运城 4、张兰（今属介休市）3、汾阳 3、文水 1、交城 1、寿阳 1、宗艾（属寿阳县）1、安邑（今运城市）1、归绥（今呼和浩特）9、包头 5、丰镇 4、凉城 1（以上四地清属山西省，今属内蒙古）
京师（今北京）：30 家	
上海：31 家	
天津：30 家	
汉口：39 家	
黑龙江：4 地 5 家	哈尔滨 2、齐齐哈尔 1、昂昂溪 1、黑河 1
吉林：3 地 4 家	吉林 2、长春 1、四平 1
盛京（今辽宁）：5 地 29 家	奉天（今沈阳）12、营口 11、锦州 3、安东（今丹东）2、东沟 1
直隶（今河北）：8 地 26 家	张家口 13、泊头 5、保定 2、通州（通州区，属北京市）1、获鹿 1、多伦（今属内蒙古）2、承德 1、赤峰（原属昭乌达盟，今属内蒙古）1
山东：5 地 19 家	济南 9、周村 5、烟台 2、青岛 2、济宁 1
河南：11 地 36 家	开封 12、周家口（今商水县）10、清化（今博爱县）2、道口（今滑县）4、孟县（今孟州市）2、郑州 1、禹州（今禹州市）1、怀庆（今沁阳）1、社旗（清属南阳县，今社旗县）1、漯河 1、洛阳 1
陕西：3 地 37 家	西安 18、三原 18、汉中 1
甘肃：5 地 12 家	兰州 4、凉州（今武威）3、甘州（今张掖）2、肃州（今酒泉）2、宁夏（今银川，属宁夏回族自治区）1
新疆：1 地 3 家	迪化（今乌鲁木齐）3
江苏：8 地 37 家	苏州 16、扬州 5、镇江 7、南京 3、清江浦（今淮安市淮阴区）2、兴化 2、徐州 1、淮安 1
浙江：2 地 8 家	杭州 7、宁波 1
江西：3 地 11 家	南昌 7、河口（今铅山县）3、九江 1
安徽：6 地 9 家	芜湖 4、安庆 1、蚌埠 1、屯溪 1、正阳关 1、亳州（今亳县）1
湖北：4 地 20 家	沙市 17、武昌 1、宜昌 1、老河口（今光化县）1
湖南：4 地 35 家	长沙 15、常德 11、湘潭 8、岳州（今岳阳）1
四川：9 地 43 家	重庆 20、成都 16、自流井（今自贡市）1、万县（今万州区）1、雅州（今雅安）1、打箭炉（今康定）1、泸州 1、理塘 1、巴塘 1
贵州：1 地 1 家	贵阳 1
云南：2 地 3 家	昆明 2、蒙自 1
广西：3 地 10 家	桂林 5、梧州 4、南宁 1
广东：6 地 20 家	广州 13、汕头 2、潮州 1、琼州（今海南省海口市）1、香港 2、九龙 1
福建：2 地 10 家	福州 5、厦门 5
西藏：1 地 1 家	拉萨 1

续表

外蒙：2地2家	库伦（今乌兰巴托）1、恰克图（今阿丹布拉克）1
日本：5地5家	东京1、大阪1、神户1、横滨1、下关1
朝鲜：3地3家	仁川1、新义州1、南奎山1
印度：1地2家	加尔各答2

——根据《晋商史料研究》整理，田树茂，山西人民出版社

综上所述，票号存在约百年，前40年（道光、咸丰）是晋帮垄断时期；后60年（同治、光绪、宣统、民国初期）是以山西票号为主、南帮票号为辅时期。曲殿元在《中国金融与汇兑》中说："山西票庄执中国金融界之牛耳，达百余年。"

• 课堂活动

任务1：阅读以下材料，分析问题。

票庄与官僚私下的交结，更多趣闻。……最著名者，如蔚盛长交好庆亲王，百川通交好张之洞，协同庆交好董福祥，志成信交好粤海关监督某氏。另说大德通交结赵尔巽和庆亲王，三晋源交结岑春煊，日昇昌交结历任粤海关监督、庆亲王、伦贝子、振贝子和赵舒翘等，如大德通的高经理（即高钰）追随赵尔巽，赵往东省，高则往东省，赵来北京，高则同来，赵放四川，高就到四川，大德通简直是赵尔巽的库房。

——资料来源：《山西票号史料》139～140页节选

（1）写出与票号结交的王公大臣的名字，了解你最感兴趣的人物。

（2）分析票号与官府结交带来的利与弊。

任务2：清朝中后期，票号与清政府的关系日益密切，极盛之时，控制了当时的经济命脉，逐渐成为清王朝统治的财政支柱。除书中列举的4个事件外，查阅相关资料与书籍，再挖掘整理一些事件，说明此关系。

任务3：根据表2-7"全国票号总览表（51家）"，表2-8"清代山西票号（总号、分号）分布图表"，回答思考以下问题：

（1）历史上全国票号共有____家，其中平遥____家，祁县____家，太谷____家，太原____家，山西总共____家，占到全国票号总数的_____。

（2）从表中可以看出，国内外，山西票号共____地，设立总号、分号共____家；在____、____、____三国，山西票号共9地10家。

（3）从山西票号的数量，进一步辩证地分析票号"富可敌国"的迷思与现实。

微课：日落西山
——光绪末年的
鼎盛与衰败

• 案例导入

日昇昌之殇

1914 年 10 月，天津《大公报》（图 2-9）刊出了一条轰动中国商界的大新闻，报道日昇昌停业。如下："彼巍巍灿烂之华屋，无不铁扉双锁，黯淡无色；门前双眼怒突之小狮，一似泪下，欲作河南之吼，代主人喝其不平。前日北京所传，倒闭之日昇昌，其本店耸立其间，门前当悬日昇昌金字招牌，闻其主人已宣告破产，由法院捕其来京矣。"

不久，《大公报》有人分析其倒闭的原因有三："第一，日昇昌营业之中心点，在南不在北，南省码头最多，两次革命均受很大影响。第二，日昇昌之款项，未革命之先均分配在南省。自革命后各省纸币充斥，现金缺乏，由南省调回现金，往返折扣，每百两白银亏至三十五两及五六十两，此种亏耗实足令人惊异。第三，日昇昌当革命时，欠外数目约五百万，欠内之数七八百万，出入相抵，有盈无绌。然欠内之数目，成本已付诸东流，遑论利息。欠外之款项，该号为支持门面，维持信用起见，三年之中均未停利。"

图 2-9　《大公报》

案例分析： 1914 年，曾经叱咤金融界的日昇昌票号接受法院的裁定，宣告破产，令人唏嘘。但这还不是最终结局，在此后的二十年间，全国票号纷纷倒闭或破产，令人遗憾地与现代银行擦身而过，"汇通天下"随之变成一个历史的词汇。《大公报》也分析了日昇昌倒闭的三个原因，这种说法不无道理。时局动荡、战争频发、竞争对手的出现等固然让商业无法兴旺，但票号之殇也不仅局限于此。

• 知识精讲

自 1894 年甲午战争到 1911 年清朝结束，再到 1923 年日昇昌票号倒闭，虽仅 29 年的时间，在票号发展史上却具有双重的意义，既是发展的鼎盛时代，同时又是危机四起、迅速走向衰败的时期。

一、表面繁荣　暗藏危机

1. 步入鼎盛，盈利空前绝后

（1）票号汇兑公款大增。甲午、庚子两次帝国主义侵略战争，中国被迫赔款达 6.5 亿多两。甲午赔款变为向俄、法、英、德四国借款，加上战争费用，外债总额达 8 亿两，再加上负担的利息，损失总额在十几亿两。中国所遭遇的不幸，反而成为票号发展极盛的原因之一，这就使汇兑公款大增。不言而喻，汇款大增，汇费收入多，利润也多。票号汇兑公款大增，集中反映在年均汇兑数上。在前期，即 1862—1893 年，共汇兑官款 81 408 180 两，年均汇兑 2 544 005 两；而 1894—1911 年，共汇兑 141 864 475 两，年均汇兑 7 881 359 两，比前期增长 2.1 倍。

（2）票号领存生息款。各项赔款现银，当时是由全国各地汇解到上海，在上海江海关道暂存，在没有交付外国银行之前，是要闲置一段时间的。这部分巨额闲款，对于财政拮据的清政府来说，实在是"国家流衍转输之利，有在无形之中而未及经理者"的款。这样，从光绪三十年（1904 年）三月，将江海关道收存银两，发交上海票号、钱庄、银行等生息，每日生息款达几百万甚至一千二百万之多。这对票号、银行等来说，增加了经营资本，对扩大放款、增加盈利带来了好处。

（3）票号成为全国的金融网络。这一时期，票号又开设数家，如平遥的宝丰隆创办于 1906 年。截至本时期末，除倒闭的票号外，实存票号有 26 家，这 26 家票号共在全国 93 个城镇设有总分支机构，本时期就增加了 40 多个，如偏远四川的自流井、雅州、泸州、打箭炉、巴塘、西藏的拉萨等城镇。1906 年以后，票号的分支机构又走出国门，在日本的大阪、神户、东京、朝鲜的仁川等地区设庄。票号成为全国的金融网络，沟通所有行省和地区的金融，在生产、商品流通和地区间、国与国间经济交流中发挥着越来越重要的作用。

（4）庚子事变后票号社会信誉大增。1900 年，八国联军攻占北京，山西票号设立在北京的分号，现银被劫掠，账簿被焚烧、丢失，损失惨重。与慈禧外逃的王公贵族，一到山西，就纷纷跑到票号要求兑换银两。在这种情况下，山西票号原本可以向他们说明自己的难处，等总号清理账目之后再进行兑付。但是山西票号采取了他们自认为最恰当的做法——所有储户，只要拿出存单，凭票付款，分毫不差。票号在战乱中守信用的经商美德，一被传开，商界皆知。因而，当 1901 年返回北京重新开业后，不但普通老百姓，更多的官员贵族，甚至清政府也将一笔笔大额的官银、军饷交给票号汇兑、收存。诚信经营给票号带来了巨额利润。

拓展延伸

虚假的繁荣

在这种动荡的社会中，票号采用多种手段进行竞争。例如，票汇、信汇、电汇并用，降低汇费和工商贷款利率，实行"酌盈剂虚，抽疲转快"的政策，加快资金周转，并且恪守信誉，尤其是通过与官员的关系，扩大官饷的汇兑。在 1900—1910 年间，票号达到了前所未有的鼎盛，分红高者每股一二万两银子，低者也有八九千两银子。例如，百川通每股 22 300 两，日昇昌每股 12 000 两，大德恒每股 10 000 两，协成乾每股 10 000 余两等。但这种票号的极度繁荣已经是回光返照了。

2. 危机四起，已成强弩之末

（1）国内外战争频发。19 世纪末正值中国多事之秋。国内太平天国运动、捻军起义、义和团运动等农民战争接连不断，洋务运动、戊戌变法、辛亥革命等运动此起彼伏……同时外国势力也不断侵入，两次鸦片战争、中法战争、甲午战争、八国联军侵华……战事不断，巨额赔款，白银外流，滥发货币，中国的经济社会受到严重影响。尽管如此，山西票号依然在逆境中挣扎，甚至出现了前所未有的"辉煌"，如1893—1910年是山西票号发展的鼎盛时期，年汇兑吞吐白银4亿两，许多票号的每股分红都要分到一二万两以上。但清王朝风雨飘摇，已经破败不堪，辛亥革命彻底推垮了大清王朝，山西票号受到了最沉重的打击，票号外欠则处处倒账，难以收回；欠外则人人逼迫，难以应付。从此，票号一蹶不振，开始陷入深重的灾难之中。

（2）金融环境恶劣。首先，清代的币制相当混乱。清后期在市场上流通的货币除原来的白银和制钱外，又有外国的银元，自铸的银元，钱庄和票号发行的钱票、银票，清政府发行的官票和宝钞，以及外国银行发行的兑换券和华商银行发行的兑换券，1899年以后又有了铜元。这些名目繁多的货币之间并没有固定的或统一的比价关系，也不是由同一个主体发行，甚至常用的银两和制钱也是混乱的。这种混乱的币制为清政府制造通货膨胀提供了方便。为了解决财政困难，清政府就广铸大钱，滥发宝钞，结果可想而知，物价飞涨，民不聊生，票号的经营更是雪上加霜。

（3）上海发生了三次金融风暴。第一次是1872—1873年的金融风暴，由于外国银行抵制中国丝绸、茶叶的出口价格，致使丝绸、茶叶的出口减少，导致一半以上的大钱庄破产；第二次是1883年的金融风暴，19世纪80年代初，中国外贸受印度、斯里兰卡的茶叶和日本、意大利的丝绸的竞争而停滞，外国银行拒绝发放短期贷款，致使南北市的78家大钱庄到年底只剩10家，胡雪岩的阜康票号就是在这次金融风暴中倒闭的；第三次是1897年的"贴票风潮"和1910年的"橡皮股风潮"，最终的结果是许多钱庄受到挤兑、牵连、倒闭，1909年上海的100家钱庄到1911年只剩下51家。钱庄是票号的主要客户之一，大量钱庄的倒闭直接影响到票号，票号摇摇欲坠。

（4）与官府结交带来的影响。票号与清政府及其封建官僚的结交，虽然给它带来了巨大的利益，但是也给它的衰败埋下了深深的隐患，最终随着清王朝的垮台而走上衰败。早在咸丰初年，清政府推行捐输、捐纳，晋商为求得虚假的功名进行了大量的捐纳，可谓一举两得；太平天国运动的爆发，票号又承担了清政府的京饷、协饷等官办业务，就埋下了隐患。到光绪年间，包括日昇昌在内的山西票号，主要业务已经成为官方的金融事务。紧傍官府，将票号的命运同朝廷捆绑在一起。1911年的辛亥革命，清王朝的最终覆灭，依靠封建王朝而生的票号也随着这个王朝而消亡。

3. 现代银行，成为竞争对手

鸦片战争以后，随着中英《南京条约》的签订，清政府被迫开放通商口岸，这就使外来资本可以轻松进入中国，开始了银行与票号的激烈竞争。

1694年，英格兰银行的建立，标志着西方现代商业银行制度的建立。1847年，英商有利银行在上海开业，这是开在中国的第一家外资银行。1896年，华俄道胜银行在上海开业，这是第一家中外合资银行。在随后的70多年里，以英国资本为主导，包括法国、德国、日本、俄国、美国等国家资本在内的数十家银行陆续在上海设立了分行。

与此同时，中国民办或官办的银行也出现了。光绪二十三年（1897年），盛宣怀在上海开设了中国第一家现代银行——中国通商银行。光绪三十一年（1905年），中国又出现了第一家官商合办的国家银行——户部银行，辛亥革命后改名为**中国银行**。后来又有无锡人周廷弼开办的第一家储蓄银行——信成银行。再后来又有邮传部建立的交通银行、四川的浚川源银行、浙江的兴业银行等。到清末时期，国内开设的银行已有 20 家。这些银行既是外国银行的竞争对手，也是票号的竞争对手。

本来随着这些国内外近代银行在中国的兴起，山西票号顺应时势，改组票号是顺理成章也是最拿手的事情，然而，过于精明的晋商，不与时俱进，不改革经营方式，四次错过了改组银行的机会。拒绝的理由就是怕"外人"和"外资"插手票号。

小视频："中国银行"的发展

二、四失时机 票号自救

1. 票号错失改组银行的机会

清朝末期，票号已呈衰落状态。山西人中的一些有识之士，如蔚丰厚票号北京分庄经理李宏龄，曾多次主张改组票号。但是由于一些财东及总号经理的顽固和墨守旧法，以致四次失去改组银行的机遇。

（1）第一次是在光绪二十九年（1903 年），北洋大臣袁世凯深知票号在中国金融界的地位，曾邀请山西票号加入天津官银号，但山西票号拒不奉命。光绪三十年（1904 年），户部尚书鹿钟霖奉谕组建大清户部银行，邀请实力雄厚的山西票号加入股份，并要求出人组建银行。李宏龄等改革派多数赞成鹿钟霖的提议，均跃跃欲试。但山西票号为独裁制，重大事宜必须由总号定夺。当时"蔚"字五联号中以蔚泰厚总经理毛鸿瀚（一说毛鸿翰）最有权威，但他墨守成规，毫无远见，竟回复道"不仅不让入股，人亦不准加入"，以致错失良机。后来，户部银行改由江浙绸缎商筹办，使江浙财团后来居上。不久，户部银行改组为大清银行，因人力和财力均感不足，再次恳请山西票号协办，同样又被拒绝。结果，山西票号始终未能参与国家银行，失去了改组银行的机会。

（2）第二次是在光绪三十四年（1908 年），李宏龄等有识之士认识到山西票号若不顺应潮流，及早改革，很快将会在商界、金融界销声匿迹，因此，票号改组为银行是大势所趋。为此，1908 年 4 月 23 日，山西各票号北京分号的经理们聚集在德胜门外一处山西会馆内，协商组建银行之事宜。会议由李宏龄召集并主持，会上所有人一致同意组建山西人的银行。会后，李宏龄与祁县的富商渠本翘筹划了改组票号的计划，准备由"祁太平"三帮票号出资，集股 500 万两，组建"晋省汇业银行"。但是，毛鸿瀚得知改革之事，不但反对票号改组银行，反而诬指李宏龄做这件事情是有个人企图的，致使李宏龄等不能有任何行动。宣统元年（1909 年），当时驻北京、汉口等地区的 22 家票号分号又纷纷致函总号，要求组建"三晋银行"。无奈平遥总号仍不为所动，对各地之请束之高阁，票号改组银行的计划又告失败。晋商第二次失去了改组银行的机会。

（3）第三次是在 1911 年辛亥革命爆发，山西各票号备受打击，损失十分严重，改组银行的建议重新提起。1912 年，山西票号的掌柜们又酝酿成立一个"山西汇通实业银行"。为此，"祁、太、平"各票号掌柜再次聚集讨论组建银行之事宜，并特邀梁启超出席演讲。梁启超在盛赞了票号之后，主张与时俱进，建立银行，并谈了自己对筹资、规章等的看法。此时曾经反对改组银行的毛鸿瀚终于醒悟了，开始支持票号改革。1914 年，"祁、太、平"三帮票号联合向北京当局提出申办银行的请求，当时的国务总理熊希龄对晋商给予支持，同意由政府出面担保，按照"商借商还"的办法，山西票号向奥商华利银行借款200万镑，期限为50年，利息为6厘，作为开办银行的资本。不巧的是，熊内阁很快倒台，又遇上第一次世界大战爆发，改组银行之事成为泡影。山西票号第三次失去了改组银行的机会。

（4）第四次是在对外借款失败之后，平遥帮决定单独进行。蔚泰厚、蔚丰厚、蔚盛长、新泰厚、天成亨、蔚长厚等票号联合，计划从各自的票号中抽出若干资金作为基金，共同组建一个大银行。然而这个计划始终未能实现，山西票号改组银行的计划第四次落空。

想一想　究竟是什么原因阻碍了山西票号改组银行？

山西票号从光绪三十年（1904年）以后，经过十多年的挣扎，四次错过改组机会，已成强弩之末，终于无法振作。辛亥革命后，票号进入尾声。民国初期，票号陆续倒闭，1921年仅存5家，平遥日昇昌于1923年歇业，祁县大盛川于1929年歇业，三晋源于1934年歇业，大德通、大德恒于1932年后改银号。雄震百年的山西票号从此销声匿迹。

2. 李宏龄发起票号自救运动

晚期的山西票号经理人，值得一提的是李宏龄（1847—1918年），他被称为是"山西票号的改革家"。同治七年（1868年），经同乡曹惠林推荐，李宏龄入职蔚丰厚票号。该票号的财东是山西介休北贾村侯氏，资产很雄厚。李宏龄入号后，先后担任过蔚丰厚票号北京、上海、汉口等分庄经理。李宏龄学识过人，交游广泛，眼界长远，在银行业进入中国之后，他清楚地看到了银行制度的优越性及票号的各种弊病，率先提倡票号改革。

光绪三十四年（1908年），李宏龄与渠本翘商议，一起联合"祁、太、平"三帮各分号经理，向平遥总号发信，阐明利害，力劝改组，以应对来自现代化银行的竞争。同时，还制订了改组银行的具体计划（图2-10）：但是，当时，三帮票号中以"蔚"字五联号的蔚泰厚票号总号经理毛鸿翙资历最深，但他长期住在平遥县城，对于外界一切大事，漠然不知，加之已经66岁，精力衰落，思想保守，意在维持。这样，毛鸿翙出自票号传统的考虑，对李宏龄的建议彻底否定。他还向各分号下令道："银行之议，是李某自谋发财耳。如各埠再来函劝，毋庸审议，径束高阁可也。"票号的自救运动就在毛鸿翙等为代表的一些守旧势力的阻挠下成为泡影。

1914年10月，日昇昌票号受到牵连歇业整顿。年近古稀的李宏龄，听到此消息后，不禁悲从中来。他把几年前倡导票号改组银行的往来信件翻捡出来，愤而著出《同舟忠告》和《山西票商成败记》，沉痛说道："今者机会已

①每家各出资本银三五万两，作为有限公司。

②集股本500万两，每股100两，每月4厘行息。

③银行应名为晋省汇丰银行，悉尊票号做法，略改其不便之处，以合银行规则。

④公举熟习商情、声望素孚之人充银行经理。已商请渠氏出任经理，渠氏甚为欣允。

⑤银行成立后，除内地繁盛各处均设分庄外，可渐推及各国商埠，以保本国利权。

图2-10　改组银行的具体计划

失，商运已衰，纵有救时良策，亦徒托诸空言，惟耿耿之怀，终难自已。……爰（yuán）将筹设银行前后信件，次第排列，俾（bǐ）阅者始知原委，果天数乎？抑人事乎？"

三、日落西山 晚景凄凉

如前所述，各种原因使盛极一时的票号无可挽回地走向了衰落。"极炫耀处，即衰落处"。

1. 山西票号进入尾声

1911年，辛亥革命爆发，彻底地结束了清王朝的统治。此后山西票号一蹶不振，艰难维持，陆续倒闭，进入尾声。山西票号在1911年由原来的43家减少到24家，其中平遥票号由原来的22家减少到11家，祁县由原来的12家减少到6家，太谷由原来的7家减少到6家，太原由原来的2家减少到1家；南帮票号由原来的8家减少到2家。

至此，盛行百余年、"执中国金融界之牛耳"的票号，完成了它的历史使命，退出了金融舞台。

2. 日昇昌的倒闭与清理

日昇昌票号是山西票号的鼻祖，经营规模大，设立分号多，辛亥革命发生时，存款约为500万两，放款700万两，存贷相抵，绰有盈余，营业并未停止。日昇昌倒闭的直接原因是受到祁县合盛元票号的牵连。

1913年，祁县合盛元票号倒闭，合盛元北京分号经理难以应付债权的逼迫，1914年9月悄悄逃跑藏匿起来。侯垣是日昇昌票号北京分号经理，因担保合盛元票号受到牵连，被债权人起诉，携伙友及账簿潜回平遥。当时日昇昌总号的总经理是郭树柄，他胆小怕事，怕被牵连，连夜潜逃。1914年10月，北京检察厅查封了日昇昌票号北京分号后，又对日昇昌平遥总号和东家财产进行查封，致使在金融界活跃90余年的日昇昌被查封，日昇昌陷入不可自拔的泥潭中，各地分号纷纷关门停业。

就在这危难关头，早已离职的二掌柜梁怀文回到日昇昌，直面各位债权人，开诚布公地说明情况，取得了他们的信任和谅解。在梁怀文的努力下，经过长达9年的清理整顿，1923年，日昇昌票号全部债务清理完毕，重新复业，经债权人同意，以债权入股，保留日昇昌的招牌，梁怀文任总经理，勉强维持经营，但是此日昇昌已非彼日昇昌，东家也并非李家，规模也大大缩小，分庄除北京、天津等外，其余全部收撤。1932年，改为日昇昌钱号，此时75岁的梁怀文告老还乡。直到1953年公私合营，日昇昌彻底关门歇业。

> **想一想** 梳理日昇昌票号从诞生到倒闭的时间轴。

• 课堂活动

任务1：票号被余秋雨先生称为"现代银行的乡下祖父"，那么作为"祖父"的票号与作为"孙子"的银行，它们的区别在哪里？

任务 2：辛亥革命后，票号进入尾声。民国初期，票号陆续倒闭，到 1921 年票号仅存 5 家。

（1）写出这五家票号的名称。

（2）选择其中一两家，试分析其能坚持到最后的原因。

任务 3：观看山西省话剧院创作的大型历史话剧《立秋》，一场"银行派"与"票号派"的纷争在两个情同手足的挚友之间展开。写出观后感与同学们交流。

（1）体会在社会变革中，保守派与改革派的对抗。

（2）感悟"天地生人，有一人因有一人之业；人生在世，生一日当尽一日之勤"的古训。

微课：生财有道
——票号的业务
经营

• 案例导入

珍藏于日昇昌票号旧址里的汇票

　　图 2-11 所示是珍藏于日昇昌票号旧址里的一张汇票，根据这张汇票，可以还原这样一个故事：在道光二十六年（1846 年）十二月二十一日，徐大老爷将 500 两白银运送至日昇昌的汴城分号，并且和伙计约定好在北京提取银两，本次交易是没有利息的无利汇兑，只是因为汇款方银子成色不足，所以每一百两需要收取三两六钱来平色。这是一次明码标价的公平约定。到了第二年正月二十一日，徐大老爷回到北京，在日昇昌的京都分号取走了这 500 两白银。

图 2-11　日昇昌票号旧址的馆藏汇票

　　日昇昌票号作为全国私人金融机构中的龙头老大，它的生意可谓日进斗金，全国各地所办理的业务也多如牛毛。可奇怪的是，从日昇昌开办至停业，真正的存世汇票却少得可怜。日昇昌票号的汇票存单究竟去了哪里？

　　案例分析：很简单，票号为了防止别有用心的人制作假汇票冒领，便想出了许多办法，即在汇票表面上设置防伪标志。这还不够，等这张汇票被换取现银之后，便被宣告作废，如此一来，原本"价值万金"的它便成了废纸一张。并且这张汇票要当即销毁，如果对其加以保存，则很有可能被别有用心之人偷走，继而利用其重新伪造新汇票。由此可见，作为中国首家票号，日昇昌具备了独特的生存理念，并能够对伪造汇票行为采取严格的杜绝措施，这无疑为现代企业做出了榜样。

• 知识精讲

一、银两的平色制度

日昇昌是晋商的第一家票号，票号怎么运作？汇兑的标准是什么？这就涉及银两的平色制度。

1. 估色

票号是做银两汇兑生意的，这种生意就是在一个地方存了钱，凭一张汇票，就可以在另一个地方把钱取出来。对于现代社会，这样做非常简单，因为现在的货币是由银行统一印制，全国各地使用起来都一样。而当时的情形并非如此，货币主要是指白银和铜板，这些白银和铜板的质量、成色千差万别。一直到民国，人们拿上银元还要吹口气听听响声，这就是在辨认成色。甲地存的银子到乙地取时，含银量必须一致才行。票号既然专门做汇兑生意，就必须在公平上做足功夫，不然就没有客户上门；同时，又要保证自己的利润，否则铺子就要倒闭，这就需要一个统一的汇率标准。所以，票号的估色就是根据银两的成色来判断价值。

2. 估色歌

为了把不同成色和质量的银子换成统一标准的银钱，日昇昌票号编出了一套鉴定银子成色的口诀，称作"估色歌"（图 2-12）。这是说当时南京的银子叫作"顷化银"，天津的叫作"化宝银"，北京的叫作"松江银"，广州的叫作"番银"，上海的叫作"豆规银"。当时含银量最好的是南京的"顷化银"，含银量有 97.3%；而上海的"豆规银"，含银量只有 73%。所以，日昇昌票号就以南京的"顷化银"为标准，将在其他地方生产的银子按上述比例换算后兑付，这个换算比例就是今天的汇率。

> 天津"化宝""松江"京，
> "番银"出在广朝城，
> 上洋"豆规"诚别致，
> 金陵"顷化"是足色。

图 2-12 "估色歌"

3. 平色余利

相对于现代中国的货币制度，清朝的币制很复杂，其币材以银、铜为主，流通中的货币有银两、铜钱、外国银元等，并且形制、名称各异，成色不一，分量不一。为了保证兑换的公平，同时又要保证票号有利润，这就需要有一个统一的汇率标准，于是就出现了"平色余利"。用不同汇率来保证各地银两成色的平均，即"平色"；平色兑现后给票号留下的利润，叫作"余利"。雷履泰的一大贡献，就是确立了当时"平色余利"的恰当标准。

票号是如何利用这一点盈利呢？例如，你用 100 美金换算成相应的人民币，再用人民币换算成相应的日元，再用日元去换算美金，最后就不会是 100 美金了。"平色余利"也是如此，余下一点点的零头，一般人看不出来，晋商则乐此不疲。仅这一项，票号就可赚取利润。恐怕雷履泰自己在制定这个标准的时候也没有想到，在后来日昇昌的发展中，仅仅"平色余利"一项的收入，就一度占到票号总盈利的 1/4。

二、汇票的防伪手段

汇票虽然仅为一张薄薄的纸，但其中承载的银两何止千万。当时有"一纸汇票汇通天下"的说法。这既是对日昇昌票号生意兴隆、营业范围宽广的见证，也充分显示了日昇昌票号在汇票防伪制度上的严密。在科技尚不发达的古代，汇票的防伪无疑是一道难题。然而，古人自有自己独到的智慧。山西票号为了保证异地汇款所用汇票的真实性，创立了一套巧妙的防伪方法，主要有以下四种。

（1）**辨识水印**。各家票号的汇票要用专业纸，统一在平遥印制，纸质为上等的宣纸。据相关资料记载，票号商人制作汇票纸不惜工本，他们用上好的青檀皮、蚕丝等原材料作为纸浆，并雇佣能工巧匠巧妙地通过纸浆的密度变化将"水印"字暗藏在汇票纸内。如日昇昌票号的汇票在四个角上分别印有"日""昇""昌""记"四个水印字，蔚泰厚票号汇票上的水印为"蔚""泰""厚"三字等。这在当时已属先进的技术。北京晋商博物馆馆藏大德兴汇票如图 2-13 所示，汇票的规格如图 2-14 所示。

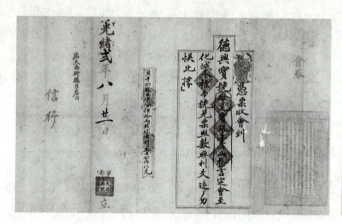

图 2-13　北京晋商博物馆馆藏大德兴汇票

图 2-14　汇票的规格

汇票

汇票长一尺二寸，宽八寸，填好的汇票从中间折好，一撕为二，由客户和票号各持一半。票号这一半汇票通过政府邮政部门寄到客户指定的提款地的票号分支机构，客户及其亲属持另一半汇票可到那里提取。

一般水印只能由总号印制，然后下发各分号，以防盗版。另外，在下发途中如有损坏，必须将坏者寄回总号，才能领取新票，以杜绝流失。今日各国所发行的流通用纸钞，几乎无一例外地采用了水印作为防伪手段之一，说明此项技术得到了国际的普遍认可。

（2）**辨识笔迹**。中国的毛笔字，千变万化，不易伪造，利用这个特点，各分号书写汇票，会指定专人用毛笔书写，其字迹在票号及各分号预留备案，各号收到汇票与预留字迹核对无误后，方才付款。

平遥总号和北京分号的文牍先生和账房先生彼此熟悉对方的书法及写字习惯。制作汇票时，由文牍先生誊写票券；汇兑时，北京分号的账房先生可以轻松辨认是否是平遥总号的文牍先生的笔迹。

知识链接

账房先生与文牍先生

账房先生是管理记录账簿的人，类似现在的财务与会计人员，主要负责记账与管理所辖财务。

文牍先生是负责管理信件的，他们都有一个绝活——写一手好书法。票号里文牍先生要求很高：须中过科举，仪表、气质俱佳。他们工资很高，年薪 200 两银子，但不允许参与票号的经营和分红。

（3）**查看印章**。汇票书写完成，还要盖上票号的专用印章。晋商的印章有一个严密的用印体系，如按照功能分类，有抬头章、压数章、落地章、骑缝章、防伪章等，它们形状不同、纹饰多样，体现了功能性和艺术性的结合。

汇票起手的抬头章一般用福、禄、寿、喜等表示；票号上的数字要盖上菱形的压数章；信纸落款处会有刻着商号名称的落地章；一式两份的信纸，会在两份中间加盖一个骑缝章；此外，汇票某个位置还会有一个微雕印章用来防伪。

微雕印章

微雕印章是在比巴掌还小的印章上，用蝇头小楷刻满《兰亭集序》或财神等图案，一般用牛角或犀牛角刻成，可谓精美绝伦。票号甚至在刻印防伪章时还要留一手，令工匠故意刻错字，让不知情的外人更加难以仿造。如果涉及金额数量特别大，大掌柜还要亲自签字并加盖印章。

（4）**汉字密押**。为了防伪，票号还普遍采用一种类似于今天密码的防伪方法，即每张汇票的汇款日期、金额都采用汉字代表数字的密押，这就是"汉字密押"。由于各票号的汉字代号各不相同，这就大大提升了汇票的安全系数。除了日昇昌票号有自己的汉字密押外，**其他票号也有汉字密押**。

小视频：其他商号的汉字密押

日昇昌票号的汉字密押

"谨防假票冒取，勿忘细视书章"，表示 1 ～ 12 个月；

"堪笑世情薄，天道最公平。昧心图自利，阴谋害他人。善恶总有报，到头必分明"，表示 1 ～ 30 日；

"坐客多察看，斟酌而后行"，表示银两数字的 1 ～ 0；

"国宝流通"，表示万、千、百、两。

例如，某年九月十五，某票号签发了一张 28 400 两的汇票，那么在券上就会有这样两行字"客国而宝察流通"与"细利"，这样，除票号内部的专门人员能看懂外，别人一概不知。

为了保证万无一失，票号都会定期更换代号，一般是 3 个月更换一套，以防止泄密。而且代号所对应的数字，往往只有掌柜和账房先生才能知晓，这样就有效降低了汇票被伪造的风险。倒如，日昇昌票号经营百年中，就更换了 300 套密押。汇款人、持票人是无法知道的，只有票号内部专人才能辨认真假。

由于采用了这样一套严格的保密手段和挂失制度，用假汇票冒领的事件绝少发生，这样就保证了主客双方的利益。而且各票号对汇票管理极为严格，汇兑后的汇票立即予以销毁，所以现存的、使用过的汇票实物数量极少。

三、巨额利润的来源

在票号业发展的黄金时期，祁县乔氏一家的票号，一年的流动资金就达到了800～1 000万两之多。那么，在如此巨大的流动资金背后，票号是如何盈利的？

山西票号巨额利润的来源主要有汇费收入、利息收入、平色余利、其他收入四个方面。

1. 汇费收入

汇兑是票号营业的大宗。汇款时，票号按各地银两的成色、路途的远近、银根的松紧、汇兑的逆顺（顺汇、逆汇）、数额的大小，另加汇费（也称汇水），这是票号利润的重要部分。

票号的汇费没有固定的数额，由票庄与顾客面商确定。汇费的大小往往因人因地而异，平常计算汇费，则以两地平色的高下、市场的淡旺、月息的大小、路途的远近为估定的标准。汇费一般为1%～2%，也就是说，客人到票号里汇兑1 000两银子，要花费10～20两的汇费给票号。一般情况下，在交通便利的大城市，每千两仅需二三两的汇费，若是交通不便的地方，每千两的汇费高达二三十两，有时高到七八十两。例如，新疆每千两的汇费多达百两。不同距离产生的汇费如图2-15所示。

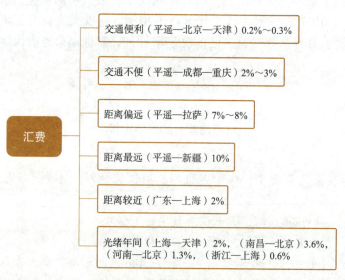

图2-15　不同距离产生的汇费

另外，根据汇兑方式不同，山西票号的汇款方式大致有票汇、信汇、电汇三种。在普通情况下，电汇费用高于信汇，信汇费用高于票汇。

票汇、信汇、电汇

票汇，即用汇票形式办理汇款业务的一种汇兑方式，具体方法是当汇款人缴纳汇款之后，票号开给一纸汇票，汇款人将汇票交给收款人，收款人便可凭汇票到票号取款。

信汇，是以信函形式委托票号解付汇款的一种方式。一般适用于与票号交往较多、汇兑款项较大的工商业客户和富户。

电汇，1889年随着中国电报事业的兴起和发展，山西票号开始了以电报的形式解付汇款。它具有省时、快捷、方便等特点，但电报费用高昂。一般是在收款人急需用款或大额汇款业务中采用。

货行汇款费用会根据市场的快慢而决定。如货行往汉口汇款，除考虑成色外，还要看汉口行市的疲快，如果汉口"疲"，汇费较小；如果汉口"快"，汇费就大。具体多少，由票号与货行临时决定。

2. 利息收入

除汇兑业务外，票号还经营存款、放款业务。成立之初，票号在广泛吸收存款的基础上，通过给商家或官府发放借款，收取一定的费用。放款对象主要集中在商业贸易行为，以总号或分号所在地的殷实商号、繁荣发达的行业为放款对象，主要解决其收购加工原料及贩运贸易中的资金不足。放款数量一般小于存款数额。放款利息每千两5～9厘不等，剔除存款支付利息数量，每千两放款实际收入2～6厘不等。

从19世纪50年代以后，票号又为清政府大量汇兑公款。国家的丁赋、官饷、协饷，各省政府官吏的私蓄，各地区商户的余资都存入票号。这使票号对普通商人和百姓的业务已不屑一顾，甚至规定500两以下概不办理汇兑。他们通过汇兑公款，手中经常有大量的流动资金，加之公款不计利息，私款利息不过二三厘，票号利用存、放款利息的差额，转放贷款可得八九厘的利息。特别是借贷给赴外地就任官员的盘缠差旅利润更大。例如，借金10 000两，仅交现金7 000两，剩余3 000两扣为利息，日后该官吏偿还之时，仍以万金纳付。

案例

利息收入

道光二十七年（1847年），蔚泰厚苏州分庄年终放款实绩36 053.6两，实际获利为73～220两。光绪五年（1879年），放款达到86.16万两，盈利为2 500～7 500两。这一时期，票号与官府之间的来往日益密切，支垫税银、军饷成为常事，官府与官吏给票号的利息回报更加丰厚。加之官府银两和官吏私蓄存于票号，多不计利息或少付利息，票号用之放款，更成为一块净利，收入高达放款总额的10%左右。

3. 平色余利

前面讲过，"平色余利"是雷履泰创立的票号盈利法则，普通人看上去不起眼的小钱，但在商人眼里却可以积少成多，长年累月地计算起来，还是一笔可观的收入。日昇昌六个分号一年内平色余利统计见表2-9。

表2-9　日昇昌六个分号一年内平色余利统计　　　　　　　　　　　　　两

分号地址	年度	平色余利银两	总占收入的 %
江西	咸丰三年（1853年）	124.47	7.8
清江浦	咸丰二年（1852年）	1 218.52	24.53
苏州	咸丰六年（1856年）	882.02	20.89
扬州	同治六年（1867年）	83	1.16

分号地址	年度	平色余利银两	总占收入的 %
北京	光绪三十二年（1906 年）	1 215.25	5.0
天津	光绪三十二年（1906 年）	1 338.87	4.42
合计		4 862.13	六地平均 10.63

——资料来源：高春平《晋商学》373 页

4.其他收入

除以上主要收入外，票号的收入还有以下来源：

（1）银两评准：就是将各种不同成色的银子通过冶炼，变成成色统一的标准化的银子。

（2）捐款：清朝中后期，清政府为了收敛社会资金，填补国家财政的不足，朝廷公开卖官鬻爵，朝廷卖官、百姓买官是合法的。监生捐官鬻爵成风，票号因与官场有往来，官员等托票号代销、代捐也有手续费，经手的多了，这笔手续费也不在少数。

（3）发行银两票：票号发行的银两票类似于国外的银行券，可以随时凭票兑现，也可以用于流通。这种做法可以使票号获得大量周转资金。

（4）得空期利息：将客户所汇之款，由收汇到付汇（包括汇票传递时间在内）的间隔时间叫作"得空期"或"吃空期"。汇兑路途越远，得空期越长。在得空期内，商贾所汇之款的利息就由商号占有。

● 课堂活动

任务 1：学习了票号的防伪手段，请你结合当下：

（1）说一说人民币是如何防伪的。

（2）为何社会进步了，却会出现假钞假币？

（3）如何有效防范假钞假币的出现？

任务 2：学着票号汉字密押的原理，你也试着制作一套汉字密押吧。

任务 3：认真阅读表 2-10，这是日昇昌票号 18 个分号的利润来源，仔细阅读后，回答以下问题：

表 2-10 日昇昌票号利润表　　　　　　　　　　　　　　两

分号地址	年度	利润来源					
		汇水	利息	其他	来标得色	平色	合计
江西	咸丰三年（1853 年）	1 471.85	—	—		124.47	1 596.32
清江浦	咸丰二年（1852 年）	3 744.72	—	—	—	1 218.52	4 963.24
苏州	咸丰六年（1856 年）	3 340.89	—	—	224.00	882.02	4 222.91

分号地址	年度	利润来源					
		汇水	利息	其他	来标得色	平色	合计
维扬	同治六年（1867年）	7 083.67	—	—	—	83.00	7 166.67
	同治六年前合计	15 641.13	—	—	224.00	2 308.01	17 949.14
北京	光绪三十二年（1906年）	6 188.75	16 628.73	—	—	1 215.25	24 256.73
天津	光绪三十二年（1906年）	9 574.28	19 357.11	—	—	1 338.87	30 270.26
开封	光绪三十二年（1906年）	10 020.41	1 525.50	—	—	—	11 545.91
道口	光绪三十二年（1906年）	5 241.90	—	—	—	—	5 241.90
西安	光绪三十二年（1906年）	8 200.87	—	—	—	—	8 200.97
上海	光绪三十二年（1906年）	6 342.33	22 599.60	—	103.29	—	28 941.93
扬州	光绪三十二年（1906年）	4 648.87	10 459.15	—	—	—	15 108.02
浙江	光绪三十二年（1906年）	7 278.24	15 314.05	—	—	—	22 592.29
汉口	光绪三十二年（1906年）	17 426.36	11 519.06	—	—	—	29 048.71
沙市	光绪三十二年（1906年）	10 226.63	6 902.29	—	327.29	—	17 128.92
长沙	光绪三十二年（1906年）	3 943.21	6 371.56	8 787.44	—	—	19 188.77
桂林	光绪三十二年（1906年）	6 813.67	138 188.96	—	—	—	145 002.63
梧州	光绪三十二年（1906年）	166 819.70	6 159.89	—	—	—	173 015.59
营口	光绪三十二年（1906年）	46 776.33	3 275.54	4 258.37	—	—	54 300.24
	光绪三十二年前合计	309 501.65	258 337.44	13 042.37	—	2 554.12	583 762.87
合计		325 142.78	258 337.44	13 040.37	327.29	4 862.13	601 712.01

——资料来源：高春平《晋商学》373 页

（1）表中日昇昌票号获利的来源，按照从大到小的顺序进行排序：_____
_____。

（2）表中日昇昌票号的 18 家分号，获利最多的前 5 名是：_____
_____。

（3）若把同治六年前与光绪三十二年分开来看，同治之前的利润只集中在_____的收入，而光绪末年增加了_____收入，而且数额相当大，说明存放款在票号的业务中已经很重要了。

（4）计算：光绪三十二年（1906 年），以某一分号为例，当年的收入约折合今天的人民币多少？

拓展资料

1. 日昇昌的三位经理

雷履泰,平遥人,为日昇昌经理,即首创票号之人……

按日昇昌于道光四年由颜料行改为票号,雷履泰为总经理(大柜),毛鸿翰协理(二柜),程大佩内事(三柜),故平遥有俗谚说:"人养好儿子,只要有三人,大子雷履泰,次子毛鸿翰,三子无出息,也是程大佩。"

毛鸿翙与雷履泰意见不合,于道光十四年出日昇昌,另作蔚泰厚。是以雷覆泰于道光十四年时尚在。按平遥县文庙内有道光二十四年碑,其捐助布施者,有"日昇昌捐银一百五十两,雷履泰捐银四十两"。

雷履泰捐款数目,占日昇昌捐款数目四分之一强,可知雷履泰其时在日昇昌占的股份很多,是以富有。观雷履泰住宅之富丽可知。

——资料来源:卫聚贤《山西票号史》140~141页

2. 组织银行未成

据日人记载:民国二十三年(1934年)间,各票庄陷入混沌的状态,实际情形无从探悉。1914年,由各大庄选出代表6人,向北京市政府育议商议善后借款。当时国务总理熊希龄,财政总长周学熙,后来段祺瑞代理总理,周自齐为财政总长。当局探明山西票庄与一般商业有重大的关系,所以与他们的代表协商票庄的善后政策。但是当时民国政府的财政状况,也与票庄一样困难,无暇兼顾。不得已经过几个月的商酌,乃决定"商借商还,政府担保"的办法。及至借款契约成立,将新创设新银行的时候,不幸欧洲战争突发,终于停止进行,"查民初的时候……各票号合组汇通银行,由各总号公向奥商华利银公司商订借款,并由政府担保。款项内定二百万磅,期限五十年,利息六厘。这次票庄向外商借款开办银行不能成功,有三种原因:票庄内部意见不能一致;熊内阁倒;欧战事起。"

——资料来源:陈其田《山西票号史》49页

3. 合盛元票号在日本设庄

合盛元票号日本设庄,实开中国银行业国外设行之先声,清政府部臣们予以很高的评论。南洋大臣认为,"合盛元现在日本开设银行支店,洵足开中国资本家竞争实业之先声,亟应优予提倡,以期进步。"农工商部认为,"中国侨商贸易汇兑,向由外国银行经理,不但利源外溢,即金融机关操之于外,商务已大生阻力。该合盛元票庄在日本开设分号,又设出张所于东京、仁川,为海外银行建立基础,洵足以扩张商务,挽回利权。"合盛元在日本设庄后,江海关汇日出使经费,以及各省留日学生费用,多由合盛元汇出。它刊登广告声明,"凡我同胞此后东渡日本及从彼回宗国者,如兑银洋各项兼托办事件,皆可竭力关照,额外克己",并说它还在横滨、大阪设有分庄。

——资料来源:黄鉴晖《山西票庄考略》374页

知识检测

模块二题库

思考与实践

1. 思考

（1）从山西票号兴衰史上反思对比自己，当代大学生如何与时俱进？

（2）在处于变革的社会主义新时代，有哪些机遇等着我们去挑战？

（3）结合自己的专业，提出一些创新小想法，提高自己的创新意识。

2. 实践

探访中国票号博物馆（日昇昌旧址），了解其布局及展厅，选择你感兴趣的内容深研，写一篇5 000字左右的调研报告。

可选项：（1）人物事迹类　（2）书信类　（3）汇票类　（4）牌匾类　（5）印章类（6）其他

模/块/评/价

评价内容	自评	组评	教师评价	综合等级
知识检测（题库成绩）	（　　）分	（　　）分	（　　）分	☆☆☆☆☆
课堂活动（任务完成）	☆☆☆☆☆	☆☆☆☆☆	☆☆☆☆☆	☆☆☆☆☆
课下实践（调研报告）	☆☆☆☆☆	☆☆☆☆☆	☆☆☆☆☆	☆☆☆☆☆

感悟提升

学习本模块后，你在职业感悟、生活感悟、生涯感悟等方面是否有新的认识和提高？请具体写出。

模块三 | 寻迹万里茶道

模块导读

"彼以皮来，我以茶往"，二百多年前，晋商凭借常年的销售经验，敏锐地抓住"一叶"商机，历经千难万险，开拓了一条横跨欧亚大陆 13 000 多千米的"万里茶道"，这是继"丝绸之路"之后又一条重要的国际商道。在两个多世纪间，晋商通过这条商道运往俄国的茶叶累计达 25 万吨以上，经济总价值至少合100 万两黄金，在中国运输史、茶叶发展史、东方文明史乃至国际贸易史上都写下了浓重的一笔。当前作为"一带一路"建设的重要组成部分，"万里茶道"（图 3-1）和新世纪的中俄油气管道并称为"世纪动脉"，2019 年 3 月被列入《中国世界文化遗产预备名单》。

山西并不是茶源地，晋商是如何敏锐洞察到茶叶里的商机，开辟并主导了万里茶道长达两个多世纪？昔日的万里茶道带给我们怎样的思考？本模块我们将一起探寻万里茶道的故事，再次感悟晋商精神。

图 3-1　万里茶道上的驼队

学习目标

知识目标	1.了解中国茶文化，掌握晋商开辟万里茶路的过程； 2.熟悉万里茶道主要路线，掌握重要起点、枢纽； 3.熟悉万里茶道衰败的主要原因； 4.掌握走西口的原因、艰辛与意义
能力目标	1.提高抓关键、找重点、洞察事物发展规律的辩证思维能力； 2.具备收集资料、整理分析并进行归纳总结的能力
素养目标	1.树立创新意识、忧患意识、责任意识； 2.传承晋商精神，增强爱国情怀

思维导图

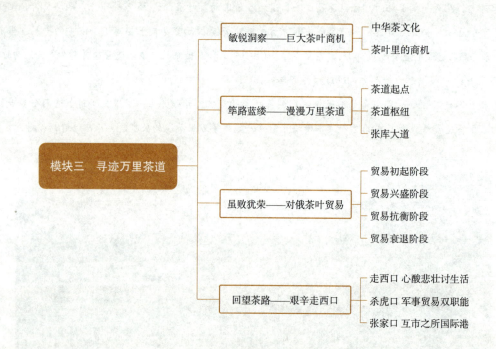

微课：敏锐洞察
——巨大茶叶商机

● 案例导入

茶叙外交

　　纵览古今，茶与中国人相伴数千年，作为中国传统待客之道和标志性文化符号，"茶叙国事""茶礼"频频出现在各种重要的外交场合，彰显礼仪之邦的风采，弘扬中国文化理念，成为一道独特的风景。

　　中华人民共和国成立之初，毛泽东首次出访苏联，挑选了西湖龙井、祁门红茶、景德镇茶具作为国礼送给斯大林；1971年周恩来总理以西湖龙井作为国礼，赠送给到访的基辛格；1972年毛泽东馈赠到访的美国总统尼克松的礼物为武夷山大红袍母树所产的岩茶；1991年江泽民同志应邀访问苏联，携带了特级祁门红茶作为国礼。近年来，习近平总书记在多个重要外交场合以"茶"为引，在俄罗斯将18世纪的"万里茶道"和新世纪的中俄油气管道并称为"世纪动脉"，在比利时以"茶酒"妙喻国家交往的"和而不同"，在巴西讲述中巴的"茶之友谊"，在蒙古总统官邸溪畔饮茶，同印度共品中印合作之地方香茗……茶香氤氲，"和"意悠长。据不完全统计，习近平总书记以茶叙的形式，招待过包括美国总统特朗普、英国首相特雷莎·梅、越共中央总书记阮富仲、法国总统马克龙等在内的多位外国领导人。

　　案例分析：中国是茶的故乡，茶文化悠久绵长、博大精深，饮茶文化早已烙在华夏民族的记忆深处，以茶尊亲表亲和之礼，以茶待客尽宾主之礼，以茶敬友显厚谊之礼。以茶兴礼、以茶会友、品茶论道，杯盏间尽显中国人亲和敦厚、谦卑礼让的人文精神；杯盏间折射着中国与世界的相处之道，散发着中国式现代化的独特精气神。

　　茶和天下——一杯茶，彰显文化自信。

● 知识精讲

一、中华茶文化

　　中国是茶树的原产地，是最早发现和利用茶树的国家。作为最早的饮茶国，茶叶从药用到老百姓的开门七件事情"柴米油盐酱醋茶"，四千多年的饮茶史，孕育出灿烂独特、博大精深的中国茶文化。

1. 茶文化的内涵

　　茶文化意为在饮茶活动过程中形成的文化特征，包括茶道、茶德、茶精神、茶联、茶书、茶具、茶谱、茶诗、茶画、茶学、茶故事、茶艺等。茶文化是中国饮食文化的主要分支，也是中华优秀传统文化的重要组成部分。

小视频：
茶文化的内涵

中国**茶文化**的内涵极其丰富，包括茶的物质文化、茶的精神文化、茶的行为文化、茶的经济制度文化。其中，历史上有关茶的诗词歌赋等文艺作品就属于茶的精神文化，如唐代卢仝的《七碗茶歌》，又称《七碗茶诗》（图3-2），它写出了品饮新茶给人的美妙意境。

2. 茶的起源与发展

茶，起源于远古时代，是一种具有解毒功能的药用植物，传说"神农尝百草，日遇七十二毒，得荼而解之"。两汉到三国时代，茶从巴蜀地区传到长江中下游。到了两晋南北朝时期，茶叶已被广泛种植，饮茶进入百姓的生活。

"茶兴于唐而盛于宋"。唐代是中国茶文化空前发展的时期，"茶圣"陆羽《茶经》的问世标志着中国茶文化进入兴盛时期，煮茶、煎茶、饮茶之风扩散到民间，长江中下游成为中国茶叶生产和技术中心，茶成为一种家常饮品。1986年陕西法门寺地宫出土一批工艺精湛的唐代御用茶具，印证了唐代的饮茶方式。

> **《七碗茶歌》(节选)**
> 唐·卢仝
>
> 一碗喉吻润，二碗破孤闷。
> 三碗搜枯肠，唯有文字五千卷。
> 四碗发轻汗，平生不平事，尽向毛孔散。
> 五碗肌骨清，六碗通仙灵。
> 七碗吃不得也，唯觉两腋习习清风生。

图3-2 《七碗茶歌》（节选）

知识链接

陆羽的《茶经》

"茶圣"陆羽（733—804年），唐代竟陵（湖北天门）人，他将唐代和唐代以前有关茶叶的知识、实践经验翔实、系统地进行总结，撰写了世界第一本茶学专著——《茶经》。全书共分上、中、下三卷十节，阐述有关茶的起源、采制工具、茶的品种与制法、烹饮茶具、煮茶方法、饮茶风俗、茶的产地及等级、茶的典故、传说和药方等。可以说它是一本关于茶叶的大百科全书，对茶叶知识的传播和茶叶的发展起到积极作用，是后世研究茶史的重要史料。

宋代，茶已经成为"家不可一日无"的日常饮品之一，品茶更为讲究，"斗茶"活动的普及，大大推动产茶和烹茶技艺。茶器越来越精美，宋代的五大名窑生产的瓷器精美绝伦；团茶、饼茶制作日益精细，散茶、末茶新品先后出现；茶馆文化兴旺发达，开封的茶肆已是鳞次栉比。

明清时期，茶叶的种植范围进一步扩大，绿茶、红茶、乌龙茶、边茶、砖茶、花茶的产地与今天的产茶区大致相当。明代朱元璋的诏令"罢造龙团，惟采芽茶以进"，促进了散茶炒青技术的普及和推广，红茶、青茶、黑茶、花茶等新茶类相继出现，"冲饮法"代替了"煎饮法"。饮茶方式方法的重大变化，带来茶具的改变，白瓷、青花瓷、彩瓷、紫砂茶具相继兴起。明朝还制订了更加严格的茶法来和少数民族以茶易马，郑和七次下南洋，中国与南洋的贸易开始发展，茶叶输出随之增多。清朝中后期，万里茶道的开辟，中国茶大量输出到俄罗斯、蒙古、欧洲等国家和地区。

近代，茶的品种越来越丰富，饮用方式越来越多样，茶已经成为风行世界的健康饮品之一。

知识链接

中国"茶道"的发展

中国茶道先后产生了煎茶道、点茶道、泡茶道三种形式。

唐人煎茶：将茶末投入壶中和水一块煎煮。唐代的煎茶，是茶的最早艺术品尝形式。

宋人点茶与斗茶：宋人更喜爱典雅精致的点茶艺术，要将茶饼磨碎后，茶叶末放进茶碗中，先倒进少许沸水泡茶，调成黏稠，再加入剩余的沸水。斗茶，事实上就是点茶比赛，用来评比调茶技术和茶质优劣，也称"茗战"，上至帝王将相、达官贵人，下至市井细民、浮浪哥儿，都喜欢斗茶，可谓乐此不疲。

元人泡茶：元人已开始普遍使用茶叶或茶末煎煮饮茶，不加或少加调料。这种简便、纯粹的"清饮"方式被越来越多的人接受，加上后来的沸水冲泡法，到了明代，就形成了"泡茶"，这种饮茶方式一直沿用至今。

3. 茶的功效

茶叶中含有碳水化合物、茶多酚、咖啡碱、茶碱、维生素 C、锌元素等有效成分，经常喝茶，有提高免疫力、解油腻、降血脂、消除疲劳、收敛抗菌等的功效。

二、茶叶里的商机

17—20 世纪，晋商以其敏锐的商业眼光，捕捉到茶叶需求、贸易政策、贸易条约等历史机遇。传播了中国茶文化，成就了"汇通天下"的晋商大贾。

1. 南茶北运　蕴藏商机

作为茶叶的原产地，我国茶叶主要产于西南亚热带地区，而对茶叶的需求主要集中在青藏高原和蒙古草原等北方少数民族聚居的游牧地区。因为他们长期生活在纬度较高的寒冷地带，日常饮食以食肉、饮乳为主，缺少水果蔬菜，人体所需要的各种微量元素难以补充。而长在南方的茶叶具有消食生津、分解脂肪、补充维生素的作用，恰好满足游牧民族的饮食需要，被誉为"健康天使"。

塞外游牧人民对茶叶是刚性需求，但当地缺乏种植茶树的自然条件，因而保障其获取茶叶唯一的方法是从南方运茶前往塞外售卖。

2. 茶马互市　初探商机

马匹是我国封建社会重要的交通工具和军事装备，马多则国强，为此历代统治者对马政非常重视。在我国北方少数民族地区擅养宝马良驹，而南方盛产茶叶，双方在互通有无的交换规律下形成了"茶马互市"，即古代中国中原地区与西南、西北少数民族之间以茶叶、布匹、五金等换取少数民族的马匹、毛皮、药材等的贸易形式，是内地与边疆地区商业贸易的主要形式。

唐代以来，茶马互市成为中原王朝经略边地、和戎携蕃的重要政策，但在唐宋时期茶马互市完全由政府控制，民间几乎没有参与。宋朝统治者很重视茶马互市的政策，在太平兴国八年（983 年）专门设置了"茶马司"。元朝不缺马匹，所以边茶主要以银两和土货交易。明代，茶马互市规模达到空前发展，民间商人通过各种渠道参与到茶马互市。清代，尤其是乾隆以后，茶马互市作为一种重要制度逐渐淡出，取而代之的是"边茶贸易"制度，到了清中期延续了 400 年的茶马互市渐渐废止。在时断时续的茶马互市中，山西茶商将汉中和四川的茶叶远销至西域和俄罗斯。

3. 封贡互市　捕捉商机

隆庆五年（1571 年），蒙汉"封贡互市"，加速了内地和边疆的往来，所开放的马市中，宣府和大同位于山西境内，而甘肃、宁夏等马市均处于山西周边，使晋商成为边关马市中最具竞争优势的商帮。晋商经张家口出入辽东，与东北的满族进行贸易往来，刚开始的交易品类依然是以传统的丝绸为主，茶叶所占比例不大。但贩卖粮食、布匹和铁器到蒙古、俄罗斯的晋商发现，对于肉食民族来说，促进消化的茶叶有着巨大的市场空间，且经营利润巨大。于是，在完成了一定的资本和经验积累之后，晋商开始有意识地引导茶叶消费，将茶叶纳入自己的经营范畴，茶叶贸易很快展现出巨大的潜力。

在此期间，晋商不仅在边关的互市贸易中积累了雄厚资金，且部分晋商通过走私为蒙古和后金军队提供大量的军需与粮食补给，为日后清政权的政治支持、万里茶道的辉煌奠定了基础。

4. 中俄贸易 把握商机

茶叶传入俄罗斯的历史较早，在元代，蒙古人远征俄国，中国文明随之传入，茶叶开始在中亚饮用。沙俄宫廷第一次品尝茶是在 1618 年，当时中国大使向沙皇赠送了几种茶叶样品，但是并没有引起任何兴趣。1638 年，俄罗斯大使瓦西里·斯塔科夫从蒙古统治者那里得到四磅茶叶，是作为礼物送给俄国沙皇的，斯塔科夫解释说，这些叶子应该"煮沸"来喝，沙皇很快喜欢上了这种饮料，并用来招待贵族们。这个时候的茶叶由于其稀有性和高昂的成本，在很长一段时间内只有上层社会的精英人士才可以喝茶。1679 年，俄国与中国签订了第一笔购茶合同，喜食肉类的俄国人很快就喜欢上了茶这种饮料。

在中俄贸易中，晋商迅速地察觉到了这种需求，并选择茶叶作为主要经营商品之一。他们从福建武夷山出发，穿过茫茫草原、走过漫漫沙漠、跨过莽莽戈壁，最终到达茶路门户恰克图。晋商在这里将茶叶转卖给俄商，经俄商运往莫斯科、圣彼得堡，直至欧洲其他地区。这条绵延 13 000 多千米的万里茶道由此形成。万里茶道从形成、发展到繁荣存续了近 3 个世纪。

知识链接

俄罗斯人的饮茶习俗

俄罗斯人喜爱喝红茶。闲暇时间喝茶与聊天是俄罗斯人日常生活中必不可少的一部分，他们喜欢在用餐之时搭配一杯清茶，早晨的早点是面包配上砖茶，中午与晚上都必须要有饭后茶配上茶点。俄罗斯人一般先用茶壶将茶水煮沸，然后将浓浓的茶水倒在准备好的杯子里，再用清水兑茶，以调至适合的浓度。比起一杯清茶，他们更喜欢茶中加糖或柠檬片、果酱、奶油等甜甜的配料，再配上奶油蛋糕、曲奇饼干、甜面包片等茶点。此外，以茶待客在俄罗斯人的心中是热情好客的象征，无论客人什么时候上门做客，必定被主人们热情地以茶款待。

• 课堂活动

任务 1：中国是茶的故乡，是世界茶文化的起源地和传播中心，说一说你所了解的中华茶文化。

任务 2：晋商开辟并主导了两个多世纪的万里茶路，请谈一谈晋商是如何敏锐地捕捉到"茶"这一商机的。

微课：筚路蓝缕
——漫漫万里茶道

● 案例导入

万里茶道申遗

一条跨越欧亚大陆、连接中蒙俄三国、以茶叶贸易为主体、绵延万里的古老商道，如今正受到中蒙俄政府的极大关注。2012年夏天，中国万里茶道沿线省区代表在湖北省赤壁市发出《赤壁倡议》，率先拉开中蒙俄三国联合申遗序幕。2013年9月10日，第二届"万里茶道"与城市发展中蒙俄市长峰会在内蒙古二连浩特市落幕，中蒙俄三国一致认为，万里茶道是珍贵的世界文化遗产，共同签署了《"万里茶道"共同申遗倡议书》。

万里茶道先后被列入我国大遗址保护"十三五"规划、"十四五"规划、"一带一路"遗产保护规划，2019年被正式列入了《中国世界文化遗产预备名单》，2021年年底又被列入了国务院办公厅印发的《"十四五"文物保护和科技创新规划》，成为国家文化战略重要内容之一。

案例分析："万里茶道"是历史留给中国、蒙古、俄罗斯的一份重要文化遗产，"万里茶道"不仅是商贸之道，更是开放之道、文化之道、友谊之道，是建设"一带一路"和"中蒙俄经济走廊"的人文资源。新时代，再续前缘，不断提升"万里茶道"的社会知名度和认可度，塑造"万里茶道"独具特色的文化品牌，有利于唤醒中蒙俄三国人民共有的历史记忆，促进沿线国家和地区间的经贸、文化交流。

在文旅融合的大背景下，提炼万里茶道沿途丰富的历史背景和文化遗产价值的同时，通过申遗使沿线古民居、古建筑得到保护，相关文化体验馆、精品旅游线路得到建设与挖掘，实现古镇复兴与历史文化传承有机融合，对于深化文物保护利用改革、促进文化遗产的活化利用具有重要的意义。

● 知识精讲

万里茶道是从1689年清朝和沙皇俄国签订《尼布楚条约》开始，以茶叶贸易为主，由山西商人开拓并主导的、沿线商民共同参与运转的横跨欧亚大陆的商贸大道。它南起中国福建武夷山，途经江西、湖南、湖北、河南、山西、河北、内蒙古，向北进入蒙古草原，穿越蒙古戈壁，由库伦抵达当时的中俄边境贸易口岸恰克图，然后继续西行，自圣彼得堡继续传入中亚和欧洲其他国家及地区，全程达1.3万千米，其中中国境内从福建武夷山区至中俄边境的恰克图长5 150千米。万里茶道是18世纪东西方贸易的主要通道，推动中国走向世界。

在万里茶道多条运茶线路中最主要的一条是福建崇安—分水关—江西铅山—沿信江船运—鄱阳湖—九江口—长江—武昌—汉水—樊城（今襄樊）—河南赊旗（今社旗）—北舞渡—洛阳—焦作—山西泽州—潞安—平遥—祁县—太谷—忻县（今忻州市）—大同—张家口—库伦—恰克图（图3-3）。

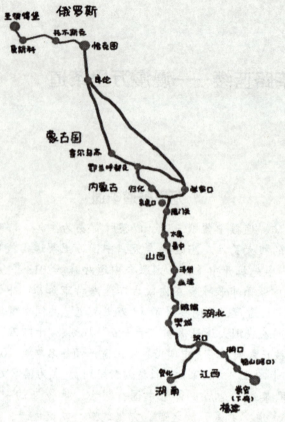

图 3-3　万里茶道路线示意

想一想　中国境内 5 150 千米的路线，晋商需要走多长时间，采用哪些交通工具？

一、茶道起点

万里茶道存续时间长，涉及地域广，茶叶种类多，销售量大，决定了原料产地的广泛性和道路起点的多源性。由晋商主导的茶源地主要有福建武夷山、湖北羊楼洞和湖南安化等。

1. 福建武夷山"茶道起点"

位于福建北部偏西的武夷山，是著名茶叶产地，自明代起隶属于崇安县，到 1989 年撤县改名武夷山市，1999 年被列入"世界自然与文化遗产"。武夷岩茶与武夷山风光一样享誉天下，明末清初，乌龙茶在武夷山问世，并畅销海外。

清朝初年，晋商凭借多年的经营茶叶生意的经验，认识到武夷山优越的自然条件和悠久的茶叶种植历史，以及便捷的水陆交通和低廉的制茶成本，蕴藏着可观的利润，于是在崇安县以南 20 千米处的下梅村（图 3-4）设立茶行，购买茶叶并建立茶厂加工和制造茶叶。武夷山茶区成为"万里茶道"上开启时间最早、路程最远的茶源地。

图 3-4　下梅村：万里茶道起点

乾隆初期，崇安的下梅村形成了规模较大的茶叶集散地，下梅茶商与晋商合作，打造了闽北地区最大的茶叶集散地，将上好的武夷岩茶经武夷山下梅村、星村—分水关、桐木关—铅山县—信江—鄱阳湖—九江—长江—汉口，随后汇入"万里茶道"主线，连接起一条通往恰克图的茶叶之路。衷干所写的《茶市杂咏》中记述："茶市在下梅，附近各县所产茶，均集中于此。……盛时每日竹筏三百辆，转运不绝。清初茶叶均系西客经营，由江西转河南运销关外。西客者山西商人也，每家资本约二三十万至百万。货物往来络绎不绝。"

　　到清朝中期，山西的祁县渠家、榆次常家、太谷曹家等大家族，都在茶山投资了大笔资金，其中"大盛魁"和"三玉川"两家茶号在此地拥有茶山5 000余亩，修建的茶厂7个。山西商人开辟的繁荣的茶叶市场，极有力地带动了武夷山茶叶产区的经济和社会的发展。

知识链接

榆次常家与下梅村邹家共创茶叶传奇

　　下梅村有个"邹氏家祠"，这便是与茶叶世家榆次常家进行最早茶叶贸易的邹家。榆次常氏第8代常万达作为万里茶路的奠基人，在张家口与俄商接触的过程中，发现俄商对武夷岩茶的需求量极大，因为此茶口感醇香，利于消化。睿智的常万达便亲自到武夷山采茶，来到下梅村，经过多次考察，与当地公认的忠厚人家——邹家结成相与，邹家便成为常家供应茶叶的供应商。这一结缘便是百年，铸就了晋商万里茶路的起点与华夏欧亚贸易之路——万里茶路的恢宏景象。

　　鸦片战争后，随着厦门口岸的放开，武夷岩茶只要顺闽江而下就可出口，加之咸丰年间，太平天国运动的爆发，通往武夷山茶区的线路被迫中断，晋商与下梅村的茶叶生意受阻，盛极一时的下梅村渐渐走向衰落。

2. 湖北羊楼洞"砖茶之乡"

　　羊楼洞位于湖北赤壁市区西南的松峰山中，自唐代起就开始培植、加工茶叶，是茶马古道的源头之一。19世纪中叶，太平天国运动的爆发，由武夷山起始的茶叶之路被拦腰截断，晋商逐渐将茶货采购重心由福建下梅村转向湖北羊楼洞，并将茶叶的生产加工等技能教给了当地茶农。晋商在这里生产的砖茶压制方法独特、口感绝佳，深受边区牧民的喜爱，很快这里成为新的茶叶基地，成为茶叶之路东方新起点。

　　晋商在羊楼洞地区创办的茶庄数量众多，据《蒲圻县志》记载，道光年间（1821—1850年）羊楼洞有茶商70多家，其中山西茶商有40余家。而祁县渠家的"长裕川"茶庄是晋商在羊楼洞创办规模最大、开设时间最久的茶庄之一，在长达150多年的茶叶专营中，以《行商遗要》为操守准则的经营模式，形成了以"川"字牌砖茶为品牌的主要产品。以"长裕川"为代表的晋商，有力助推了羊楼洞茶区经济的发展。

　　清代中期极盛时，羊楼洞有茶庄200余家，人口近4万，店铺百余家，"洞茶"远销海外。据蒲圻地方史料记载，羊楼洞厘金局咸丰五年（1855年）征收的茶税为18.3万两，到了光绪十年（1884年）达到98万两，活跃的茶叶贸易，吸收了近50万的劳动力，极大地促进了羊楼洞茶区的经济发展。名扬海外的羊楼洞被誉为"小汉口"。

"川"字号砖茶

在蒙俄市场上，最受欢迎的是羊楼洞"川"字牌砖茶。渠家的"长裕川"是这种砖茶的主要供货者之一，在经营上他们始终坚持"以信为本，以诚求利"的经营态度，在这一带信誉卓著，颇得顾客认可。据称，当时渠家的茶叶一经运送到销售地，人们看见印有"川"字的茶叶便争相购买，长裕川的"川"字茶叶成了蒙俄市场上的名牌。由于受到俄国人和蒙古牧民的欢迎，在以物易物的蒙古市场上，"川"字牌砖茶还一度可以代替货币在市面上流通。

3. 湖南安化 "黑茶之乡"

安化位于湖南省益阳市，与湖北羊楼洞山水相连，是湖南最主要的茶区。安化素以黑茶闻名，由于品质极佳，从唐朝开始，安化黑茶成为历代朝廷贡茶，到了明朝被定为运销西北边塞等地区的官茶，明清时期中国黑茶的 70% 产自安化。

山西茶商赴安化办茶始于清初，是最早收购安化黑茶的商帮。安化最早进行加工茶叶的苞芷园茶行，就是由山西茶商一手创办的。晋商对安化茶叶进行了大量的资金投入，对茶山精细管理，严格要求加工制作过程，杜绝掺假，改进包装保证了出口茶叶成品的质量，创造了"安化千两茶""花卷茶"等一系列黑茶品牌，有效地促进了安化茶的迅速发展，稳定了安化茶叶外销的市场，使其成为闻名世界的茶叶品牌。

到咸丰同治年间的兴盛时期，安化先后开设了 300 多家茶庄，安化资江两岸呈现出"茶市斯为最、人烟两岸稠"的盛况。山西茶商开设的大德成、大盛魁、大裕川等在安化茶叶贸易中获得了巨额财富。

百年老字号——"安化千两茶"

安化县位于雪峰山的北段，资江的中游，这里多山、多雾、气候温暖湿润，适宜茶树生长，自宋代置县时就有关于制茶的记载，茶叶销售在清朝达到顶峰，最盛时期县内有茶行 300 多家，至今仍有名号记载的百年老字号茶行就有 200 多家。其中最有名的是晋商创办的"永泰福"茶号，主营"千两茶"的生产。"千两茶"以每卷的茶叶净含量合老秤一千两而得名。吸天地之灵气，收日月之精华，日晒夜露是其品质形成的关键。从鲜叶采摘下来到加工为成品，"千两茶"的制作要历经 23 道工序。永泰福保持了历代安化茶人的优秀品质，精心对待每一款原料、每一道工艺和每一款茶品，2010 年，永泰福安化黑茶进入上海世博会，成为会上 100 个中国元素之一，获得传统工艺特别奖。

二、茶道枢纽

在武夷山延伸出来的万里茶道上，晋商以舟船、牛车、马帮、驼队长途贩运，南茶北运，辗转 8 个省区，3 个国家，最后到达恰克图，这其中的枢纽城镇众多，它们承担了茶叶贸易不可替代的作用，也见证了茶叶贸易的繁荣。

1. 铅山河口 "万里茶道第一镇"

福建武夷山往北走，进入江西上饶市铅（yán）山，在铅山有座千年古镇，那就是江西四大古镇之一的河口古镇。凭借优越的水道条件坐拥繁荣的河口古镇被誉为"万里茶道第一镇"。据说，河口古镇在鼎盛时期的九弄十三街，有商铺2 000多家，制茶师3万多人，沿江10多处码头泊船数千艘，成为"八省货物集散之地"，拥有"买不完的汉口，装不尽的河口"之说。清乾隆、嘉庆年间茶叶贸易的鼎盛时期，铅山茶叶外销金额"每年不下百万金"。据《铅山乡土志》记载，"清道光年间，河口有茶行48家，西客居多。晋商每家资本在数十万两，甚至上百万两。"

知识链接

铅山名茶

铅山的制茶历史久远，宋代，铅山制作的白水团茶和小龙凤团茶已经闻名全国，并作为贡茶进贡朝廷。明正德年间，铅山人又研制出玉绿、贡毫、花香、小种河红等十多个名品。进入清朝乾隆年间，武夷山生产的茶叶基本都要运输到河口加工制成红茶，制成的茶统称"河红"，然后通过河口码头运输到全国各地，以及蒙古国、欧洲等国家及地区。河红茶是最早出口西方的中国茶，红茶鼻祖——上品河红茶"正山小种"是英国王室传统茶饮，被欧洲人誉为"茶中皇后"。

2. 湖北汉口"东方茶港"

"茶到汉口盛，汉口因茶兴。"湖北汉口，地处长江与汉江交汇处，是华中连接华东、华南等地区的重要枢纽，有"九省通衢"的美称。1861年汉口开埠通商后，依靠发达的水系及长江中游各茶源地所产的茶，外商纷沓而至，收购茶叶、开办茶厂，内陆各省茶叶也汇聚于此，汉口茶叶贸易规模迅速扩大，逐步形成了全国最大的茶叶集散地，被誉为"东方茶港"。

知识链接

汉口"东方茶港"

据史料记载，汉口是茶叶交易与加工中心、金融中心和近代制茶工业的开端。自1861年，茶叶贸易逐渐成为汉口的最大宗贸易。《江汉关贸易报告》中指出，1861年汉口出口茶叶8万担，次年增至21.6万担，之后每年递增，自1871年的20年间，汉口每年出口茶叶超过100万担。此间中国的出口茶叶量占世界茶叶市场的86%，而中国出口茶叶的60%来自汉口。到1900年中国出口俄国茶叶的80.9%是由汉口运出的，直至20世纪20年代，汉口始终是万里茶道最大的茶叶集散地和茶叶出口基地。

繁荣时期，汉口聚集了来自全国各地的商帮，影响较大的有徽商、晋商、广东商人、宁波商人、湖南商人。其中，晋商垄断了茶业和票号。按光绪七年（1881年）汉口海关记载，这一时期太原、汾州两府茶商共38家，汉口的17家票号中16家是由晋商开设的。汉口不仅是晋商外销茶叶的集散中心，而且是晋商在华中及南方等地区的区域金融中心。

1874年，俄商将在羊楼洞开设的3座砖茶厂迁至汉口，俄国茶商改用蒸汽机和水压机制作砖茶，生产效率大大提高。之后半个多世纪里，汉口俄国茶叶贸易公司多达数十家。一时之间，"汉口烟筒林立者，即俄商以机器制茶之屋也"。这些砖茶厂拥有从收购、加工到销售的完整营运机制，完成了茶业领域近代化的转变，使汉口成为中国近代砖茶工业的诞生地，成为世界砖茶之都。其国内茶叶贸易的核心地位一直维持到20世纪初。

3. 河南社旗"天下第一店"

社旗位于河南南阳市，原名"赊旗店"，历史上这里汇集了各路商人富豪，汇合了各种物资商品，逐渐发展成"北走汴洛，南船北马，总集百货"的著名商埠，享有"天下第一店"的美誉。

《茶叶杂咏》记述："清初茶叶均由西客经营，由江西转运河南再销关外"，就是指由江西河口（今铅山县）水运至河南赊店，再由此运往关外。在绵延万里的茶叶之路上，赊店是一个非常重要的中转站，在贯通南北、购销中外的通道中发挥着不可替代的枢纽作用。"商船相连，白帆相接""白天千帆过，晚上万盏灯"，可以想见当时商贸之繁华。赊店在清康熙年间达到鼎盛，人口达 13 万人，聚集各类商铺上千家，其中晋商 400 多家，是山西茶商水陆转运的枢纽，民间素有"金汉口，银赊店""天下店，数赊店"的美誉。赊店的繁华持续了数百年，直到民国中后期，由于军阀混战，土匪横行，才造成商业的凋零。赊店在历史上具有重要的文化、商贸和交通功能。

知识链接

茶商为何选择绕道赊店

在清代，如果将茶叶从武夷山运输至张家口，有一条最短的路线：从武夷山经两湖入长江，由江苏扬州入京杭运河，逆流北上经苏北、山东、河北，直达北京，到达张家口。这条路，比茶商们实际选择的路程将缩短 500 千米。

但茶商为何放着近路不走，非要选择从赊店水路转陆路的路线呢？其原因在于：首先明清时期，运河是官道，主要承担朝廷的漕运、盐运及各省铸币的铜运，河道狭直，水流不沛，且定时开启船闸放行。再加上沿途百姓短途运输船只每天不少于两万艘，运茶船队轻易挤不进去，即便可以挤进去，航行速度也太慢，而茶叶属于鲜货，水运太过耗时。其次，河南与山西接壤，早日进入河南，就算是到了家门口，既可以摆脱官家的烦扰，又可以吃上北方的面食。此外，万里茶道入豫后，晋商可以从主商道上的赊店、洛阳、孟津等地区集散货物。

4. 山西晋中"万里茶道策源地"

从社旗上岸的茶商，开始改用牛马车、驴骡驮运茶叶，经过洛阳后，直抵黄河南岸孟津的会盟渡口，渡过黄河后，取道太行山与王屋山之间的峡谷，北上晋城、长治，走出长治经子洪口进入晋中谷地，满载茶叶的晋商回到了故乡。

延伸阅读

"太行八陉"中的太行陉

太行山中多东西向横谷，叫作"陉"（xíng），著名的有军都陉、蒲阴陉、飞狐陉、井陉、滏口陉、白陉、太行陉、轵关陉等，古称"太行八陉"，是古代晋、冀、豫三省穿越太行山相互往来的八条咽喉通道。其中，"太行陉"又称太行道，是古代沟通晋城市和焦作市的一条重要通道，南起河南焦作沁阳，北接山西晋城市泽州县，是著名的"兵要首地""商旅通衢"。太行陉陉阔三步，长 20 千米，形势雄峻，素称天险。

山西晋中位于万里茶道的中段，是万里茶道的策源地。这里是晋商的故里和晋商家族的大本营，孕育出榆次常家、祁县渠家、祁县乔家、太谷曹家、"草原第一商号"大盛魁等晋商家族和商号，他们开辟了万里茶道，是走南闯北经营茶叶贸易的先驱。

丰厚的商业文化内涵、众多的大院古村、随处可见的老字号、古朴淳厚的民风民俗是晋中明清商业文化的典型符号。其中，由祁县渠氏家族第15代渠映潢创办于清乾隆年间的"长裕川"茶庄，以"川"字为品牌，以《行商遗要》为标准化的操作流程，形成了产、供、销一条龙的经营模式，经营茶叶贸易长达150年，是晋商中开设时间最长、规模最大的茶庄之一。

在晋中老家休整后的晋帮茶商，继续沿太原一路北上，经雁门关到达塞上重镇张家口，穿越苍茫大草原和戈壁滩，最终抵达蒙古及恰克图。

小视频：《行商遗要》

三、张库大道

张库大道是以北方重镇张家口为起点，终于蒙古草原库伦（今乌兰巴托），全长1 400多千米的古商道，是继古丝绸之路后又一连接中外商贸和文化交流的陆上"丝绸之路"。后因商贸之需，向北延伸至俄国的恰克图等地区，并最终蔓延至整个欧洲大陆，向南与中国重要的产茶区福建武夷山相通，最终形成一条以茶叶贸易为主的万里茶道。张库大道历史悠久，它始于明朝，盛于清朝，衰于民国，是连接中原与草原的重要物资运输通道，它的繁荣是伴随着中俄贸易的兴盛发展而来的。

张库大道以张家口为起点，呈扇形分出多条路线，形成了范围极广的辐射面。其中具有代表性的路线既是中路也是主路：从张家口出发，出大境门，进入嘉卜寺（今化德）、乌兰淖、镶黄旗、滂江（今赛汉塔拉镇东南处）、二连浩特、扎门乌德、叨林至库伦，再延伸至恰克图（图3-5）。当年，多数商队都选择走这条大道。

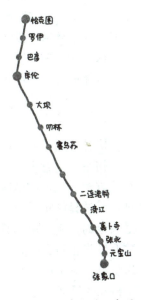

图3-5 张库大道示意图

延伸阅读

张库大道的前世今生

七百多年前，元朝定都北京，为了加强对岭北地区的统治，便开辟了这条官马大道，当时是用于"通达边情，布宣号令"的。1689年中俄《尼布楚条约》、1727年《恰克图条约》相继签订后，"万里茶道"逐步形成。作为万里茶道的重要一段，张库大道由此进入兴盛阶段。当时的主要运输工具是骆驼和牛车，旅蒙商人从内地采购丝绸、蒙靴、茶、糖等，与牧民交换牛羊、皮张、药材，与俄国人交换毛呢、银器等。据史料记载，在张库大道上经营的商户，清初达80家，道光年间达260家，同治年间达530家，民国初年仅大境门外的店铺就达1 500多家。全盛时，最高年贸易额达1.5亿两白银，被称为"用白银铺就的商道"。

1. 张家口"陆路商埠旱码头"

张家口位于河北省北部，是万里茶道北方地区最为重要的交通枢纽、贸易中转站和榷关城市，也是平原、山地运输向草原、荒漠运输的转换节点。运输茶叶的车队到此后，全部改为驼队，驼队走戈壁、越荒漠，行程千里，直到中俄边境的恰克图。

清代，张家口极盛时有大小商号7 000多家，在大境门内的城区有茶庄30多家，银行、钱庄38家，全盛时期年贸易额为白银1.5亿两。输出商品主要有茶叶、烟草、绸布、杂货等，其中茶叶是最大宗，在张家口专营茶叶的晋商就有百余家之多。张家口是万里茶道中国境内的北方"旱码头"。

知识链接

大境门

大境门位于张家口市桥西区，建于1644年，清顺治元年，真正开豁建门，始称大境门，"境门"是指边境之门。从明朝隆庆五年起，张家口大境门外元宝山一带，逐渐形成了"贡市"和"茶马互市"的边贸市场。来自蒙古草原和欧洲腹地的牲畜、皮毛、药材、银器等在这里换成了丝绸、茶叶、瓷器和白糖，大境门外成为我国北方国际易货贸易的内陆口岸，见证了汉、回、藏等多元文化友好交流及万里茶道贸易在中国北方要塞的兴衰历程。1927年察哈尔督统高维岳在大境门门楣上书写的"大好河山"四个颜体大字更为大境门增添风韵。

2. 伊林驿站"茶路补给中转站"

伊林驿站（今二连浩特）初设于清嘉庆二十五年（1820年），"伊林"在蒙语中是"纪元、初始"的意思。它位于张库大道的中点位置，向北向南均距离350千米，是连接中原和北方贸易通道的咽喉要地。过伊林驿站向北不远进入戈壁和沙漠地带，牲口补给极为困难，伊林驿站正是为走茶道的商旅提供暂息、食宿、补给、换乘等服务的中转站。随着万里茶道的兴起，伊林驿站成为万里茶道上的重要节点之一。据说，贸易鼎盛时期，每年有数万峰骆驼和成百上千辆牛马车经过伊林驿站，向草原深处的哈拉和林（今蒙古国境内）运送货物，直至中亚和欧洲。伊林驿站为万里茶道上的商贸往来、文化交流及驿站制度提供了特殊的见证。

3. 库伦"旅蒙商人大本营"

库伦是今天的蒙古国的首都乌兰巴托，清代库伦划归在清王朝的版图之内，早在康熙年间就有12家晋商在此经商。当时街市分为三部分，中为宫殿区，活佛宫殿所在；西为喇嘛区，也称西库伦；东为买卖城，也称东库伦，又称东营子。这12家就在东营子造屋办公，时隔六十年后就增加到80多家。这些商店，进入蒙古国，在乌里雅苏台、科布多、库伦等要地开设支店。清代后期，库伦的旅蒙商号发展到400余家，其中开办茶庄的晋商有100多家，2万多人，他们不仅向蒙古牧民提供茶叶，也对俄罗斯进行茶叶贸易，外贸规模越来越大。

小知识

浅说"圐圙"

库伦在老一辈张家口人中被称为"大圐圙"（kū lüè），是由蒙语发音直译过来的方言。其字型是由口框住的"四方""八面"，词典解释为围起来的草场，现多用于村镇名称。在内蒙古方言中是指围住的土地，特指牧民为了保护草场不被他人的牲畜破坏而用钢丝网围住的一片草原，称为"草圐圙"。

这个词在山西一代多用作地名，如祁县有南圐圙，山阴县有一个乡叫薛圐圙乡，应县有个大圐圙村，吕梁市临县有个圐圙村，兴县有个圐圙头，忻州市繁峙县有个圐圙村，大同市浑源县也有个圐圙村。

4. 恰克图"中俄贸易桥头堡"

晋商通过张库大道之后到达终点——恰克图，恰克图位于俄蒙交界处，意为"有茶的地方"。清雍正六年（1728年），中俄在此签订了《恰克图条约》，从此，这个城镇的发展、繁荣与晋商结下了不解之缘。雍正八年（1730年），清政府批准在恰克图的中方边境地区建"买卖城"，恰克图自此成为中俄贸易往来的重要贸易点、中俄贸易的咽喉要道，边陲小镇一时名声大作。南来北往说着各种口音的巨贾、富商云集于此。每逢开市，车水马龙，人声鼎沸，络绎不绝；夜间灯火辉煌，绚烂夺目，蔚为壮观。恰克图因此被称为"西伯利亚汉堡"和"沙漠威尼斯"。

恰克图贸易从雍正初到清末，始终被晋商垄断。因此，有人说"所有恰克图贸易的商民，皆晋省人。由张家口贩运烟、茶、缎、布、杂货，前往易换各色皮张、毡片等物品。"在与俄国的贸易上，晋商独占鳌头。

延伸阅读

马克思的评价

卡尔·马克思1857年在《俄国对华贸易》中说："在恰克图，中国方面提供的主要商品是茶叶。俄国人方面提供的是棉织品和皮毛。卖给俄国人的茶叶，在1852年达到了175万箱，买卖货物的总价值达到1 500万美元之巨，恰克图的中俄贸易增长迅速，使恰克图由一个普通集市发展成为一个相当大的城市"。

• 课堂活动

任务1：根据所学，如果组织一次"万里茶道"研学旅行，你计划选取哪些内容作为研学课程重点，并说出设计原因。

任务2：万里茶道南起中国福建武夷山，途经中原、华北，穿越蒙古高原，最终到达俄国的圣彼得堡并延伸至欧洲，全程13 000千米。请画一张万里茶道路线简图。

任务3：选择万里茶道上的1～2个主要遗产点，围绕遗址遗迹、茶文化的传承、乡村振兴等方面情况进行调研学习，并完成调研报告。

微课：虽败犹荣
——对俄茶叶贸易

• 案例导入

恭亲王的奏折

同治六年（1867年），总理各国事务的恭亲王给皇帝上奏："从前张家口赴恰克图华商，颇获利益。自与俄国议立陆路通商章程以来，俄人自行由天津贩运土货，赴恰克图贸易。华商利益为其所夺大半歇业……俄坚欲在张家口通商，臣等以张家口接近京畿（jī），非边界可比，不但于商税有碍，且恐渐驰边防，其患非小。是以再三辩驳，相持未准……臣等再四密商，唯有将恰克图商务设法经理，鼓励西商、北商两路商民，同往贸易，以分俄商之利。将来恰克图百货云集，日渐兴盛，则张家口通商之议或可不即来争，似亦釜底抽薪之一策……"同治皇帝御批："钦此。"

经过一番调查研究之后，恭亲王又向皇帝报告说："切绥远将军裕瑞等奏。归化城商人呈请假道俄国边境贸易，并愿照例纳税等因……总理各国事务衙门、户部理藩院，各派一人，令同前往访察……查恰克图系中外接壤之区，西商今欲假道该处，赴西洋诸国通商，既与北商各不相扰，亦与俄人无甚不便之处，自无虑其别开边衅，致酿事端。拟即准令西商领票运茶前往……"同治皇帝御批："依议，钦此。"

——资料来源：邓九刚《万里茶道》

案例分析：这两份恭亲王的奏折发生在1867年。在此之前的1862年，中俄签订了《中俄陆路通商章程》，1866年，俄国政府又强迫清政府在天津海关免征茶叶的半税。这使俄商在中国的运茶成本大为降低，也意味着保持了200年的平衡被打破，双方的混战开始。如此恶劣的环境下，许多中国茶商退出了对俄贸易市场，恰克图市场顿时黯然失色。1865年"中国茶行字号一百二十家仅存十家"，到1868年"只剩下四个老的山西行庄"了。晋商被逼到了死角，他们决定"以其人之道，还治其人之身"，喊出了"打到俄国去"的口号，提出了由恰克图假道俄国的经商策略。于是1867年，晋商程化鹏等人通过绥远将军将晋商的意见转交给恭亲王。恭亲王给皇帝上了奏折，并得到皇帝的御批。残酷的商业大战在广袤的欧亚大陆上展开！

• 知识精讲

茶叶起源于中国，是中国早期对外贸易的主要商品之一。由晋商开拓的万里茶路是承载中国对外茶叶贸易最大交易量的商道。从恰克图开市到二十世纪初，从垄断恰克图茶叶贸易到退出中俄贸易舞台，晋商对俄茶叶贸易走过了辉煌悲壮的二百多年。

一、贸易初起阶段

在贸易初起阶段，发现茶叶贸易能带来巨大潜力的晋商，完成了一定的资本和经验积累，将茶叶纳入自己的经营范畴。

1. 积累财富，奠定政治基础

明代在时断时续的"茶马互市"中，山西茶商将汉中和四川的茶叶远销至西域和俄罗斯国家。隆庆五年（1571年），"封贡互市"解除了边界封锁，晋商经张家口出入辽东与清政权进行生意来往。清军入关后，受朝廷信任的晋商平叛运饷，出采洋铜，为朝廷做出重要贡献的同时积累了巨大的财富，奠定了进一步发展的政治基础和经济基础。

2. 发现商机，开拓经营范围

康熙二十八年（1689年），中俄《尼布楚条约》的签订中确立了两国贸易关系，由于俄国政府在这一阶段试图垄断对华贸易以获取税收，而清政府对对外贸易并不热衷，从而并未对民间贸易加以更多支持。此阶段的茶叶贸易主要为"京师互市"和"库伦互市"，交易品类依然是以传统的丝绸、棉布、铁器等为主，茶叶所占比例不大。但此时的晋商在贩卖粮食、布匹和铁器到蒙古、俄罗斯时发现了茶叶的巨大市场空间，于是，完成了一定的资本和经验积累的晋商开始有意识地引导茶叶消费，将茶叶纳入自己的经营范畴，在之后的贸易中茶叶交易很快展现出其巨大的潜力。

二、贸易兴盛阶段

1727—1851年为贸易兴盛阶段，晋商开拓万里茶路，垄断西北茶市，经销砖茶，主宰中俄贸易，成为名副其实的国际贸易商，创造了晋商发展史上的辉煌。

1. 把握机遇，开拓万里茶路

雍正五年（1727年），中俄签订《恰克图条约》，在恰克图建立买卖城，乾隆二十年（1755年）后，恰克图中俄贸易逐渐兴盛。与此同时，随着俄国对中国茶叶的嗜好者增加，饮茶逐渐风行各地，"不喝茶，不上工"，茶已成为日常必备的饮品。正如俄国文官米勒1764年在他所写的赴华使团意见书中所言"茶在对华贸易中是必不可少的商品，因为我们已经习惯喝茶，很难戒掉"。晋商把握了这个机遇，开辟万里茶路，垄断西北茶市，经销砖茶，主宰中**俄茶叶贸易**，成为名副其实的国际贸易商，赚取了丰厚的利润，创造了晋商发展史上的辉煌。

小视频：
中俄茶叶贸易统计

恰克图买卖城清雍正八年（1730年）仅有4家晋商商号，至嘉庆初年发展到60余家，到道光年间茶庄发展到100家左右，全部为晋商经营。

2. 另辟蹊径，转移茶源地

正当晋商进入对俄贸易顶峰时，太平天国运动爆发，晋商到武夷山的茶道受阻，茶路中断，但俄国市场对砖茶需求有增无减。为了改变这一局面，晋商改变办茶地点，由原来的武夷山转移到长江中游的湖南、湖北两省交界处的羊楼洞、羊楼司、湖南安化一带，这里自然条件良好，十分适宜栽植茶树，晋商向当地人传授栽植茶树和制造红茶、绿茶的方法，很快这一带便成为晋商新的茶叶产地。另外，从武夷山到汉口陆路100多千米，水路

550多千米，共计650多千米，改道后由湖南安化到武汉约350千米，湖北鄂南茶区到武汉只有200千米左右，这样路程缩减，运输成本大大降低。

3. 定标保质，制砖茶创品牌

为了保证茶叶货源与质量，山西茶商在武夷山区通过"行东"（代理商）以包买的形式控制一些作坊，建立各家字号的加工工场，从流通环节进入到生产环节，规定一定的质量标准，严格按照这些标准来生产、制作，并要求保证稳定、充足的货源，这种产供销一体化的经营，很大程度上将茶叶作坊置于晋商的监督之下，保证了质量。

茶叶在运输中，水陆兼程，需几次转运，几易其手，极易造成包装破损、发霉变质。为解决这一问题，晋商在辗转到两湖后，研制了"砖茶"，砖茶是晋商为了适应流通需要而设计加工的产品形态，也是茶叶贸易中的一大发明，不但易于运输存放，而且因为砖茶上贴有晋商商标，写有"晋商监制"字样，也帮助晋商打响了品牌。由于砖茶做工精细，质地良好，所以晋商的茶叶往往要比其他商帮的茶叶价格高出5厘至1分，但人们还是争买晋商的好茶。当时著名的品牌如湖南安化的"千两茶"（图3-6）、湖北羊楼洞的"川"字牌茶砖（图3-7）等至今都是蒙古国和俄罗斯市场的畅销货。

图3-6　千两茶　　　图3-7　"川"字牌茶砖

三、贸易抗衡阶段

19世纪50年代，国力的衰落，一系列不平等条约的签订，中俄在恰克图维持了100多年的平等贸易受到破坏，中俄茶叶贸易大战拉开了序幕。

1. 内政衰败，利权被夺

1851年8月，中俄签订了《伊塔通商章程》，只在恰克图一处互市贸易的局面被打破，俄国商业的入侵逐渐深入中国内地。第二次鸦片战争后，沙俄先后协逼清政府签订《中俄天津条约》《中俄北京条约》《中俄陆路通商章程》等不平等条约，沙俄从而获取了在蒙古边境通商权，取得了在天津、张家口等内地低税率的特权，打通了中国最大的茶叶集散地汉口—天津、天津—海参崴的水路，得到了在中国的产茶区直接采购和加工茶叶的特权，取消天津海关的复进口税等一系列的特权，使俄商在中国拥有了远较晋商优厚的政策条件，运茶成本大为降低，加速了俄商势力在中国的扩张，1865—1867年，短短两年运茶量增长了5倍多。

与俄商相比，晋商贩茶却受到清政府的各种限制，既不能享受水路运输和减免税的便利，又要从汉口至张家口过63道厘金分卡，交付比俄商多10倍的税金。甚至晋商贩卖到恰克图的茶叶，除正税外，每张信票还要交票规银50两。中俄在恰克图维持了100多年的平等贸易发生逆转，晋商利权被夺，生机顿减。

比一比　晋商在茶叶贸易中与俄商对比，面临哪些不利条件？

2.调整策略，深入俄地

国家贫弱劣势的竞争环境并没有使晋商退缩，处于被动局面的晋商凭借驰骋商界的智慧和百折不挠的精神，开始反击。在对比悬殊的情况下，面对俄商咄咄逼人的态势，晋商决定"以其人之道，还治其人之身"，喊出了"打到俄国去"的口号，提出了由恰克图取道俄国经商的策略。

同治六年（1867年），晋商程化鹏、余鹏云、孔广仇代表商界提出削减茶税和直接赴俄售货的要求。经过多次商谈，清政府批准华商返回恰克图并转赴俄境贸易的呈请，允许他们踏出国门到俄国开辟商路。很快，退守归化的华商纷纷返回已然冷清的恰克图，在归化通司商会的统一调动下，数以万计的驼队踏上了赴俄之旅。在很短的时间内，中国商人开设的商号就出现在俄罗斯的东部及西伯利亚各地，这样的速度，超过了对手的想象。据统计，在晋商踏出国门、将商路拓展到俄国的第一年（1869年），向俄国输出茶叶11万担；到了第三年（1871年），每年向俄输出茶叶已经达到了20万担，而俄商从中国输出茶叶是11万担，晋商呈领先之势。

3.改进设备，提高质量

咸丰、同治时期，晋商最初的砖茶压制法，使用的是简单的木质压榨机，生产规模较小，产量较低，操作不方便，产品外观有残缺。后来晋商在木压机的基础上发明创造出一种铁压机（图3-8），获得了省力、省工的效果，所产砖茶光洁整齐，但是仍属于手工制作范畴。

图3-8 铁压机

第二次鸦片战争以后，洋人利用先进的机器生产茶叶，对晋商的茶叶生产造成了极大的威胁。在湖北的晋商为了与洋商竞争，也开始对茶叶工厂进行改造。光绪十九年（1893年）前后，晋商开始使用气压机和水压机制作砖茶，尤其是将杠杆式压榨器改为螺旋式压榨机，制成的砖茶外观好，受到广泛欢迎。光绪二十三年（1897年）又从英国购进烘干机设备，制作出色味形俱佳的茶叶。

从晋商制茶工艺和质量标准来看，他们十分注重产品质量，从不粗制滥造。当时著名的品牌有湖北羊楼洞的"松峰茶"、湖南安化的"千两茶"、祁县的"川"字牌茶砖等。由于砖茶做工精细，质地良好，所以晋商的茶叶往往要比其他商帮的茶叶价格高出5厘至1分，但人们还是争买晋商的好茶。

四、贸易衰败阶段

清代晚期，随着更多的科学技术手段被俄商带入中国，加之清政府的日益衰微，俄商从中国直接贩茶量持续上升，而晋商因后劲不足，不升反降，被俄国彻底甩在了后面，繁荣了200多年的茶叶之路走向尾声。

1.科技先进，俄商跃起

1871年俄商成立了黑龙江轮船公司，1892年又成立了黑龙江贸易轮船公司。到甲午海战前夕，中国沿海和主要内河航线几乎全被外国轮船公司控制。1870年俄国开通了中国沿海向南直到乌克兰敖德萨港的新航线，分走了一部分恰克图的贸易额。1905 年横贯俄国的西伯利亚大铁路竣工通车，茶叶可从中国港口海运到海参崴，然后转西伯利亚大铁路直达莫斯科，整个过程只需 7 周，每磅茶叶的运费仅需 9 美分，而从天津经恰克图到莫斯科的运输时间是 19 个月，传统的万里茶路更是望尘莫及。同时，莫斯科到上海的海底电缆也铺设完工，电报、电话开通，信息传播速度大大提高。

知识链接

"草原通信使者"——信狗

在草原上传递信息，一直是商人们备受困扰的问题。从归化到恰克图的距离为三四千里以上，一种是要驼队捎信，时间漫长，特别重要的事情需要派出专门的信使骑马传达，至少也要一个星期才能到达。面对俄国人先进的通信工具，晋商会采用什么样的手段来传递信息呢？这就是信狗！有一位聪明的晋商，他训练出来一批既善奔跑又机灵的狗，用它们在归化总号与各个分庄之间传递消息。据说信狗的工作非常有效，恰克图至归化只需 3 天就能把信息传到，为防路途上狼群伤害信狗，还在狗的脖子上套着装了钢钉的护颈圈。

与此同时，俄商在中国投资兴建出口加工业。从 19 世纪 70 年代开始，在汉口共设立了 7 家机器砖茶厂，在九江和福州也开设了数家砖茶厂。机械加工的茶叶在产量、质量上远远高于中国手工生产的砖茶。19 世纪 80 年代后期，俄国几乎完全控制了我国主要产茶区茶叶的采集加工和主要的茶叶贸易中心。

俄国在不平等条约的保护之下，依靠的是发达的航运业、先进的信息传输，而晋商面临的是腐败无能的政府、名目繁多的苛捐杂税、落后的运输工具和通信手段，茶叶大战的衰败大势已定。

2. 外茶崛起，华茶受限

19 世纪末 20 世纪初，印度茶和锡兰茶快速进入国际市场，打破了华茶独占世界茶叶市场的局面。印度的茶叶产量和出口量超越中国，成为茶叶生产和销售的第一大国，销售市场逐渐从欧洲进入俄国。1909—1924 年，印度茶叶出口占亚洲国家出口总量的 1/3 以上，而中国仅占不到 1/5。

3. 赊销重税，损失惨重

在晋商赴俄贩茶期间，为了扩大市场占有率，晋商对俄国的中小商人实行赊销，不料因此留下隐患。1905 年，俄国西伯利亚铁路全线通车后，晋商为了打开销路，采取了"赊销"茶叶给俄国中小商人的办法，待他们将茶叶售出后，再返还茶款。不料却因此招祸：有些俄商故意拖欠不还欠款；有些中小俄商因受国内大茶商的排挤或自身经营不善，还款无望。晋商为了挽回损失，呈请清政府与俄国当局交涉，要求追回俄商所欠的银两，但是风雨飘摇的清政府，对晋商的呈请不予受理。最终晋商在跨国官司中对俄国商人的集体赖账最终落败，造成 62 万两的巨额赔累。

伴随赊销之祸而来的是在 1909 年，俄国政府突然违背两国茶约的规定，对在俄华商征以重税，借以驱赶华商，晋商雪上加霜，仅常家独慎玉莫斯科分号损失 100 多万两白银，被迫撤回。之后在 1914 年，第一次世界大战爆发，俄国国内战争顿起，晋商再受重创。

4.俄蒙动荡，退场完结

俄国的十月革命和外蒙古的独立，再次使晋商遭受巨大损失。1917 年俄国十月革命后，晋商手中大量的卢布全部成为废纸，仅曹家就损失 24 万两白银。俄国实行公有制，没收了所有晋商的财产。1914 年外蒙古叛乱，蒙古东部的晋商掌柜全部被杀，财物全被抢光；1919 年外蒙古第二次事变，在库伦的晋商大多被杀；1921 年外蒙古独立，实行公有制，晋商的财产全部没收。

至此，在一连串厄运的打击下，晋商写完了两个世纪的茶叶商战历史的最后一页，垄断长达 200 多年的茶叶贸易也就此结束，茶叶之路成了历史的遗迹，山西茶商退出了历史的舞台。

想一想 万里茶道的起伏命运与清王朝的兴衰几乎一致，它的衰败更大程度上是来自晋商内部还是外部商业生态？为什么？

● 课堂活动

任务 1：万里茶道存续 200 多年，涌现出许多茶商望族，收集有关晋商对俄茶叶贸易资料，分享他们的商业传奇。

任务 2：明清晋商对俄茶叶贸易是一场"信狗与电报之间的比赛，驼队和火车轮船之间的赛跑，东方商人的智慧和俄商特权之间的较量"。谈一谈，这段茶叶贸易的兴衰带给你的思考与启示。

任务 3：查一查，了解山西省在当前深化改革、转型发展的形势下，在国家发展"一带一路"建设的重大机遇中，如何利用"万里茶道是'丝绸之路经济带'重要组成部分"这一重要机遇有所作为。

单元四　回望茶路——艰辛走西口

• 案例导入

在晋北、陕北、河北及内蒙古西部有一首流传很广的民歌——《走西口》。

哥哥你走西口，小妹妹我实在难留，

手拉着哥哥的手，送哥送到大门口。

哥哥你出村口，小妹妹我有句话儿留，

走路走那大路的口，人马多来解忧愁。

紧紧地拉着哥哥的袖，汪汪的泪水肚里流，

只恨妹妹我不能跟你一起走，只盼哥哥你早回家门口。

哥哥你走西口，小妹妹我苦在心头，

这一走要去多少时候，盼你也要白了头。

紧紧地拉住哥哥的袖，汪汪的泪水肚里流，

虽有千言万语难叫你回头，只盼哥哥你早回家门口。

案例分析： 这首流传广泛、家喻户晓的山西民歌《走西口》，道出了山西大旱灾后，家住太原的一对新婚夫妇——太春和玉莲，为生计所迫，忍痛分离时的无限悲苦和山西人外出谋生的艰辛，它的背后有着深刻的社会、历史、自然、地理原因。民歌悲怆、缠绵、高亢、真切，脍炙人口，其朴实的语言、细腻的风格和荡气回肠的唱腔，把山西人"走西口"的无奈与艰辛、家中妻儿老小的牵挂与期盼，用无限凄楚的音调，唱了出来，并让那些远走塞外的商人带到了陕西、内蒙古、甘肃、宁夏、青海等地区，使当地人也学会了这首民歌。那么"西口"是哪里？山西人为什么要"走西口"？

• 知识精讲

晋商外出经商在开拓万里茶道的过程中，也伴随着"走口外"的大移民。当年山西人"走口外"出雁门关后有两条路：一是由张家口出关，人称"出东口"；二是从右玉杀虎口出关，人称"走西口"。无论东口、西口，出关目的地大多是蒙古诸部，且"走西口"人数较多，因此，人们习惯将"走口外"统称为"走西口"。

一、走西口　辛酸悲壮讨生活

清代是中国人口发展史上的一个重要时期。清初通过康雍乾三世的恢复发展，到乾隆朝全国人口突破3亿大关。人地矛盾尖锐，大量内地贫民迫于生活压力，"走西口""闯关东""下南洋"，形成近代三股大的移民浪潮。"走西口"就是山西人民充满艰辛的移民路。

1. "走西口"现象

"走西口"的解释是多种多样的。"口"指的就是杀虎口、张家口、喜峰口、古北口等长城沿线的关口。"西口"有广义与狭义之分。广义上的"西口"指的是长城以北的关口；狭义的"西口"特指杀虎口。当时的晋商将大同东边的张家口称为"东口"，大同西边右玉县的杀虎口称为"西口"。所以，"走西口"是指山西、陕西、河北等地区的人向长城以北的口外地区迁徙、谋生的一种现象。

据史学家考证，走西口现象大约从明朝中叶开始，清末民初成为高峰，一直延续到20世纪40年代末，走西口前后持续了400多年。而且不只是山西人走西口，陕西、河北都有流民涌入走西口的大潮。由于走西口的人群极为庞大且繁杂，对于不同地域的人群而言，各自心目中"西口"的确切所指其实并不相同，概乎言之，"西口"实际上也泛指秦晋各地至内蒙古的各个通道隘口。

> **想一想** 走西口的过程中人们传唱着这样一首民谣："河曲保德州，十年九不收。男人走口外，女人挖苦菜。"这首民谣说明了什么？

2. "走西口"的原因

（1）山西的自然条件太恶劣。清朝时曾有人这样评价山西："无平地沃土之饶，无水泉灌溉之益，无舟车渔米之利，乡民惟以垦种上岭下坂，汗牛痛仆，仰天续命。"清代有一个叫任启运的人曾说："江南二百四十步为亩，山西千步为亩，而田之岁入，不及江南十一"。大同的地方志甚至说大同地区"岁丰，亩不满斗"。这些都说明山西粮食的产量实在太低，低到没有办法生活下去。

（2）山西自然灾害频繁。在清朝300多年的时间里，山西全省性的灾害就达100多次，平均3年一次，其中最长的一次旱灾长达11年。清光绪三年至五年，山西大旱三年，出现了被称为"丁戊奇荒"的近代最严重的旱灾，部分地区甚至寸雨未下。

> **知识链接**
>
> #### 丁戊奇荒
>
> 丁戊奇荒是中国华北地区发生于清朝光绪三年至五年（1877—1879年）之间的一场罕见的特大旱灾饥荒。1877年为丁丑年，1878年为戊寅年，因此史称"丁戊奇荒"。时任山西巡抚的曾国荃称之为"二百余年未有之灾"。这场连续三年的大旱波及山西、直隶、陕西、河南、山东等省，造成1 000余万人饿死，另有2 000余万灾民逃荒到外地。受灾最为严重的山西省，有学者统计在1877年这一年，山西省受灾率高达71.9%，灾荒期间山西省1 600万居民中，死亡500万人，另有几百万人口逃荒或被贩卖到外地。52集电视连续剧《走西口》前几集就描述了"丁戊奇荒"下发生的故事。

当一方水土不足以养活一方人时，就只能走出去，所以贫穷的山西人只好走西口了。走西口的山西人绝大多数人会前往内蒙古草原，因为内蒙古草原的自然条件非常好，能够种粮食、长庄稼；还有就是阿拉坦汗蒙古民族对山西等地区的灾民非常欢迎，可以帮助他们开荒种地、发展经济，由此也实现了草原文化与农耕文化在河套地区的有机融合。

还有一种情况是，清朝康熙、雍正、乾隆年间，为了稳固疆土，先后出兵平定西北叛乱，这里驻扎了大批军队，杀虎口成了供应大军粮草的后勤基地。所以，这一带来往的客商很多，最终造成了这个地方一度的商业繁荣，使其成为晋商的发祥地。

3. "走西口"的辛酸

走西口是无可奈何的事情，后来他们中出现了一些成功者，如乔家始祖乔贵发走西口，到包头创办了"复盛公"；常氏家族的第 8 代常威走到张家口创业，开辟了万里茶道；曹家的先祖曹三喜闯东北，在朝阳县开创基业；大盛魁的创始人王相卿、张杰和史大学，开创了"草原第一商号"大盛魁等。这些声名显赫的商人，在当初走西口时，大多还是一些小商小贩或穷苦人，在历尽千难万险之后，通过不懈的努力，依靠经商发家致富，走向了成功，创造了一代晋商的伟业。

但是，并不是所有走西口的人和他们一样幸运，其中一部分人，为了能在春天到达草原，他们选择在数九寒天开始进行漫长的跋涉，最后可能倒在了走西口的路上。因为在走西口的路上，不仅会遇上恶劣的自然环境、迷失道路等，还会遇上土匪的劫持。在包头附近有一个叫"黑土崖"的地方，这里是土匪出没的地方，许多人在这里被土匪劫持后，不是丢了钱财，就是被抛尸荒野。最终那些能够成功地到达口外的人，要么经商，要么务农，再就是手艺人。据考证，1875—1945 年间，仅河曲县到内蒙古定居的就将近 10 万人，清代山西省前往口外的人口数字则更为庞大，外出移民总数达 1 300 万之多。据统计，现在在呼和浩特，80% 的汉人都是山西人走西口留下的移民后代。

小故事

鞋尖定方向，脚步量未来

雁门关往北不到 100 千米，有个村子叫歧道地。这里是一个岔路口，路指向两个方向，一条通往杀虎口，另一条通往张家口。据当地的老人回忆：走西口的年月里，有的人走到这里，往往都不知道该走哪一条路，于是把鞋子一脱一扔，鞋子指向哪个岔口就走哪条路。并且登上附近的黄花梁，回首家乡的方向，无限悲苦地唱道："上一个黄花梁啊，两眼泪汪汪，先想我老婆，后想我的娘呀。"这种做法，不是听天由命，更是一种和命运、和老天爷的赌博，赌注就是自己的一辈子。

4. "走西口"与民族融合

人口的流动带动了文化的传播，走西口大大促进了内蒙古中西部地区与内地的交流。

（1）从经济角度看，走西口的大批人潮来到蒙古地区创业发展，带来了内地先进的农耕技术，逐渐形成了农牧并举、蒙汉共居之乡。大批经商务工者的到来，大大刺激了蒙古地区商业的繁荣和城镇的兴盛，"先有复盛公，后有包头城"中的"复盛公"说的就是祁县乔家的商号，足以见得是乔家的到来成就了包头城的形成和发展。另外，像归化城、绥化城、托克托城等类似城市雏形的出现与形成，也与走西口的移民关系巨大。

（2）从文化角度看，走西口促进了汉蒙文化的交融与发展。例如，走在今天的呼和浩特、包头等城市，仍然能听到满满的"山西味"的口音；呼和浩特的部分街道的名称，如"定襄巷""大同巷""忻州巷"等均与山西有密切关联；饮食上，蒙古族以前只有白食和红食，后来，谷子、小麦、玉米也成了他们常用的食物，并且开始吃山西风味的酸菜和醋；在岁时节日习俗中，最典型的就是七月十五的中元节，内蒙古河套地区也沿袭了晋西北人

"放河灯"的习俗，这些都是受到山西人的影响。而广泛流传于晋北、陕北、河北及内蒙古西部的地方小戏**"二人台"**，就是内地文化与草原文化相互交流和融合的产物。

小视频：二人台

（3）从民族融合角度看，走西口促进了民族认同感，对国家统一和稳定产生了积极影响。口内口外人口的相互流动，冲破了明长城的重重阻隔，拉近了地区间的距离，实现了汉族与蒙古族的大融合，增强了民族认同感。走西口这一移民浪潮，大大促进了蒙古地区与内地的交流，进一步增进了蒙汉之间的民族感情，对国家繁荣稳定产生了积极影响，是中华民族大团结的一个见证。

二、杀虎口 军事贸易双职能

1. 一代雄关，杀虎口位置险要

杀虎口位于山西省朔州市右玉县境内晋蒙两省区的交界处，作为一代雄关，闻名遐迩，已有两千多年历史（图3-9）。杀虎口的地势十分险要，东、西两山之间形成一条3 300米长的狭长走廊，自成天然关口。清《朔平府志》云："杀虎口乃直北之要冲也，扼三关而控五原，自古称为险要"，历来是兵家必争之地。

图3-9 杀虎口

杀虎口的名称历代屡有变更，先秦两汉时称"参合口"，隋唐时称"白狼关"，宋改"牙狼关"，明正统十四年（1449年）改称"杀胡口"。清康熙三十五年（1696年）又改称"杀虎口"，原因是清朝统治者为了缓和民族矛盾，对蒙古贵族采取怀柔政策，促进中原地区与塞外的贸易，将"胡"字改为"虎"字，一直沿用至今。

明朝初年，为了防止蒙古骑兵南犯，明政府在北部延长城一带，设置了"九边重镇"。其中，大同镇处于重中之重的地位，而杀虎口属于大同镇右玉卫下边的一个重要边防关卡。明朝大部分年间，特别是"土木堡之变"前后和嘉靖年间，明蒙之间的战争不断，几乎每次杀虎口都首当其冲。

2. 开设马市，向商贸重镇转移

汉族与北方少数民族属于不同的经济区域，由于他们需要贸易往来，因此，明王朝依据少数民族的需求，东北设马市，西北设茶市，维系汉族和北方少数民族的贸易往来。明初，政府先在辽东设立马市，之后又在大同、宣府等地区设立马市，大同马市包括杀胡堡、镇羌堡、得胜堡、弘赐堡、新平堡5处，宣府马市包括张家口堡等5处。明中期以前，由于明朝和北方少数民族的战争，这些马市时设时停，明中期之后才逐渐稳定。

3. 封贡互市，"云中第一要冲"

杀虎口的马市设立后，军事和贸易方面需求日益旺盛，嘉靖二十三年（1544年）在杀虎口内东侧修建城堡，城周长1千米，高3丈（1丈=3.333 m）5尺（1尺=0.333 m），名为"杀胡堡"。

隆庆四年（1570年），汉蒙两族的"封贡互市"得以实施，汉族和蒙古族之间广泛地开展了贸易活动，杀虎口由于独特的地理位置市场繁荣，购销两旺，成为云中五座边堡市场中第一繁盛要地，并且很快在万历后期步入第一次发展高峰。万历四十三年（1615年）明政府在杀胡堡南百米处又建了一座新堡，名"平集堡"，规制与杀虎堡相同。后来新旧两堡合二为一，连成一体，前后左右开门，成为周长540丈的云中第一大市场。这样出入杀胡堡关口的货物激增，到万历后期，杀胡堡市场贸易量跃居山西首位，号称"云中第一要冲"。

> **知识链接**

繁荣的杀胡堡"马市"

当时的杀胡堡市场分为官市、私市两类。官市又分为大市和小市两种，大市每年一次，小市每月一次。开市的日子，市场贾店鳞比，按行业交易，价格随行就市，店铺长达四五里。蒙古族人民以金银、牛羊、骡马、皮张、毛绒之类畜产品换晋商贩运来的绸缎、食盐、布匹、铁锅、茶叶、瓷器、糖料、碱面等生活日用，热闹非凡。后来，官市交易不能满足蒙汉人民的需求，于是又产生了各种形式的"私市"，这是一种在杀胡堡周围一带不定期、无固定铺面、极其方便灵活的地摊式民间交易，蒙汉人民通过这种灵便的方式更多地交换各自所需的生产、生活用品。从此，明蒙双方基本保持着和平互市的友好关系。很快出现了"九边生齿日繁，守备日固，田野日辟，商贾日通"的繁荣安定景象（图3-10）。

图3-10　繁荣的"马市"

4. 设关征税，"日进斗金斗银"

到了清代，内地与口外的经济贸易更加繁荣，顺治七年（1650年），杀虎口开始设立清政府的税务监督机构——户部抽分署，负责征收边口出入税，从此时一直到乾隆中期的100多年间，市场日益兴盛，关税不断增长，杀虎口进入了自明万历以来的第二次发展高峰，极盛时期，有"日进斗金斗银"之称。抽分署的职能类似于国家税务总局和海关，在清代属于油水丰厚的肥差。据记载，清代在杀虎口直接吃税费的有100多家，间接吃税费、搞三产服务的近千家数万人，乾隆时期极盛时住户达3 600多户，48 000多人。当时杀虎口堡城内大多数是山西商人，他们大多摆摊设点，有商店、旅店、邮政，有采购、加工、贩运的店铺作坊，可谓店铺林立，集市繁荣，各种衙署、庙宇、学堂、牌楼遍布堡内外，其繁华远近闻名，杀虎口逐渐成为北方最大的贸易集散地。

5. 民国衰败，难逃兴衰之势

乾隆中期以后，杀虎口逐渐走向衰落。原因之一是关税锐减，大部分关税被分流到归化、张家口等地区，到1929年废止；二是京包铁路修通，许多货物通过火车运输，杀虎口逐渐失去了地理位置的优越性；三是苏联十月社会主义革命使山西的旅蒙商受到沉重打击，迅速破产衰败。作为贸易要地的杀虎口存在了280多年，民国年间渐渐衰落。

三、张家口　互市之所国际港

1. 蒙汉民族"互市之所"

张家口市位于河北省西北部，是北京的北大门，也是历史上兵家必争之地。它是一座具有600年历史的古城，其地名及其商业的繁盛与晋商和明清军事防务有着密切的联系。

明朝初年，在张家口的大境门原有一道关口，称为"隘口"或"隘口关"。明洪武二十六年（1393年），这一带因"民户不足，调山西诸处余丁充之"，其中有张姓人家迁到隘口附近定居，遂称作"张家隘口"，后来简化为"张家口"。宣德四年（1429年），在此修建城堡，名为"张家口堡"。隆庆四年（1570年），蒙古鞑靼首领俺答臣服受封，张家口辟为蒙汉"互市之所"，出现兴盛的局面。万历年间，明政府修筑"来远堡"，此后以张家口堡和来远堡为基础，张家口逐渐发展为蒙汉民族贸易交往的中心。当时摊铺栉比，商贾云集，来远堡外"穹庐千帐"，商业贸易十分兴盛。到了明末清初，各地的商人来到张家口，不仅与蒙古族进行交易，而且经承德向东一直到辽东的各马市，都有他们与女真族、蒙古族等贸易的身影。

2. 顺治亲封"八大皇商"

张家口市场繁荣的过程也是各地商之间竞争的过程，各地商人较量的结果就是张家口市场基本被晋商控制。明末，在张家口做生意实力强大的商人有8家来自山西，分别是王登库、靳良玉、范永斗、王大宇、梁喜宾、田生兰、翟堂、黄云发。

张家口还是通向东北的一条主要通道，这里的商人主要与满族做生意。而东北的努尔哈赤在明朝末年建立了后金政权，后金国库空虚。虽然明朝政府明令禁止与满族的贸易往来，但是努尔哈赤开出高额利息，还出具"龙票"（盖有龙玺的借票），丰厚的利润使晋商们甘愿冒着危险也要将清朝需要的军用物资和情报运往后金。因此，张家口的晋商对清朝的经济兴盛起到了重要的作用。

后来，清王朝入主中原，顺治皇帝在紫禁城马上召见这八位商人，"宴便殿，赐服饰"，并将他们编进了由内务府管理的"御用皇商"行列，"八大皇商"成为显赫一时的商人群体。这其中尤以范永斗家族最为典型，通过与后金政权的交易，范家积累了大量的财富，俨然成为"皇商"的领袖。

3. 陆路商埠"塞外皮都"

雍正五年（1727年），中俄恰克图贸易开通以来，张家口成为山西商人到库伦、恰克图进行国际贸易的基地，当时的张家口成为中、蒙、俄商人"南北交易所"。从1860年俄国商人进到张家口开始到清朝末年，蒙汉贸易日趋兴盛，吸引着世界各国、全国各地商人纷纷来此经商，张家口逐渐成为陆路大商埠，"百货之所灌输，商旅之所归途"。清末，张库通商后，张家口的最高年贸易额更是达1.5亿两白银。1925—1929年是张家口皮毛贸易和皮毛加工业的鼎盛时期，每年输入张家口市的皮子约800万张，毛绒1000多万斤，张家口的皮毛在国内外的影响日益扩大，"天下皮裘，经此输入海内，四方皮市经此定价而后交易"，成了誉满中外的"皮都"。由于货优物美，享有盛誉，"口羔""口皮"驰名国际市场。

• 课堂活动

任务1：学唱民歌《走西口》，查阅《走西口》创作的不同版本。

任务2：杀虎口和张家口是明清时期山西人走西口的必经之路，如果你是一名网络主播，请制作一段2～3分钟的小视频，为今天的杀虎口和张家口文旅代言。

任务3：习近平总书记说："一个不记得来路的民族，是没有出路的民族。"记住历史，是为了更好地珍惜当下。走西口的故事虽已远去，但新一代大学生如何弘扬晋商精神、续写奋斗传奇，谈谈你的想法。

文化遗风、记忆传承

随着商贸往来日益频繁、横跨欧亚大陆的国际古茶商道的不断延伸，"万里茶道"的历史价值不断升华，漫漫古道见证了中原地区的农耕文明、欧洲大陆的工业文明和蒙古地区的草原文明之间激烈的碰撞与融合，留下了数百年间不同国家、地区、民族、文化、价值、艺术、技术和独立交换的历史足迹，勾勒出一个个具有历史印记的温馨画面。

如今这条古老的茶道上仍然可以隐约见到茶叶文化、游牧文化、宗教文化、晋商文化、工业文化的熠熠风姿，作坊、茶肆、古镇、码头是历史的见证者，也是历史的记录者。"万里茶道"的生态环境、山川地貌、城市变迁、文明交融及沿线地区的发展也为我们进一步挖掘"万里茶道"的历史价值和繁盛场景提供了具有鲜明色彩的活样本。复兴"万里茶道"是新时代发展背景下形成草原文化与现代产业文化、古丝绸之路文化、民族文化、科技文化等多元文化互鉴互融的新区域文化的有力抓手，成为促进不同文化间对话的畅通道路。同时，通过整合不同文化、复兴"万里茶道"还为共建"丝绸之路经济带"营造了更加和谐多元的"软环境"。重新审视"万里茶道"跨时空的历史关系、跨国界的地缘关系、密切跨境而居的民族关系，是促进"民心相通"、消除文化壁垒的有效途径，为共建"丝绸之路经济带"，尤其是"中蒙俄经济走廊"铺下了扎实可靠、具有挖掘潜力的人文之基。复兴"万里茶道"对提升"丝绸之路经济带"的认同度、凝聚力、公信力，形成区域文化新格局具有广泛而独到的纽带作用，使"丝绸之路经济带"的建设更具有区域性、人文性和共赢性。

以茶导和、茶路精神

一条绵延万里的"万里茶道"镌刻了"茶路精神"，是欧亚经济大走廊，也是一条中西文化交流大通道。"以茶礼仁"为核心的"茶道文明"体现出的是文明互鉴、合作共赢、开放包容、平等互利的共同价值取向，而这传承至今的"茶道文明"也是"万里茶道"的文化之魂。"以茶导和"体现的是"平等互鉴、包容、分享"的价值理念，我们要在"茶路精神"的内涵中萃取"和"的精神，深入理解其思想精髓，秉持"以茶导和"的价值诉求。平等包括了主权对等、话语平等和机会平等的合作机制；互鉴包括了文化互通、文明互鉴和技术互补的开放心态；包容包括了尊重差异、求同存异和兼容并蓄的豁达心胸；分享包括了开放共赢、风险共担和利益共享的时代理念。

"以茶导和"是"万里茶道"存留的历史遗风，充分发挥"以茶导和"精神，为共建"中蒙俄经济走廊"增色增味。新时期复兴"万里茶道"要认真领会"以茶导和"的精神内涵，深入挖掘古老茶路的文化底蕴。寻根溯源，"以茶导和"呼吁大家对"和"文化的共同追寻，共同促进各国之间文化、文明的互联互通，将"万里茶道"的人文精神与价值取向注入"一带一路"中，为共建"中蒙俄经济走廊"增信释疑。

——资料来源：刘再起《晋商与万里茶道》2020版（人民出版社）

知识检测

模块三题库

思考与实践

1. 思考

（1）结合万里茶道模块学习内容，你认为在繁荣数百年的恰克图贸易中，晋商在茶叶贸易经营中有哪些重大创举？

（2）晋商纵横欧亚九千里、称雄商界五百年，在中俄茶叶贸易中，晋商被迫退场、万里茶道终结，带给你怎样的思考？

（3）通过本模块的学习，新时代大学生如何坚定文化自信，弘扬晋商精神？

2. 实践

结合所学内容，收集"万里茶道申遗"相关资料，选择"万里茶道"中国境内 30 个节点城市中的 2～3 个优选遗产点，做一次遗产点推介。要求形成 1 000 字左右的推介书。

评价内容	自评	组评	教师评价	综合等级
知识检测（题库成绩）	（　　）分	（　　）分	（　　）分	☆☆☆☆☆
课堂活动（任务完成）	☆☆☆☆☆	☆☆☆☆☆	☆☆☆☆☆	☆☆☆☆☆
课下实践（调研报告）	☆☆☆☆☆	☆☆☆☆☆	☆☆☆☆☆	☆☆☆☆☆

感悟提升

学习本模块后，你在职业感悟、生活感悟、生涯感悟等方面是否有新的认识和提高？请具体写出。

模块四 | 开启山西实业

模块导读

实业兴国、实干兴邦，实体经济对社会经济发展至关重要，在经济全球化竞争如此激烈的今天，我国已经拥有了很多引以为豪的民族实业品牌，并且跻身世界优秀企业的行列，如"华为""格力""海尔""联想"等，山西的太钢集团、杏花村汾酒集团、山西焦煤、晋能控股集团等（图4-1）。随着我国实业产业的不断发展，通过实业为企业凝聚高质量发展动力，已经成为助力我国经济迈向高质量发展的关键所在。

回望19世纪末20世纪初的中国，中华民族遭受内忧外患的深重苦难，国家命运站在了十字路口。谭嗣同、张之洞等人开始倡导实业救国，而以渠本翘、刘笃敬、乔殿森等人为代表的晋商，凭借自己强烈的爱国情怀和社会责任感，主动顺应时代的要求，敢于走出自己的舒适区，把资金投向并不熟悉的实业上，开始转型实业、保家卫国。晋商是如何在内忧外患中不断前进、不断发展的呢？山西的实业发展经历了哪些机会和风浪？晋商的实业探索之路又留给我们什么启示和思考？本模块的学习将和大家一起重温晋商艰辛而又曲折的实业救国之路。

图4-1　保晋公司阳泉总部旧址

112

学习目标

知识目标	1. 了解晋商实业救国的发展历程； 2. 熟悉晋商开创的三大实体经济（保晋矿务公司、双福火柴公司、晋华纺织厂）及开创实业过程中的重要事件； 3. 掌握保晋矿务公司及"保矿运动"的创办过程
能力目标	1. 具备分析判断、审时度势的能力和大局意识； 2. 能够将晋商责任意识和担当精神应用到日常学习与生活中
素养目标	1. 培养开拓精神、探索精神、敢为人先的时代精神； 2. 树立忧患意识，提升爱国情怀，增强社会责任感

思维导图

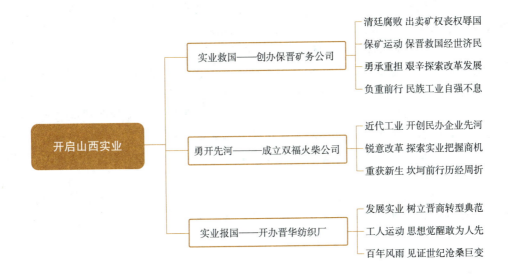

开启山西实业

- 实业救国——创办保晋矿务公司
  - 清廷腐败 出卖矿权丧权辱国
  - 保矿运动 保晋救国经世济民
  - 勇承重担 艰辛探索改革发展
  - 负重前行 民族工业自强不息
- 勇开先河——成立双福火柴公司
  - 近代工业 开创民办企业先河
  - 锐意改革 探索实业把握商机
  - 重获新生 坎坷前行历经周折
- 实业报国——开办晋华纺织厂
  - 发展实业 树立晋商转型典范
  - 工人运动 思想觉醒敢为人先
  - 百年风雨 见证世纪沧桑巨变

实业救国——创办保晋矿务公司

微课：实业救国——创办保晋矿务公司

• 案例导入

张謇的《代鄂督条陈立国自强疏》

张謇是近代著名实业家，他受到甲午战争导致丧权辱国割地赔款的刺激，于1895年夏代湖广总督张之洞撰写了《代鄂督条陈立国自强疏》，痛陈其实业救国的主张："世人皆言外洋以商务立国，此皮毛之论也，不知外洋富民强国之本实在于工。讲格致，通化学，用机器，精制造，化粗为精，化少为多，化贱为贵，而后商贾有懋迁之资，有倍蓰之利……中国人数甲于五洲，但能于工艺一端，蒸蒸日上，何至有忧贫之事哉？此则养民之大经，富国之妙术，不仅为御侮计，而御侮自在其中矣。"

案例分析：1895年3月，张之洞向朝廷请示，委派张謇在通州（今江苏南通）兴办纱厂，张謇慨然应允；张謇针对《马关条约》的后果，提出速讲商务、广开学堂、修建铁路等九条建议。他从此弃政从商，踏上实业救国之路。继张謇首先在通州建立起大生纱厂之后，民族工业厂家纷纷建立。随后，新办的以轻工业为主的民族工业企业由沿海向内地扩展，棉纺织业、面粉、火柴等企业发展最为迅速。但是民族工业受帝国主义和本国封建主义压迫和束缚，发展十分艰难。

回望20世纪初的三十年中，山西实业从开始的小企业发展到大企业，从实力弱的企业发展到具有一定竞争力的企业，涉猎领域遍及矿业、冶金、机械、电力、纺织、交通、食品等行业，在山西近代实业史上写下了宏伟的篇章！

• 知识精讲

一、清廷腐败 出卖矿权丧权辱国

1. 山西煤炭资源丰富

山西是我国煤炭资源最丰富的地区，也是我国最早发现并利用煤炭的地区，素有"煤炭之乡"的美誉。先秦名著《山海经·北山经》中就有对山西煤炭的记载。宋元时期，山西煤炭生产已有较大规模，成为当时全国重点产煤地，并且纳入了税务系统管理。明清以后，山西煤炭除供本省外，还远销河南、河北、陕西、内蒙古、北京等地区，煤炭在社会经济中的作用越来越重要。同治、光绪年间，山西一些官僚、地主、商人、绅士受洋务运动的影响，纷纷投资办矿。《清续文献通考》记载："光绪三十二年……石炭产额最多者首推直隶，次为山西、陕西。"山西居第二位。

2. 西方列强垂涎山西能源

由于得天独厚的地理优势，山西蕴藏着丰富的煤铁资源。16—17世纪，英、法、德、俄、日等国家成为工业高度发达的资本主义国家，在全世界疯狂掠夺原料、抢占市场。特别是 20 世纪初，垄断资本主义"加紧了对最重要的原料来源的掠夺，尤其是对资本主义社会主要的、卡特尔化程度最高的工业部门，如煤炭工业和钢铁工业所需要的原料来源的掠夺"。

在 1870 年和 1872 年，德国地理学家李希霍芬两次到山西考察后惊奇地发现，这里的煤铁资源物美价廉，堪称世界第一，在其《中国：亲身旅行的成果和以之为根据的研究》中披露：山西的煤炭储藏量有 6 300 亿吨之多。这一消息如同向西方列强扔出一块肥肉，山西遂成为帝国主义争相掠夺的重要目标之一。1873 年，英国议会专门讨论山西煤炭资源，企图"从清政府获准采矿筑路的权利"。

3. 西方列强攫取山西矿权

煤炭是工业的粮食。甲午战争之后，西方列强竞相争夺中国矿权，划定矿地、勘察矿源、经营管理、倾销产品及剥削工人，无一不是在无视我国国家主权的情况下进行的。光绪二十四年（1898 年），清政府制定并颁布了近代中国第一个矿务章程，其中有"为允诺路矿事业得招集洋股，或举借洋债"的内容，却为西方列强侵夺中国利权打开了方便之门。1895—1913 年间，外资在华开办的煤矿就有 32 家，总投资约为 4 997 万元。其中，英国攫取了山西、河南、四川、安徽、北京、河北开滦等地区煤矿的开采权；德国攫取了山东、直隶、井陉等地区煤矿的开采权；美国攫取了吉林天宝山等地区的煤矿开采权；俄国攫取了中东铁路及其支线沿线的采矿权。

山西作为煤炭大省，是西方列强争夺的要地。1897 年意大利人罗沙第在英国注册成立了英、意联合的"福公司"（图 4-2），这是中国近代史上英国在华的一个重要侵略组织，在山西路矿权利的丧失过程中扮演了重要的角色。

图 4-2 福公司留于建筑物上的标识

二、保矿运动 保晋救国经世济民

山西省著名的煤矿——阳泉矿务局，早在一百多前的 1905—1908 年之间，著名的山西保矿运动就发端于此。

1. 保矿运动的背景

光绪二十三年（1897 年），意大利人罗沙第以商人的身份来到山西，游说清末名宦刘鹗，俩人一拍即合，刘鹗组建了一个空头的"晋丰公司"。刘鹗利用自己的优势，很快和山西商务局总办贾景仁勾结在一起。刘鹗以商人的名义向山西商务局申请开矿，得到山西巡抚胡聘之的同意，又以晋丰公司的名义向福公司借款 1 000 万两，这样，福公司取得了经营盂县、平定、潞安、泽州和平阳的煤矿开采权。

1897 年 10 月 25 日，刘鹗代表晋丰公司与福公司驻华代表罗莎第签订《请办晋省矿务借款合同》五条；同年年底，又与福公司秘密签订了《请办晋省矿务章程》。这两个文件均得到胡聘之的批准。文件中关于盈余分配办法的规定，如图 4-3 所示。

清政府	25%,
商务局	15%,
晋丰公司	10%,
福公司	50%,
为期 60 年。	

图 4-3 盈余分配的办法

想一想 你认为"福公司"和"晋丰公司"是什么样的公司？

这两个文件最大的漏洞是分配比例过大，洋人获利过半。实际上就把山西煤矿的开采权卖给了福公司。事情发生后，激起了山西籍京官及各界人的强烈反对，他们纷纷上书，光绪皇帝不得不多次亲查，最后罢免了刘鹗、方孝杰，查处了贾景仁，并着手处理山西矿权问题。

但是，情况并没有好转，之后不久，总理衙门和山西商务局在英大使的威胁利诱下，1898年5月21日，山西商务局与福公司签订了《山西开矿制铁以及转运各色矿产章程》二十条。按此章程第一条规定："山西商务局禀奉山西巡抚批准专办盂县、平定州、潞安、泽州与平阳府属煤铁以及他处煤、油、各矿，今将批准各事转请福公司办理，限六十年为期"。此章程一签订，更是直接出卖了山西的矿权和路权！引起各界舆论的谴责，1899年8月8日，胡聘之被解职回原籍。

1905年，正太铁路阳泉段竣工通车，为矿区发展奠定了基础，也为列强掠夺矿区的煤炭资源提供了条件。福公司见时机成熟，派遣工程师和翻译，持游历执照到阳泉平潭街，沿正太路勘矿绘图，在矿区勘探矿地50平方英里（1英里=1 609.344 m），在其勘探周界插上旗子，上书"福公司"三字。同时，他们通过英国驻华大使照会山西商务局，要求查禁当地民间新开的小煤窑，山西商务局拒绝了福公司的要求。之后，英国要求清政府勒令山西巡抚禁止平定等州府开办煤矿。英帝国主义强霸煤矿的行径直接激起了阳泉人民、山西各界人士、海外留学生和开明官吏的愤慨，一场轰轰烈烈的争夺矿权的运动在平定州（今阳泉）爆发。

2. 保矿运动的导火线

英帝国主义强霸煤矿的行径直接伤害到阳泉人民，争矿运动发端于阳泉矿区。福公司要坚持在矿区开矿，矿区的民间小煤窑却没有停止凿井采煤，并成立了矿产公会，抵制福公司开采阳泉煤矿。然而，腐败的清政府认为福公司开办山西煤矿已成铁案，一再通过外务部催促山西巡抚发给凭单，准予开办平定煤矿。

1906年10月13日，听到这一消息的山西省阳高县的留日学生李培仁悲愤交加，在日本东京二重桥上发表演讲，痛骂清政府腐败无能，呼吁同胞保卫国家矿产资源，之后跳海自杀。留日同乡在为他殓尸时，从他身上发现一封以身殉矿的《绝命书》。次日，山西留日学生同乡会收到李培仁生前友人寄来的另一封《绝命书》。这两份《绝命书》洋洋万言，激昂慷慨，痛斥清政府丧权辱国、官府盗卖矿权、官员屈膝媚外的丑行，揭露英帝国主义经济侵略中国的图谋，阐释争矿理由，表达了殉矿的决心。《绝命书》（部分）如图4-4所示。

> "我是多么不想离开人世啊！我是多么不忍心丢弃家中年迈的父老和嗷嗷幼子葬身鱼腹，落个不孝不慈的骂名呀！我之所以要告别人世，是不愿看到外国强盗霸占山西的矿产资源，不愿看到以矿为生的同胞失去生计，在贫困的死亡中挣扎……糊涂的总理门官吏、媚外的山西巡抚与洋人狼狈为奸，秘定条约，将我山西丰富的矿产资源拱手献给福公司……我要用一死唤醒民众，夺回矿权！"

图4-4 李培仁《绝命书》（部分）

李培仁投海自尽的消息和饱蘸激情的《绝命书》公开以后，群情激奋，很多市民、开明绅士、晋籍京官等也都加入护矿运动的行列，并迅速波及全国各地及日本。1906年11月4日，豫、晋、鲁、陇四省学生在东京神田锦町召开追悼大会，太原和全省各州也先后召开追悼大会，表达坚决争矿的决心。李培仁用年轻的生命唤醒国人觉醒，把保矿运动推向了高潮。

3. 赎回矿产的经过

面对巨大的压力，1907年，福公司万般无奈之下，只能以赎金讹诈的方式，提出山西必须交出1 000万两白银赎矿款，英国才会交出采矿权。但是遭到山西人民坚决反对。又经过长时间的协商谈判，福公司表示愿意让步。1908年1月21日，双方签订《赎回开矿制铁转运合同》，赎矿款降低到275万两，分4期交清，首付137.5万两，并且限一个月内交清。而此时的清政府国库空虚，无力支付如此巨额的赎金。这是英商置刚成立的保晋矿务公司于死地的阴谋。

在这一危机情形下，爱国晋商渠本翘凭着他在商界的威望和声誉，协调各票号先行垫借，"以免失信外人，而保晋省声誉"。福公司知晓后，便从中作梗，暗中嘱托各银行收集在外资金，以防山西商人挪借。而渠本翘与各票庄不动声色，秘密地将所筹赎金兑换成外国银行的周转支票。一个月之后的2月21日，当渠本翘把支票交于福公司代表时，福公司"固惊讶不置"，只好交出矿权，保矿运动取得了决定性胜利，大长了三晋人民的志气。当时大公报载文，赞扬晋商顾全大局，并说"晋人团体如此团结，将来发达岂可限量"。

知识链接

严慎修在《晋商盛衰记》中的描述

"交款之日，福公司暗托与有往来银行，收集在外之财，以困票庄。而票庄当日竟不动声色，不爽时刻，纯然以彼外国银行所周转之票相交付。于此，外商固惊讶不置。而晋商金融界活动之力若何，亦可以观矣。使当日票商不为助力，吾恐今之矿区犹在福公司之手，而英商势力早已横行我山西之境内矣。"

1908年7月，渠本翘联合山西的票号，经过大清农工商部批准，"山西商办全省保晋矿务有限公司"正式成立，简称"保晋矿务公司"或"保晋公司"，渠本翘担任第一任总经理，总公司设在太原海子边。除渠本翘外，在保矿运动中还涌现出许多**重要人士**，爱家乡、爱祖国的热情空前高涨。

保晋矿务公司采用了当时最先进的股份制企业形式，在天津《大公报》刊登了招股广告，掀起了全省、全国范围内的爱国购股高潮，其中渠本翘认购10 000股。渠本翘还亲自拟定了公司运转章程，有一条醒目规章："只收华股，不收洋股"，这八个字，字字千钧、掷地有声！这是山西民族商人代表三晋人民向横行无忌的洋人的挑战！由此能够看出，保晋矿务公司的创设从一开始就具有强烈的爱国主义色彩。

小视频：保矿运动中的重要人士

4. 保矿运动的意义

山西人民收回矿权的运动是实业救国的集中体现，民族资产阶级与山西广大人民始终坚持在斗争的第一线并发挥了领导作用，他们对帝国主义掠夺山西煤铁资源的经济侵略行为，对清廷封建官僚腐败无能出卖资源的卖国行为进行了坚决斗争，开启了全国争矿运动的先河，并以最终胜利的罕见结果，为中国近代史写下光辉的一页。

在风起云涌的保矿斗争中应运而生的保晋公司，是当时山西人民抵制外国势力染指山西矿产而形成的爱国民族资产工业，公司从成立伊始就具有鲜明的反帝爱国色彩，它不仅给山西带来了先进的生产方式，而且在思想上给人们带来了巨大的冲击，像一颗种子对以后山西的发展和社会变革起到了重要的影响。

三、勇承重担 艰辛探索改革发展

肩负振兴民族工业重任的民族资产阶级登上历史舞台，必然受到帝国主义和封建主义双重压迫。但是，作为新生力量的保晋公司仍然显示了顽强生机。保晋公司的发展与整个民族命运息息相关。

1. 保晋公司初创成长

保晋公司在成立之初，便显露了其勃勃生机，在省内有平定、寿阳、大同、晋城四大分公司，在省外有石家庄、保定、北京、天津、上海等分公司或分销处，统掌山西全省的煤炭开采和销售业务。从 1907 年到 1937 年的开采量，见表 4-1。

表 4-1　1907—1937 年保晋矿务公司各矿历年产煤量

时间范围	年产煤量 /t				
	平定	大同	晋城	寿阳	合计
1907-01—1907-12	2 214.65	—	—	—	2 214.65
1908-01—1908-12	5 572.09	—	—	—	5 572.09
1909-01—1909-12	22 266.18		—	4 544.33	26 810.51
1910-01—1910-12	41 648.74	8 753.20		4 817.58	55 219.52
1911-01—1911-12	42 128.45	26 161.80	61 548.54	3 422.47	133 261.25
1912-02—1912-12	28 081.76	2 511.60	36 029.17	6 365.87	72 988.40
1913-03—1913-12	71 289.74	3 078.90	37 333.13	6 120.35	117 822.12
1914-01—1914-12	78 987.81	981.70	38 700.08	8 971.49	127 641.08
1915-01—1915-12	69 071.79	550.80	51 723.01	10 050.43	131 396.02
1916-01—1916-12	36 480.28	1 202.40	39 601.02	5 965.21	83 248.91
1917-01—1917-12	90 655.62	795.60	55 928.40	10 545.84	157 925.46
1918-01—1918-12	77 257.79	—	49 905.66	12 622.63	139 786.08
1919-01—1919-12	127 791.63	—	48 192.69	8 833.76	184 848.08
1920-01—1920-12	203 179.41		34 633.41	5 706.36	243 519.18
1921-01—1921-12	213 896.07		54 160.76	10 268.89	278 325.72

时间范围	年产煤量 /t				
	平定	大同	晋城	寿阳	合计
1922-01—1922-12	249 877.80	—	63 915.77	9 058.79	322 852.35
1923-01—1923-12	311 048.01	—	663 161.42	10 074.86	984 284.29
1924-01—1924-12	410 952.69	10 229.40	87 770.73	16 253.44	525 206.26
1925-01—1925-12	228 350.02	23 709.22	50 529.54	9 378.79	311 937.57
1926-01—1926-12	235 675.88	31 790.89	54 456.25	12 620.92	334 543.94
1927-01—1927-12	76 727.29	50 890.00	28 624.20	15 525.95	171 767.43
1928-01—1928-12	113 208.47	62 258.00	1 551.41	13 136.34	190 154.22
1929-01—1929-12	181 695.12	101 937.45	806.25	2 051.41	286 490.23
1930-01—1930-12	212 520.09	131 050.99	21 789.23	11 698.67	377 059.98
1931-01—1931-12	276 348.00	108 898.00	—	—	385 246.00
1932-01—1932-12	291 413.00	120 811.00	—	—	412 224.00
1933-01—1933-12	298 603.00	74 096.00	—	—	372 699.00
1934-01—1934-12	298 591.00	31 527.00		121 013.00	451 131.00
1935-01—1935-12	—	130 000.00			130 000.00
1936-01—1936-12		140 000.00			140 000.00
1937-01—1937-12		160 872.00			160 872.00
合计	4 295 532.38	1 222 105.95	1 480 360.65	319 017.36	7 317 016.34

——资料来源：曹慧明：《保晋档案》，山西人民出版社，2008

特别是辛亥革命革故鼎新，推翻了封建专制统治，为中国资本主义的发展扫除了制度上的束缚和障碍。政府奖励发展工商实业的方针政策及制定的有利于振兴实业的政策法令，为民族资本主义的发展提供了有利的环境和法律上的保护。1916—1924 年是保晋矿务公司发展的黄金时期。煤产量年年攀升，利润年年盈余，除将旧有的亏欠全数补清外，尚有盈余银洋 35 782 余元。

2. 保晋公司艰难发展

保晋公司在帝国主义和封建主义双重压迫下艰难发展，既有着客观历史条件，也有着自身主观因素。

（1）公司矿厂领导层、管理层精通矿铁专业和企业管理。历任总理渠本翘、刘笃敬、崔廷献、常旭春都是敬业尽职的专家型老总。首任总理渠本翘曾留学日本，并担任过驻日本横滨的领事，熟悉外国实业经营之道，回国后又有合资经营火柴工业的实践。因此，由他领导的保晋公司，在章程的议定、人员的选用、公司的管理等方面，融入了资本主义国家许多先进经营管理理念。第三任总理崔廷献，山西大学堂西学专斋毕业，后又留学日本，研究过政治、法律、经济等学科，回国后从事过教育、农林、实业、铁路、内务、财政、民政等多种公务。他们通过考试择优选贤任能，选用了一批批精通矿业和企业管理的专业人才。"1936年保晋公司职员明细表"记载：总公司经理、协理、总稽核、总工程师及各矿厂长都是大学毕业生，且多数为矿业专业毕业生。总公司机关和各矿厂的职员143人中，大学毕业生32人。

（2）保晋公司融入了当时先进的经营模式和组织管理理念。保晋公司借鉴和采用了资本主义股份制经营模式和营销方式，学习仿效西方股份公司集资办企业的经验，规定股东以其所认购股份为限对公司承担有限责任。在经营管理上独立核算、自负盈亏，实行优胜劣汰。在融资机制上建成股份制企业，在营销范围上坚持开放扩张，营销触角延伸到全国各地。在组织管理上，借鉴现代管理模式，设置主权机关、领导机关、执行机关，做到了职权分明、权责明确。保晋公司还加强了财务、工资、安全等方面的管理，细分管理条目，这在当时国内企业中是不多见的。保晋公司于20世纪初所构建的这套企业内部管理架构，已经具备了现代企业制度雏形，这既在很大程度上提升了企业的管理绩效，还进一步为加强内部管理，降低企业内耗，规范与约束企业内部各级、各类从业人员的行为提供了机制约束。

（3）保晋公司运用机器和电力等先进的生产方式。保晋矿务公司改进传统人工采掘方式，逐步由机器替代繁重的人工劳动，各矿厂使用电力照明。运输中大量使用小铁轨和矿车，首开山西煤炭发展史上机器生产的先河。再加上正太铁路的全线贯通和阳泉火车站的设立，保晋公司总部由太原海子边移至阳泉等因素，保晋公司在帝国主义和封建主义的夹缝中仍然顽强地生存和发展起来，成为民族工业特别是民族重工业发展的里程碑。

知识链接

保晋公司生产方式大改造

保晋铁厂起点高，选用设备以进口为主，从日本购回58立方米高炉的全套设备，包括3座贝氏热风炉、3台立式钢炉、1台30马力送风机和全部安装所需的高铝耐火砖。1932年保晋公司扩大翻砂厂，增设化铁炉、砂心房、烤芯窑，专门铸造各式铁管、器皿等。1936年投资兴建第二座高炉，购回250马力的汽风机1台。到1937年，保晋铁厂的主要机械设施有20吨熔矿炉1座，30吨熔炉基础1座，浦德林热风炉4座，烧窑6座；旋床、刨床、铣床、铡床、钻床等共30余台（件）；75千瓦、60千瓦、28千瓦、3.6千瓦发电机各1部；100马力、150马力锅炉各1台。其成为集冶铁、铸造、机械维修为一体的中型钢铁企业。

3. 保晋公司衰退落寞

帝国主义和封建势力的打压桎梏着保晋公司的发展空间。1925—1930年年底，保晋公司开始逐年亏损，到1930年年底，保晋公司已经累计亏损额高达24 868余元。究其原因：一是国内军阀混战，铁路因战乱连续中断，铁路联运被迫取消，铁路运费重新高昂起来，保晋公司阳泉各矿厂生产的煤炭堆积如山，无法销售，保晋公司连遭重创；二是山西的军费开支急剧增加，以保晋公司为代表的民营企业承担了不少的苛捐杂税，名目繁多的捐、税、费让保晋公司的发展举步维艰；三是公司机构逐渐变得臃肿，人浮于事的现象渐渐凸显；四是侵华战争使保晋公司的主观努力付之东流。1938年前后，保晋公司被迫停产歇业。

四、负重前行 民族工业自强不息

1. 公司成立的历史价值

保晋公司作为清末民初山西近代工业史上最大的民族资本主义工业企业，其产生和发展是中国民族资本主义发展的必然。保晋公司作为振兴民族工业，特别是民族能源重化工工业的一面旗帜，引领了山西民族工业的发展方向，奠定了山西民族工业发展的基础，其对山西乃至全国的社会经济发展做出了重大贡献，有着十分重要的历史意义。

2. 促进了阳泉城市发展

保晋公司作为晋商历史上最大的一次工业革命实践，开启了阳泉的城市文明之光。1916 年保晋公司总部由太原迁往阳泉，当时的阳泉仅仅是人口数百人的一个小镇。随后保晋公司二十年中以阳泉为核心，先后创办了六个矿厂、一家铁厂，对阳泉这座以工矿为基础的资源型城市的兴起起到了一定的奠基作用。

3. 彰显民族工业的风范

保晋公司为保障其民族资本主义性质的纯粹性，在历次修订的章程中都明文规定："本公司惟收华股，不收洋股。附股者如将股票售于外人，经本公司查知，或经他人转告，立将所入之股，注销不认。"（《保晋矿务总公司简章》第五条，《保晋档案》第 8 页。）这项规定，斩钉截铁，贯穿始终，成为立企之本，即使在极其困难的条件下也绝不更改，充分展示了保晋公司的爱国立场和民族工业自强不息的风范。

4. 保晋精神为时代发展注入力量

保晋公司时处中华民族灾难深重的年月，其存在的 30 年，外受帝国主义压迫，内受军阀混战纷扰，每发展一步，都要克服重重困难，但是，面对如此困难的条件，他们百折不挠，自强不息，披荆斩棘，奋然前行，书写了山西民族工业史上可歌可泣的篇章。"保晋精神"迄今已有百余年的传承历史，但其时代价值依然突出，"爱国爱乡、实业图强、荣辱担当、拼搏向上"的保晋精神，在建设中国特色社会主义现代化的伟大实践中，必将作为一笔丰厚的精神遗产，薪火传承，砥砺后人。1920 年保晋铁厂全景图如图 4-5 所示。

图 4-5　1920 年保晋铁厂全景图

知识链接

"以平定煤铸太行铁"

民国元年（1912年9月18—21日），孙中山先生来山西视察期间，再次强调了自己的工业强国思想。

据《平定州志》记载：孙中山曾来回两度途经平定（今阳泉市）。当沿途听到陪同人员介绍了山西的情况和看到阳泉境内铁路沿线丰富的煤铁资源，尤其是亲眼看到沿途坑口工人繁忙的工作场面后，曾在简子沟、铁炉沟（旧机厂）等煤厂处下车，亲自查看生产情况，看望正在干活的煤矿工人，询问矿工工作和生活的情况。在火车上，再三地讲："山西以素称闭塞的省份，革命竟能如此神速，今所见者都是新气象，且有天赋之煤铁资源，山西前途不可估量"。

在太原考察中，他说："此次到山西，见山西煤铁甲于天下。方今铁钢世界，有铁有钢可以自制武器，即能争雄于世界。兄弟拟在山西设一大炼钢厂，制造最新武器，以供全国扩张武备之用，要求军界诸君赞成。"他又说："以平定煤铸太行铁，将来可操全国实业界之牛耳。"（图4-6）

图4-6　孙中山先生题词

• 课堂活动

任务1：山西蕴藏的主要矿产资源有哪些？分别在哪些地区？储量排名前列的是哪几种？感受山西作为中国主要能源基地的重要性。

任务2：分享几位清末民国初年在山西民族资本家中的中坚骨干人物，讲一讲他们作为近代山西民族资本企业家楷模的故事。

任务3：晋商的商业资本开始向工业资本转移，晋商也开始从商人向企业家蜕变。谈一谈你对商人和企业家的认知。

微课：勇开先河
——成立双福火柴
公司

● 案例导入

关于"洋火"

"洋火"是早年对火柴的称呼，也有称"自来火"。近代的中国，由于处于半殖民地半封建社会的形势，经济萧条，以自给自足的自然经济为主体。很多日常用品都是从国外买来，所买来的外国进口的东西都要加个洋字，在此条件下就应运而生了"西洋镜"等带洋字的货物，"火柴"叫"洋火"，"自行车"叫"洋马儿"，"水泥"叫"洋灰"等。

外国火柴输入我国的最早官方记录，见于 1865 年的天津海关报告，其后三年，才陆续见于其他地区的海关报告。从 1867 年开始有了全国进口火柴总数的报告。有些报告，还要呈予关心和兴办洋务运动的李鸿章过目。

案例分析：一百多年前的中国积贫积弱，连一根火柴都要从外国进口。英帝国主义为了对中国进行经济侵略，早在 19 世纪 30 年代就在广州设立了怡和洋行，在大量向我国倾销鸦片的同时，火柴及其他商品也就成为经济掠夺的另一种手段。到了 20 世纪初，日本火柴几乎独占中国市场。数据显示，当时中国每年消费日本火柴约值白银一千万两以上。

作为国民经济的重要组成部分，制造业的实力和制造技术水平，体现着一个国家的综合国力。中国是个大国，这就决定了我们必须发展实体经济，不断推进工业现代化，提高制造业水平。艰辛跋涉七十年，特别是改革开放以来，中国工业插上了"腾飞的翅膀"。中国制造业日夜兼程，使"中国制造"激荡全球。我国成为全世界唯一拥有全部工业门类的国家。

● 知识精讲

一、近代工业 开创民办企业先河

光绪十七年（1891 年）十一月，湖北天门人胡聘之从顺天知府调任山西布政使，掌管山西民政财政。胡聘之与李鸿章、曾国藩、左宗棠、张之洞等洋务派人物桴鼓呼应，大力扩充商务局，改练新军，开办蒙边垦地。光绪十八年（1892 年），在布政使职位的胡聘之，投资两万元设立"太原火柴局"，地址在今天太原城内的三桥街。火柴厂正厅曾有他亲写牌匾"遂皇遗轨"，总办为候补道台杨宗濂，这是山西近代工业的开端。火柴局创办后，全部手工操作，每日生产黄磷五色火柴 500 圆桶，每筒百余支，商标为"双羊"牌。由于民间当时还不习惯使用火柴，工厂维持不易，所以销售全由政府支持，知县派销。光绪二十年（1894年）转归商务局，1895 年 5 月改名为"晋昇火柴公司"。公司成立后，尝试技术改进，生产小盒火柴，当时计量是一大箱有六小箱，每小箱内装有 240 包，每包 10 小盒，日产两大箱。因为牛油作为引火剂引燃不良，难以销售，仅光绪二十六年（1900 年）至二十八年（1902 年）就亏损白银 12 万两。火柴厂面临倒闭的危机。

光绪二十八年（1902 年），渠本翘与乔殿森等人合资，以白银 5 000 两接办了濒临倒闭的官办"晋昇火柴公司"，开创了山西民族资本创办工业的先河。后改名为"双福火柴公司"，这标志着山西民族资产兴办近代工业的真正开始。双福火柴公司引进西方的生产技术和管理经验，生意日渐红火。"双福"牌火柴（图 4-7）、"飞艇"牌火柴远销晋秦之地。

图 4-7 "双福"牌火柴

二、锐意改革 探索实业把握商机

1. 科学管理，企业蒸蒸日上

双福火柴公司成立后，由乔殿森出任总经理。经股东决议，渠、乔两家陆续投资 1.3 万元白银，对工厂技术和设备进行提升和改造。在初期双福火柴公司生产设备非常落后，工人 100 余人，以人工排杆，日产火柴四五十小箱。

乔殿森有胆有识，干练果断，有开拓精神，又有丰富的经商经验。从筹集资金，申报立案注册，制定规章制度到经营运作，拓宽销路，决策大小事务，有条不紊。他深知产品质量是企业生存之本，为了提高火柴质量，从日本大阪进口了电机、排杆机等先进的设备，不惜重金聘请了日本技师，使火柴质量、产量都大大提高，生产由手工操作提高到半机械化生产，职工由 100 余人增加到 280 多人，由黄磷火柴改进为硫化磷火柴，日产"蝙蝠牌"火柴 120 箱。销路大畅，盈利倍增，在较短的时间使该公司扭亏为盈。随着时间的推移，百姓对"洋火"由不习惯到成为每个家庭必不可少的日用消费品，双福火柴公司生产的"飞艇"牌火柴家喻户晓，遍销秦晋两省，深受百姓欢迎。

到 1930 年，双福火柴公司的资产增值到 20 万元，股东收益颇丰，渠、乔两家各得红利 10 万元。

知识链接

乔殿森

乔殿森，字宝书，号雨亭，山西晋中祁县南社村人。清末贡生，双月选用知县，钦加同知衔，诰授奉政大夫。祖先以贩马起家，富而后学，遂以诗书历世。少聪慧博识，及长更重修养，富有民族气节。乔殿森毕生致力于发展实业，是山西最早的民族资本工业创始人之一。与同乡渠本翘同办双福火柴厂，积极参加了山西保矿运动，在祁县创办了益晋织染有限公司。1916 年，又在祁县东关创设了利川蛋厂，试办数年后，正式行销出口。继而在本村开设倡农公司，主要经营与群众生活紧密相关的实用物品，如加工米面、熟食、车辆、药品之类。他还兼精医学，为人诊治，无论贫富远近，凡请必至，一生怜孤恤寡，乐善好施；但也不畏权贵，面对强权，敢于为老百姓伸张正义，深受乡人爱戴。

2. 众多火柴厂发展

双福火柴公司经营时间约为30年，它的创办成功引发了山西商人中的有识之士投资兴办近代工业的兴趣，使更多的晋商在全省创办了火柴厂。加之1914年，由于第一次世界大战爆发，帝国主义对中国的经济掠夺减少，进口火柴减少，山西省出现了火柴工业的黄金期。

1915年闻喜商人段连岭在新绛创办了荣昌火柴公司，1916年平遥商人赵鸿漠创办了金井火柴公司，1923年新绛商人王廷甫创办了毓华火柴公司成立，1924年平遥商人冀全义在汾阳创办了昆仑火柴公司。前后经过20多年，山西的火柴工业出现了勃勃生机，形成火柴生产优势，曾畅销华北各省市场。

三、重获新生 坎坷前行历经周折

1. 双福火柴公司惨遭侵吞

1930年，蒋、冯、阎中原大战之后，使原来在山西流通的**"晋钞"**大大贬值，加之政府对火柴行业赋税加重，双福火柴公司经营受阻。迫于无奈，双福火柴公司在天津《大公报》登报进行拍卖。当时双福火柴公司的机器、原料，以及交城关帝山的林场、机器，太原城内地皮二十多亩、四百多间房屋，总价达20多万元。1934年阎锡山控制的西北实业公司以4.5万元强行吞并了双福火柴公司的全部资产。曾经经营红火的双福火柴公司，最终被官僚资本所侵吞，这是官僚资本巧取豪夺的典型事例。

小视频：
民国时期的"晋钞"

2. 社会动荡企业命运多舛

易名后的"西北火柴公司"凭借政权，大力扩充机器，开拓原料基地，使生产能力迅速扩大。1936年的年产量达11.66万件，总产值为115.1万元，产品北出雁门关，行销宁绥，东出娘子关，西北火柴公司短暂兴盛一时。1937年11月太原沦陷，日军侵占该厂，改为"军管山西21厂"，主要设备仅留下20余部，生产遭到严重破坏。1945年日军投降，阎锡山政权接管该厂，主要生产"飞艇"牌火柴。1948年因解放战争影响，停产火柴，专制炮弹。

3. 新中国企业重获新生

1949年4月24日太原解放后，原西北火柴公司改名为"太原火柴公司"。1949年11月山西省人民政府成立人民政府工业厅，工业厅设立了轻工业科，下设太原火柴公司，职工252人，生产硫化磷火柴，商标为"潜水艇""飞机"两种。

1950年年初，山西省人民政府工业厅成立了"山西省火柴公司"，下辖太原火柴厂、方山火柴厂、关帝山木材厂、高平火柴厂、新绛火柴厂。为响应中央政府关于危险性工厂迁出市区的命令，最后选定原平遥金井火柴公司旧址为新厂址。

1951年6月初，平遥新厂址的主工房建筑完工，随即从太原部分搬迁，6月17日新厂址正式投产。1952年年初，正式命名为"山西省榆次区企业公司平遥火柴厂"，职工增加到701人，产量增加到17.06万件，超过了历史最高水平，平遥火柴厂在坚实的基础上开始了新的起飞。1953年夏，汾阳昆仑火柴厂迁并平遥火柴厂。"平遥火柴厂"成为全国重要的火柴生产基地（图4-8）。

图 4-8　平遥火柴厂产品

• 课堂活动

任务 1：梳理"双福火柴公司"的前世今生。

任务 2：以小组为单位，讨论双福火柴公司，成立之初采用了哪些举措，使企业扭亏为盈，走出困境。

任务 3：晋商的民族资本在风雨飘摇的旧中国，犹如纸船出海，让人痛心疾首。谈一谈你理解的企业发展所需的社会局面和营商环境。

任务 4：以"让世界爱上中国造"为主题，讲一个你最喜欢、最欣赏、最推荐的国货品牌和大家分享，并阐述你的理由。

微课：实业报国
——开办晋华纺织厂

• 案例导入

"晋华1919·中国营造大坊"

在山西省晋中市城区最繁华处，有一处利用废弃老厂房改造项目——"晋华1919"（图4-9）。它依托晋中乃至山西深厚的历史文化资源，以"营旧宗、造新意"为宗旨，通过设定"营造研习所""营造研究院""营造产业基金"，形成集项目承接、投资孵化、技术创新于一体的营造产业集群，还工业遗产以全新产业价值。

通过对老晋华厂遗址的修复和新"晋华1919"的营建，集百工，聚百匠，使以古典建筑、雕塑、壁画为主的传统营造十三作的艺术和技艺，得以挖掘、传承、弘扬、发展。

图4-9　晋华1919

案例分析： 1919年，晋商精英集资在榆次城北创办晋华纺织有限公司。令人惋惜的是，由于经营不善等多种原因，2006年企业最终走向了破产，轰鸣了百年的机器声归于沉寂，存在了近百年的老厂区逐渐荒芜。

保护是为了记忆，更是为了传承。为了能够延续宝贵的工业文化遗产，2016年，晋中市政府与天津创投资产管理有限公司签订协议，由其对这片工业遗址投资开发、保护利用。如今，这里是一座山西纺织工业博物馆，充满年代感的建筑随处可见：展现厂区历史文脉记忆的文化景观长廊、具有晋中文化标志的"晋华in空间"、中国传统元素与欧洲古典元素完美结合的欧式办公楼……修缮后的晋华厂区最大程度地保护了建筑的原有结构。

• 知识精讲

一、发展实业　树立晋商转型典范

随着近代中国内忧外患和社会变革愈发激烈，山西商人经营面临困境，急需转型。在受到洋务运动和"实业救国"思想的影响下，一众晋商精英继续发扬开拓、进取、敬业的"晋商精神"，坚忍不拔、砥砺前进。

1. 晋华纺织厂的成立

1907年，山西首条铁路正太铁路通车，便利的交通和广阔的棉花原料市场等投资条件，使蓄势待发的晋商于 1919 年在晋中榆次创建了三晋大地第一个规模较大的近代纺织工厂——晋华纺织厂。

1919 年秋，曾在日本留学的徐一清（阎锡山叔丈），与纺织行业的知名人士徐秉臣、聂云台等人考察，决定在榆次建设纺织厂。于是徐一清、赵戴文联络当时的政商名流孔祥熙、阎维藩、贾继英、徐秉臣、赵鹤年、崔廷献等 30 位晋商精英，计划筹资 150 万银元，并陈请农商部注册立案，以 50 年营业期为限，发起成立了"山西晋华纺织股份有限公司"。之所以取名"晋华"，是因为"晋"代表山西，而"华"，一取精华之意，二释荣华富贵之说。他们在榆次北关购买荒地 236.6 亩作为办厂地址；在太原设立了筹备处，负责集股、置地和购买机器等；还在北京设立事务所负责招股事宜；在榆次成立建筑事务所，负责工厂建设。因 1920 年山西旱灾，广大农村面临饥荒，在集股不利的情况下，只好贷款建厂，他们曾多次向山西省银行、太原洗心社、同济会及军人义恤会借贷。

2. 风雨飘摇的三十年

1920 年春，晋华纺织厂向设在北京的英商怡和洋行订购 12 800 枚纱锭的纺纱设备和 1 台 500 马力蒸汽引擎，同时，将厂房建筑设计和设备安装指导工作全部委托给怡和洋行。由于资金和战争影响，直到 1922 年才建成厂房，1923 年年底机器安装完毕，1924 年 6 月 1 日正式投产。当时该厂规模为 12 800 枚纱锭，分清花、粗纱、细纱和摇纱 4 个车间，全厂职工 620 余人。

1937 年 10 月 3 日，榆次失陷，晋华纺织厂被日军占领，改名为"军管理第 12 工场"，1942 年转由日本垄断资本集团东洋纺绩株式会社管辖，易名为"榆次纺织厂"。1945 年 8 月，日本投降，阎锡山指派西北实业公司接管晋华，更名为"西北实业公司榆次纺织厂"。1948 年 7 月 18 日，榆次解放，晋华纺织厂被人民政府接管，成为国营企业。

二、工人运动 思想觉醒敢为人先

1. 工人生活在水深火热中

作为山西少有的现代纺纱工厂之一，厂方大股东、经理都是军阀阎锡山的亲戚，所以一个好端端的民族资本主义企业，实质上已套上官僚军阀的枷锁，带上了浓厚的政治色彩。在他们的统治下，晋华纺织厂虽然设备比较先进，**工人的境况**却十分悲惨，政治经济上饱受压迫，终日生活在艰难困苦之中。

小视频：晋华纺织厂
工人的悲惨境况

2. 党组织领导工人运动

1924 年秋，中国社会主义青年团太原地方执行委员会，简称青年团太原地委、太原团地委，在该厂成立团支部，这是晋中地区第一个青年团组织。

1925 年 5 月，上海发生了震惊全国的五卅惨案后，太原爆发了五万人的反帝大游行，榆次学生群起响应，同城的晋华纺织厂工人深受教育和鼓舞。当时正值国共第一次合作，中共太原党、团组织先后派遣王瀛、王鸿钧和邓国栋到晋华纺织厂向工人传播马克思主义真理，发展党、团员，建立党组织，成立工人纠察队，为建立党组织奠定了基础。

1926 年年初，成立了中共榆次党支部，籍中发任书记，秦金翰、李春秀、杨继雄和李仁怀为支部委员。1926 年 5 月，晋华工会委员会成立，参加者有 200 余人，有力推动了晋华纺织厂工人反压迫、反剥削的斗争。

在中共太原地委和共青团太原地委秘密指导下，1926 年 7 月 17 日，轰动省城、影响全国的著名的晋华纺织厂工人大罢工终于爆发了。全厂 1 000 余名工人高举"打倒帝国主义""打倒军阀""反对厂方开除打骂工人""要求厂方增加工资""实行 8 小时工作制"等旗帜，在全城游行示威，罢工持续了 40 天，得到了社会各界的广泛关注和声援。最终，工人阶级赢得了反抗压迫斗争的胜利。中国共产党早期领导人物之一的蔡和森同志，曾对晋华工人运动有过高度的评价，如图 4-10 所示。

> "北方党领导下的真正的群众斗争，开始于正太路石家庄的铁路工人，而发展于'五卅'后太原的罢工罢市和榆次纱厂的长期斗争。"
>
> ——蔡和森

图 4-10　蔡和森对晋华工人运动的评价

3. 工人的红色斗争历史

1926 年的晋华纺织厂工人运动是山西工运史上规模较大、坚持时间最长、影响最深远的一次大罢工，具有重要的历史意义。但是，晋华工人的斗争热情并没有就此衰退，在抗日战争时期和解放战争时期，工人积极开展运动，与敌人斗智斗勇。

（1）抗战初期。1937 年 10 月，晋华纺织厂的 200 余名工人组成自卫队，随中共榆次支部奔赴榆次东山，组成榆次抗日自卫大队。不久，该队伍归建八路军秦（基伟）赖（际发）支队第 2 大队，成为太行山上抗击日军的一股中坚力量，在中国抗战史上留下了浓墨重彩的一笔。

（2）新中国成立前夕。在中共榆次党组织的领导下，晋华工人又采取多种形式同接管工厂的资本家进行斗争，保厂护厂，彻底粉碎了阎锡山破坏工厂的阴谋。1948 年 7 月 18 日，榆次解放，历经沧桑的晋华纺织厂最终回到人民的手中。风雷激荡，峥嵘岁月，轰轰烈烈的晋华纺织厂工人运动，见证了中国工人阶级反对剥削、反抗压迫的历史，也见证了中国近代民族工业发展的历程，更彰显了中国共产党领导的伟力。

三、百年风雨 见证世纪沧桑巨变

1. 晋华纺织厂的重生

1948 年 7 月 18 日榆次解放，7 月 19 日军事管制委员会派代表来厂进行全面的接管工作，并向全厂工人宣布，工人是工厂的主人，工厂永远归人民所有，并组织全厂职工开始了迅速复工的热潮。中共晋华党组织通过各种形式宣传中国共产党的方针、政策，在全厂职工中提出"自力更生、克服困难、迅速复工生产"的方针。广大职工群众的积极性空前高涨，到 10 月修复纱锭 2 000 枚、布机 190 台，开始了小型生产。1948 年年底又将被破坏的引擎机修好，带动纱锭 1 万枚。

1949 年 4 月 24 日太原解放，为晋华纺织厂全部复工生产创造了极为有利的条件。阎锡山溃退时劫往太原的机器，除 1.2 万枚纱锭被烧毁外，发电机及剩余的其他机器全部被搬运回厂。到 1951 年产值已达 2 091 万元，比 1949 年提高两倍以上，接近抗战前的水平。

2.晋华纺织厂发展期

1957年，全国第一个五年计划结束，晋华纺织厂取得了提前超额完成第一个五年计划指标的优异成绩，五年计划总产值达320 343元，完成计划的102.7%。

1959年1月，根据山西省轻工业厅的批示，晋华纺织厂与正在兴建的榆次纺织厂合并。从此，榆次纺织厂成了晋华纺织厂的第二纺纱车间。两厂合并之后，该厂的纱锭增加到12.2万余枚，职工人数增加到7 500余人。

3.晋华纺织厂鼎盛期

1978年，党的十一届三中全会以后，扩大了企业自主权，晋华纺织厂狠抓技术革新、挖潜改造、更新设备、调整产品结构，试制投产了涤纶半下线、涤棉细布、涤棉纱卡等6个新产品，实行了以无限计件工资制为中心的多种责任制，提高了生产效率。1980年3月，晋华纺织厂开始实行四班三运转制，彻底改变了运转工人的劳动条件，人们称赞"这是纺织工人的一次解放"。1981年该厂实现利润1 800万元，为中华人民共和国成立后的最高年份。

截止到20世纪90年代，晋华纺织厂拥有职工1万余人，各种织机2 243台，纱锭128 320枚，固定资产9 000多万元，动力机械总动力2万多千瓦，总投资9 000多万元，累计给国家上缴利税6亿多元，相当于投资总额的7倍多。

百年风雨、世纪沧桑。晋华一百年的发展史，是中国近代民族纺织工业壮阔发展的一部光辉灿烂的典型卷本，也是党领导工人阶级为争取民族独立与解放进行艰苦卓绝斗争的生动缩影。

修缮后的晋华纺织厂厂门如图4-11所示。

图4-11　修缮后的晋华纺织厂厂门

知识链接

纺织工业走在世界前列

中国自古是丝纺织、棉纺织大国，在国民经济生产中占有重要地位，但中国的纺织产业长久以来未形成规模化的工业生产。因此，在全球工业革命的发展浪潮中迅速被其他国家反超。直到清末的洋务运动，在张之洞等一批近代实业家办厂推动下，真正具有现代化意义的纺织工业在华夏大地上萌芽。

而后经过百余年跌宕起伏的发展，中国纺织业得到了快速发展。尤其是从1978年到2021年，中国经济在改革开放的巨潮洗礼下，发生了翻天覆地的变化，这是中国经济波澜壮阔、快速发展的四十年，也是中国纺织行业跌宕前行的一部复兴史。数据显示，2021年，中国化纤产量达到5 800万吨，占世界比重超过70%；2021年纺织品服装出口额是3 156.9亿美元，占世界比重达33.33%以上；规模以上企业服装产量287.81亿件，相当于为世界人口每人提供6.89件衣服。

现今，中国在全球纺织业中占据着龙头地位，不仅是生产规模最大的国家，也是产业链最完整、门类最齐全的国家。

• 课堂活动

任务1：列举出山西发展纺织行业具备的先天条件和后天优势。感受晋商如何选择行业和把握商机。

任务2：在历史发展的进程中，作为山西工人运动发祥地的晋华纺织厂标刻下了重要的坐标点。结合山西党组织的发展，谈一谈晋华工人运动产生的巨大影响。

任务3：晋华纺织厂旧址具有极高的史料价值、文物价值和社会价值，是不可多得的工业遗产。思考采用哪些方式和活动，才能更好地进行遗产保护与活化。

任务4：阅读后面的拓展资料，分析以下问题。
（1）试分析山西近代工业生产组织形式由"官办"走向"官商合办"的原因。

（2）结合本模块内容，谈谈你对"山西近代工业具有鲜明的反帝爱国特色"这句话的理解。

拓展资料

山西近代工业的特点

（1）山西近代工业出现晚、规模小。山西近代工业出现在甲午战争前，此时我国的洋务运动已走向尾声，山西的近代工业才出现萌芽。山西工业从全手工生产的火柴轻工业开始，与其他洋务运动中创办多年的造船和钢铁等重工业不可同日而语，所以清末至民国初年山西近代工业在全国的工业产值中占比很小（民国以后出现变化）。

（2）组织形式有所不同，从洋务运动以来，近代工业在其他先进省份是从"官办"到"官督民办"的发展模式。山西也是从"官办"开始，但走上了与其他省份不同的发展道路，这是由山西拥有巨大的民间资本和山西民族资产阶级政治地位决定的。当时山西民间不缺少资本，具有大商人和大地主特点的晋商中坚力量为工业投入所需的资金，同时腐败的"官办"体制不足以支持近代的工业生产而渐渐被淘汰。当山西地方政府不能拿出支持工业发展所需资金时，引入民间资本是顺理成章的事情。又因为山西的内陆封闭性，封建传统势力具有很强的政治影响力，导致初生的民族资产阶级在政治上不具有其他洋务运动先锋们所具有的强大政治力量，所以两方面原因综合起来，"官商合办"这种新型生产组织形式在山西近代工业生产组织中出现，并成为早期最主要的形式。"官商合办"组织形式的主要特点是政治权力与民间资本的相互结合，形成有利的生产方式，是当时山西社会经济形势的产物。

（3）山西近代工业具有鲜明的反帝爱国特色，山西自古以矿产丰富而闻名，近代特别是在19世纪末，帝国主义势力逐步插手山西煤铁矿产。1897年，山西地方政府以批准外商福公司的《请办晋省矿务章程》为标志出卖山西矿产，而后逐步从地方政府到中央政府签订了一系列出卖山西主权的合同。清光绪三十二年（1906年）冬，刘懋赏、冯济川等爱国绅商着眼于"赎回矿权自办"的目的，禀请山西巡抚恩蕙棠创办保晋公司，"保晋"即保护山西矿产资源之意。1907年春，保晋公司呈请农工商部奏准立案，但迟迟未获批复。同年12月17日，由清廷外务部出面调停，山西商务局与福公司签订《赎回开矿制铁转运合同》，收回矿权。

山西人民收回矿权的运动是实业救国的集中体现，民族资产阶级与山西广大人民始终坚持在斗争的第一线并发挥了领导作用，这是清代山西工业史上的一件大事，保矿运动取得了最后的胜利。

——资料来源：王一菁，《文物鉴定与鉴赏》2020（08）

知识检测

模块四题库

思考与实践

1.思考

（1）晋商放弃熟悉的领域去做不太熟悉的实业，探索分析其主动、被动两个方面的原因。

（2）晋商实业发展的历史给我们现代企业带来哪些启示？当下我们如何重振晋商？

（3）"保护是为了记忆，更是为了传承"，面对宝贵的工业文化遗产，我们还能做哪些工作？

2.实践

请收集保矿运动的详细历史资料，梳理争矿缘起、争矿经过、赎回矿产的保矿运动始末，编写一个以"保矿运动"为主题的小话剧台本。鼓励有条件的同学，可以组织彩排并演出。

评价内容	自评	组评	教师评价	综合等级
知识检测（题库成绩）	（　　）分	（　　）分	（　　）分	☆ ☆ ☆ ☆ ☆
课堂活动（任务完成）	☆ ☆ ☆ ☆ ☆	☆ ☆ ☆ ☆ ☆	☆ ☆ ☆ ☆ ☆	☆ ☆ ☆ ☆ ☆
课下实践（调研报告）	☆ ☆ ☆ ☆ ☆	☆ ☆ ☆ ☆ ☆	☆ ☆ ☆ ☆ ☆	☆ ☆ ☆ ☆ ☆

感悟提升

学习本模块后，你在职业感悟、生活感悟、生涯感悟等方面是否有新的认识和提高？请具体写出。

模块五 | 领悟晋商智慧

模块导读

在近代中国经济史上，晋商雄踞中华，饮誉欧亚，辉煌业绩中外瞩目。历经明清500多年的风风雨雨，晋商在经营活动中积淀了丰富的商业智慧和管理思想。诸如"股份制""两权分离制""分号制与联号制"等管理制度；"诚实守信，以义制利""不畏艰难，开拓进取"等晋商精神；"审时度势""重视信息""灵活机动"等经营谋略；"账簿制度""标期制度""金融风险防范制度"等财务管理思想，让我们无不为之感慨万千，其精髓所在，至今仍不过时。晋商的辉煌虽然已经过去，但是晋商的管理制度、精神内涵、经营谋略、财务管理等经营管理智慧对当今中国市场经济的快速发展和中国现代企业的运营与管理，都具有十分重要的借鉴意义（图5-1）。本模块的学习将为你开启智慧，汲取晋商文化的核心精髓。

图5-1 太谷晋商合影

学习目标

知识目标	1. 熟悉晋商"股份制""两权分离制""分号制与联号制""人力资源管理""严格的号规"的管理制度； 2. 掌握晋商"诚实守信，以义制利""不畏艰难，开拓进取""勤奋俭朴，谨慎敬业""群体合作，同舟共济""经世济民，家国情怀"的晋商精神； 3. 熟悉晋商"审时度势""重视信息""灵活机动""注重质量""广而告之""薄利多销"的经营谋略； 4. 了解晋商"账簿制度""复式簿记与龙门账""标期制度""资金调拨制度""金融风险防范制度"的财务管理思想
能力目标	1. 具备一定的企业经营管理思想，能够胜任企业基础的管理岗位； 2. 具备一定的企业战略思维，能够有效应对企业经营中的各种变化； 3. 继承和发扬晋商精神，并运用到日常学习生活和今后的工作中
素养目标	1. 具备"诚信、专业、积极、谨慎"等职业素养； 2. 具备企业管理者应拥有的财务素养

思维导图

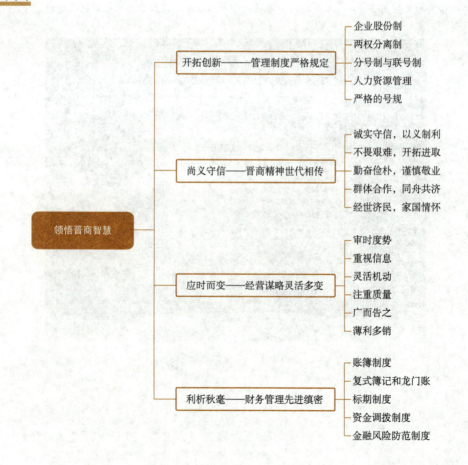

微课：开拓创新
——管理制度严格
规定（一）

• 案例导入

海底捞员工激励制度

微课：开拓创新
——管理制度严格
规定（二）

一、畅通的多轨制晋升通道

海底捞为每一位员工设计好清晰的职业发展路径。除财务总监和技术总监两个职位会从外部引进人才外，其余所有职位，都是从基层做起。"双手改变命运"满足了员工对自我实现的需求，激励了员工对更好未来的追求。

二、全面而独特的考核体系

海底捞对员工的考核是全面而独特的。业绩只占考核体系的一小部分，此外，还有三类定性指标，即顾客满意度、员工工作激情、后备干部培养。这一制度保证了海底捞的服务品质、员工忠诚度及人才储备能力，促进了品牌的建设与企业的长期可持续发展。

三、多层次的薪酬与福利体系

海底捞有科学、合理的薪酬设计体系。员工的收入由基本工资、工龄工资、奖金、荣誉奖金等多层次构成。此外，海底捞拥有一套完善、创新的福利体系，如向员工的父母发放养老金，优秀员工的奖金直接寄给他们的父母，为员工子女入学提供便利等。

四、令人咋舌的授权制度

为了保证顾客的满意率，海底捞对一线员工、店长、区域总管等授予一定的权利。如一线员工可以享有打折、换菜甚至免单权。在每个月召开一次的总经理办公会中，副总的审批权为 200 万元，大区总管为 100 万元，店长为 30 万元。海底捞的这一授权制度，也侧面反映了对员工的信任程度。

——资料来源：https://www.diyifanwen.com/fanwen/huodongfangan/14035097.html 公司业绩激励方案

案例分析：相信大家都去海底捞吃过火锅，一提到海底捞很多人首先想到的是"服务"，而不是"火锅"。的确，海底捞把服务做到了极致。海底捞的薪酬体系、晋升制度、考核体系、授权制度、创新制度等设计得非常好。就是这些种种管理上优良的"激励手段"和严谨的"管理制度"，造就了海底捞火锅界的传奇！

而晋商之所以能在中国商业史上独树一帜，一个重要的原因是他们在长期的经商活动中创造、摸索出一系列严密而完善的经营管理机制和制度，这是其一步步走向近现代商业发展的重要标志。

• 知识精讲

晋商创造出中国商业发展史上的辉煌业绩，离不开他们在长期的经商活动中创造出的一系列经营管理机制和制度。这些企业管理制度包括企业的治理机制、人力资源管理机制、经营管理机制和风险控制机制。其中，企业股份制、两权分离制、分号制与联号制、人力资源管理和严格的号规是企业的核心制度。

一、企业股份制

小视频：贷金制、朋伙制和伙计制

晋商创造了中国最早的企业股份制，这与中国其他商帮的独资企业制度完全不同。晋商股份制是长期演变的结果，早在股份制产生之前，就已经出现了**贷金制、朋伙制和伙计制**，明朝后期的伙计制已经是股份制的前身了。

清朝统一之后，疆域的扩大和经济的繁荣，为商品经济的发展提供了有利的环境和条件。随着晋商的不断扩张，朋伙制和伙计制都不能适应大规模经营的需求，在乾隆、嘉庆年间逐渐出现股份制。

1. 股份制的含义

股份制是晋商在经营活动中创立的一种很有特色的劳资组织形式。股份制又称为股俸制，是指有股就有俸，"俸"就是以红利或利息为收益的收入。股本分为正本和副本。"正本"是财东的合约投资，每股几千两到数万两不等，可按股分红，但无股息；"副本"又称"护本"，它有两种，一种是财东除正本以外又存放于商号的资本，另一种是财东、经理及顶身股伙计在结账期，从其所分到的红利中，提留一部分存入号内，此种护本，一般称为"统事"或"获本"。这两种护本都不参与分红，只得利息，用作不时之需。

股份又可分为银股和身股两种类型。清代学者徐珂说"出资者为银股，出力者为身股"。"银股"是财东出资并按照一定的单位额分红利的股份，银股的多少决定着投资者将来在红利中的份额，故又称"财力股"。所有人享有永久利益，股份可以继承、抛出或增减，股东负有无限责任。"身股"又称"顶生意"，即不出资本而以人力所顶的一定数量的股份，按股额参加分红。银股、身股每股的数额，各商号并不一致，一般来说，资力雄厚、规模较大的商号，每股的数额相对要多；反之，则要少。

小视频：大盛魁的"财神股"与"狗股"

另外，晋商为了防范金融风险，在经营活动中根据需要还出现了"预提护本""公座厚利""厚成"等特殊的股。有的商号还根据商号特有的创业经历而设股俸，如**大盛魁的"财神股"与"狗股"**就很有意思。

2. 人身顶股制

人身顶股制是晋商在人事劳资上首创的一项协调劳资关系、调动员工工作积极性的制度。"人身顶股"亦称"人力股"，俗称"顶生意"，是员工以在商号的劳动所顶的股份，不交银两，却与银股一样，享有同等分红的权利。这一制度的主要内容如下：

（1）顶人身股的条件。晋商的顶人身股不是每个员工都能享有的待遇。按照商号惯例，初入商号的员工叫作学徒，从学徒开始，要想取得顶人身股的资格，必须具备两条：第一，3 年的学徒训练，并经考核成绩合格；第二，成为正式员工后，一般须在号内工作达 3 个账期。工作勤奋，没有过失时，才由经理向财东推荐，各股东认可后，将姓名、所顶身股数额载入"万金账"，才算正式顶上身股。

员工能顶多少股份，是财东根据员工任职的时间、能力的强弱和贡献的大小来决定的。一般来说，大掌柜（总经理）顶一股或九厘，二掌柜（协理）、三掌柜（襄理）顶八厘或七厘，以下逐级减少，学徒不顶股。以后每遇账期，可增加一二厘，增至一股为止，称为"全份"。

大盛魁的身股

在大盛魁里，顶一二厘者可管点杂事、接待客商等；顶三四厘者可在柜上应酬买卖，但大事不能做主；顶五厘生意者，就已经进入中层，可以定夺一些较重要的生意，独立开展业务；顶七八厘者，已是商号的里外一把手，大宗交易可直接拍板，盘点分号，核算盈亏，甚至掌管全局；顶九厘者，非大掌柜、二掌柜莫属，他们日常营业不管，专决断重大疑难，进行战略决策。大盛魁比较特殊，没有顶整股的，顶九厘就是最高的。

（2）人身股的分红。人身股在账期结束时与财东的银股一起参加分红，赢利越多，分红越丰。分红一般按"银六身四"的比例，即银股分红利的60%，身股分红利的40%。不同的商号，一股的货币资本的数量是不同的，有的商号一股高达一万两以上，如票号等大型金融类企业；有的只有数百或数千两，如一些中小型商号。所以，不同商号人身股的含金量是不同的。

大德通票号不同账期的分红

大德通是乔家的票号，在1885—1889年的账期内，其资本股20股，人身股9.7股（23人），获利24 723.03两，每股分850两。1905—1908年的账期内，资本股20股，人身股23股（57人），获利743 545.25两，每股分16 917.8两。

（3）人身股的继承和退出。在晋商商号里，银股是不能清退的，但可以转让，父死子继，夫死妻继，永不间断，并对商号的亏损负无限的责任。而身股不能转让，享有身股的员工被辞退、解雇或自动离职，身股当即终止；顶股的员工退休以后，其原有的股份照常分红；顶股员工死亡之后，还可以在一定时间内分红，这时的身股被称为"故股"，但家属子女不能继承。"故股"不仅体现了晋商商号的人文关怀，而且对企业的经营管理更是有重大的意义，它很好地解决了企业"老员工积极性不高"和高管层面"一山不容二虎"的问题。

（4）顶股员工的薪酬保障。顶有人身股的员工，没有薪金，每年发给一定的"津贴"，即每年可按其所顶股份领取一定数量的"支使银"，又称"应支银"。应支额每股多者四五百银两，少则一二百银两，分四季支用。到账期分红时，无论应支多少，都从个人应得的红利内扣除，上至经理，下至伙友，一视同仁。倘若营业很差，无红利可分，应支银则由号内支付，其余毫无分文。没有顶身股的员工，则按年支给"薪金"，大概最初的年薪是四五两到20两，以后按成绩优劣逐年递加，有十余年的可80～100两，这时就有资格参加人身股了。

身股和薪金对伙计的激励效果完全不同，俗语称："一厘生意自家人，百两薪金是外人"。身股把伙计的个人收益与商号收益紧密联系起来，"人人都可当东家"，比薪金更有效地激励了伙计。

太谷志成信绸缎庄的股本合约

商号股俸的建立是由财东出面聘请经理，再由财东、经理共邀三五个中间人，大家共同书写合同。内容包括商号名址、经营项目、资本数额、结账期限、按股分红等。下面是志成信绸缎庄的股本合约：

立合同负仓同管事伙友孔宪仁、马应彪等，情因志成信生意开设，历年已久，号体屡露，参差不齐。今东伙共同议定明白，业已复行振作，从此原日旧东有减退增加，另有新添东家，有入本账，逐一可考，字号仍系志成信，设立太谷城内西街，以发卖苏广丝绸杂货为生涯，共计正东名下本银三万四千两，按每二千两作为银股一俸，统共计银股十七俸。众伙身股，另列于后。自立之后，务要同心协力，以追管晏圣明之遗风，矢公矢正，而垂永远无弊之事业。日后蒙天赐福，按人银俸股均分，倘有不公不法，积私肥己者，逐出号外。照此一样，立写二十二张，众东各执一张，铺中公存一张，以为永远存证。恐口难凭，立合同为证。

兹将人银俸股开列于后，计开：（略）

同治十二年正月初一日

谷邑　　　志成信公记

本合约涉及银股股东21人，银股为17人，每股2 000两，共筹银34 000两。身股股东8人，共计身股6股，全部股份合计23股。

——资料来源：《山西票号史料》，586～587页（山西经济出版社）

二、两权分离制

晋商足迹遍布全国，店铺丛生，涉及行业众多，但各个商号、票号运行高效有序，用人是最关键的要素，特别是东家与大掌柜之间的精诚合作聘用，完全是建立在信用和才干基础上的。晋商商号经理的聘用标准是"用人唯贤，唯才是举"。在这方面，总结出了一套经验，形成了两权分离制，即所有权与经营权的分离：财东（东家）拥有商号的所有权和利润的分配权，类似现在企业的董事长；大掌柜拥有资金运用权、职工调动权和业务经营权，类似现在企业的总经理，二掌柜相当于副总经理。

1. 两权分离制的具体做法

（1）聘用前：先由财东对候选人进行严格的考察，确认其德才兼备、多谋善变、能守能攻，可以担当总经理重任；之后便以重礼招聘，委以全权，并始终恪守"用人不疑、疑人不用"的原则。

（2）聘用后：财东则将资本、人事、业务等全权委托给总经理负责，让其大胆放手经营，一切经营活动就不再干预，日常的盈亏也不过问，只等年终决算报告，颇似"将在外，君命有所不受"，一切均由总经理处置。

（3）年终结算时：如果遇上亏赔，只要不是人为失职或能力欠缺造成的，财东不仅不责怪总经理，反而多加安慰和鼓励，立即补足资金，让他重整旗鼓，以期来年扭亏为盈。

（4）逢到账期：总经理向财东报告商号的盈亏，如果总经理在任职期内，尽力尽职，业务大有起色，财东则给予加股、加薪的奖励；如不能称职，则减股减薪，甚至辞退不用。据说，每届年终结算，各地分号的经理齐聚在总号汇报工作时，财东会设宴款待这些经理们。盈利多的坐在上席，财东亲自敬酒上菜，热情招待；盈利少的或发生亏损的只能坐在下席，自斟自饮，受到冷遇。如果两三年都屈居下席，用不着财东说话，经理也只有自请辞职了。

2. 财东的责任与职权

财东的责任与职权主要就是："财东自将资金全权委诸经理，系负无限责任，静候经理年终报告。平素营业方针，一切措施，毫不过问。每到例定账期，由经理谒请，约日聚会，办理决算，凡扩充业务，赏罚同人，处置红利，全由财东裁定执行。经理为建议首席，听其咨询。"

由此可见，财东作为"甩手掌柜"并非完全甩手，他不仅对本号负无限责任，而且有对扩充业务、赏罚号内人员和红利分配的裁定之权，因而，实际上财东掌握着企业的人、财大权。这种无限责任制是"赔东家不赔掌柜的"，东家承担商号的全部盈亏，所以当企业经营失败、经济上遭受损失时，财东则要承担全部责任，甚至会倾家荡产。清末，山西票号的整体覆亡，无限责任制带来的无限风险，无疑是票号的一大致命伤。

3. 经理的职权与义务

经理的职权与义务主要就是："经理既受财东信赖与委托，得以经理全号事务，任重而道远，所以事事不出于忧、勤、惕、励之一念。领导同人，崎岖前进，其权限近乎独裁而非独裁，实即集权制也"；管事（大掌柜）在号内"有无上之权利，凡用人之标准、事业之进行，各伙友皆须听命于管事"；"每年年终要汇集各分号营业报告表，造具清册，报告财东一次。倘有较大之事项，临时须报告财东，完成手续"；此外，还要"每年例行巡视各分号两次或一次"。

作为掌柜或经理，权力不小，但其义务也不轻，他既需"忧、勤、惕、励"，为企业的发展而操心运筹，又要深入实际巡视调查；既要与同人、伙友和睦相处，以领导他们同舟共济，崎岖前进，又要向财东负责。因此，要想当好经理，确非易事。

> **想一想** 无限责任制与有限责任制的区别是什么？

三、分号制与联号制

晋商在清代进入鼎盛时期，其商业网络已遍布国内大江南北、长城内外，并延伸到整个北亚地区。同时，在商业企业组织形式上，也出现了"分号制"与"联号制"的运行方式。

1. 分号制

分号制，即财东独立投资或合伙投资办商号，总商号又分设若干分号于全国各大商埠，而且商号与分号又可投资办小商号，类似于现代企业的母子公司。

晋商的总号一般是在财东聚集地的县城内，如太谷、祁县、平遥等县城，分号则遍布全国各大商埠和城镇。例如，太谷曹家在太谷城内设立"励金德""用通五""三晋川"三个总商号，这三个具有实力和权威的商业指挥中心，统领着曹氏在国内外开设的大小商号 640 余座。具体如下：它通过"励金德"管理设立在太原、潞安及江南各地的商号，通过"用通五"管理设立在东北的各商号，通过"三晋川"管理设立在山东的各商号（图 5-2）。再如，日昇昌票号的总号设立在平遥城内，分号遍布全国商埠重镇 35 处；协同庆总号在平遥城内，分号遍布全国商埠重镇 33 处。这就是典型的分号制。

图 5-2 曹氏的"分号制"

晋商中也有少数商号将总号设立在其经营的大本营中，如大盛魁商号的总号就设立在归化城。它在蒙古国、内蒙古和全国许多地方都建立了分支机构，主要的分支机构有乌里雅苏台分庄、科布多分庄、汉口分庄、库伦分庄、召河养马场地等。这些分支机构，负责当地的收购、储存、运销业务。大盛魁还设有许多流动贸易的骆驼"房子"；还有拉着骆驼，驮着货物，串蒙古包做生意的"小组"；它还出资开设若干"小号"。这些"房子""小组""小号"常年活动在广阔的蒙古草原上，为大盛魁源源不断地创造着巨额的财富。

2. 联号制

联号制，即由财东投资办若干不同行业的各自独立经营核算的商号，各个商号在业务上相互联系、相互服务、相互支持，形成类似于现代企业集团的网络体系，其分支机构遍布全国乃至国外。

联号制实行总号对分号的集中管理，从分号的开立、经营、人员配置到资金、收益等都归总号调度，实行统一制度、统一管理、统一核算、统一资金调度。如太谷曹氏励金德管辖的彩霞蔚，是曹氏规模最大的绸缎庄，而彩霞蔚又管辖着张家口的锦泰亨、黎城的瑞霞当、榆次的广生店、太谷的锦生蔚等号（图 5-3）。这些商号的经营和盈亏，财东曹氏一般不会直接过问，而是由彩霞蔚负责，彩霞蔚则向励金德负责。励金德向财东负责。曹氏办的各商号虽然都是独立核算，但是各商号又是在上一级商号的统一领导下，无论在信息交换、物资采办还是市场销售上都会相互支持，必要时在财政上也可挪款相助。最终形成了一个强有力的庞大的商业集团。

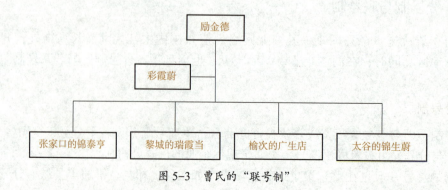

图 5-3 曹氏的"联号制"

四、人力资源管理

晋商认为经营成功与否，人是第一因素。最终应归功于其完善的发现人才、培养人才、激励人才的制度。

1. 学徒的严格选拔

新员工进入商号，称为学徒，晋商商号对学徒的选拔严格规定如下：

（1）两个条件。

1）必须是本地人。这样既便于管理，易于了解学徒的基本情况；又惠及同乡，伙友的乡土观念和感恩思想也增强了店铺的凝聚力，所谓"同事贵同乡，同乡贵同心，苟同心，乃能事成。"

2）必须同人担保。这是因为晋商商号类似于无限责任公司，一旦亏赔，财东负全责，迫使各家商号在选人时严加审查。如果学徒出现了问题，就可以找到担保人承担责任；同时，担保人和被担保人之间存在亲密的关系，也自然成为一个约束。甚至担保人和被担保人具有责任连带关系，如学徒有舞弊行为，担保人必须赔偿损失。例如，日昇昌票号破产的导火索就是北京分号掌柜侯垣因担保祁县合盛元票号受牵连，被债权人苏锡绵等告至北京地方司法机关，然后日昇昌平遥总号及财东达蒲村李家遭北京市政府查封。

（2）三条原则。

1）用乡不用亲。"用乡"就是选用本乡本土的人，是为了利用乡情加强凝聚力；"不用亲"是要回避亲戚，为了严格管理制度，例如，不用"三爷"，即舅爷、姑爷、少爷不任用。

2）择优保荐。择优保荐是指录用人必须有保证人推荐，这样可以杜绝人情干扰，优化人员素质。如平遥人李宏龄，于清同治七年（1868年）经同乡曹惠林举荐，进入蔚丰厚票号。李宏龄凭自己的能力，逐渐为主事者器重，先后担任北京、上海、汉口等分号的经理。

3）破格提升。破格提升即一旦发现人才，会打破常规，破格提升，委以重任。仅此一条就为山西商人创造了许多发展的机会。

小故事

马公甫"一步登天"

乔家包头的商号复盛公，在大账期分红时，大掌柜生病，无法回祁县向东家报告业务。其他掌柜慑于老东家乔致庸的威望，害怕丢丑影响升迁。在这种情况下，伙友马公甫毛遂自荐，大掌柜见过之后，欣赏其才学，决定派马公甫回去面见东家乔致庸。由于马公甫通晓账务，又精于号内事务，汇报完业务工作之后，又不失时机地指出乔家的短处，使乔致庸感到此人能设身处地地替东家考虑百世家业，足见其忠心和远见，亲口将马公甫的身股破格加至九厘。大掌柜退休后，马公甫理所当然地当上了大掌柜。再后来，又被乔致庸任命兼任复盛西的大掌柜。马公甫成了乔家字号里唯一一个身顶二股的大掌柜。

（3）考察和考试。

1）考察身世。入号前，要考察新员工的家庭，要求三代以上没有偷盗等恶劣行为，身家清白，父母老实厚道，相当于进行政审，也就是要保证"根红苗正"。

2）面试学徒。由主考人当面考察新员工的相貌、语言、举止，甚至珠算、书写等方面的技能。通过者，名曰"请进"，表示对人才的尊重。商号一般会选择 13 ～ 15 岁的孩子，这样可以做到供职时间较长，用十多年的培养换来三四十年的商业服务，充分利用了人才（图 5-4）。

> **志成信票号选用学徒的规定**
>
> 学徒的年龄是 15 ～ 20 岁，身高五尺，五官端正，仪态大方，家世清白，懂礼貌，善珠算，精楷书，不怕远行，能吃苦。

图 5-4　志成信票号选用学徒的规定

2. 学徒的职业培训

通过层层选拔后，进入商号的学徒就由老员工在总号对其进行大约 3 年的训练。

（1）第一年，日常杂务和职业道德训练。学徒首先进行的是基本的日常生活礼仪的培训，一般是 1 年左右。日常生活礼仪培训包括打水、烧水、扫地、铺床叠被、冲茶、侍候掌柜等，这些都是学徒每天的基本功。同时，还要经过严格的"站""坐""睡"的训练。站要做到：一般从早上六点开门，到晚上十点左右关门，每天要站十四五个小时，俗称"站柜台"，而且必须是"挺身稳立，沉重端严，不可倚墙靠壁、托腮咬指"。坐则要求："务必平平正正，只坐半椅，鼻须对心。切勿仰坐偏倚，仰腿赤足"。睡要做到："屈膝侧卧，闭目吻口，最忌者瞌睡岔脚，露膊弓膝"。

同时，还在道德和修养方面进行训练，考察其是否忠诚勤奋，有无出息，是否适合做票号生意。例如，把银子放在不起眼的地方，看学徒如何处理。职业道德培训一年要做到"重信义、除虚伪、节情欲、敦品行、贵忠诚、鄙利己、奉博爱、薄嫉恨、喜辛苦、戒奢华"。学徒第一年的培训，其艰苦辛勤，从"学徒工作规矩"可略知一二（图 5-5）。

（2）第二年，业务学习。业务学习包括文化课和专业课的学习，文化课有习字，四书五经，学习蒙语、汉语、俄语等；专业课有珠算、抄录信稿、记账、写信，了解商品性能，熟记银两成色等。通常是由老员工或掌柜的口传训练。

> **学徒工作规矩**
>
> 黎明即起，侍奉掌柜；五壶四把，终日伴随；
> 一丝不苟，谨小慎微；顾客上门，礼貌相待；
> 不分童叟，不看衣服；察言观色，唯恐得罪；
> 精于业务，体会精髓；算盘口诀，必须熟练；
> 有客实践，无客默诵；学以致用，口无怨言；
> 每岁终了，经受考验；最所担心，铺盖之卷；
> 一旦学成，身股入柜；已有奔头，双亲得慰。

图 5-5　学徒工作规矩

写字，一般是学写小楷，学徒必须练就工整、好看的字，俗称"买卖人字"，文字必须大小均匀、清秀。抄写的主要内容是商号的往来信件，抄写的过程中能够了解整个分号与总号之间的业务关系往来，借此熟悉商号、票号的运作流程。珠算要在晚上关门后练习，忌在白天打空算盘。背口诀、记位数，要求既快又准，一般是管账先生结账时，让伙计们打算盘，他故意把数字念得特别快，看谁出手快、打得准，数字念完后，让各人报数，看谁打得对。票号和钱庄专门编有银色歌与平码歌，对于银色歌与平码歌，要求必须背熟记牢，记不住，出去就做不了生意。

（3）第三年，在柜上跟着师傅学习做生意的技巧。学徒经过以上两年艰辛、扎实的基本功训练，经过"考试"合格后，就可以跟着师傅"实战"了。这一阶段的训练，一般只限于有培养前途的学徒，一旦训练完成，即可派往分号独当一面，成为晋商的骨干力量。

晋商的学徒制有时也是十分"残酷"的，在这三年中，学徒不得回家。三年后，有培养前途的就留下委以重任，否则就被淘汰。但如果表现不能令掌柜的满意或违反号规，就以"不堪造就"为由令其回家；又因其口碑不好，其他的商号也就不会再收了。

知识链接

大盛魁的学徒制

大盛魁招收学徒的做法是，在太谷、祁县挑选十五六岁的优秀青年，个子不高不低，相貌俊秀，精明聪明者，经面试合格后，先徒步行至内蒙古归化城总号，然后骑骆驼至蒙古国科布多大盛魁分号所在地进行语言培训，授以蒙古语、维吾尔语、俄罗斯语，用汉语注音，强记硬背商业用语，达到能够用相应的语言谈生意、做买卖的目标。然后将其分配到各地商号柜上，先当学徒，跟着老员工学习业务，老员工就是师傅。

3. 员工的薪酬激励

晋商的薪酬激励制度主要体现在薪金、尝金、衣资与伙食、人身股分红等方面。

（1）薪金。薪金是指普通员工，尤其是入号时间不太长的员工的主要收入，一般按年计算，一年一次或两次发给。因资历、职务不同，数量也就不同，初入号者年薪每年仅七八两，以后逐年视成绩优劣增加薪金，最高到八十两或一百两。

（2）尝金。尝金类似于年终奖的收入，一般根据薪金的多少而定，薪金多者则多，薪金少者则少，通常约为薪金的几分之一。

（3）衣资与伙食。衣资即服装、被褥的购置费，只有分号员工享受，总号员工需自备服装。衣资银是一种福利性的补贴，但对资历浅的员工来说，却是一笔可观的收入。一个初入分号的员工，一年的薪金不过七八两至十几两，而每月的衣资银就有五钱，一年合计为6两。伙食，无论总号还是分号都由号中供应，除休假时间外，一般需要在号中吃饭、睡觉，以便于管理。

（4）人身股分红。对资历较长的老员工来说，这才是收入的主要来源，当他们的薪金增长到一定数量后（70～100两）基本就不再增长了，则有资格顶一二厘身股了。而身股的收益，远远高于薪金的增长。票号一般4年分红一次，在兴盛时，每股收益大约是几千两，甚至上万两。即使经营不利，没有红利可入，每年仍可根据拥有身股的多少，支取相应的应支银。但主要经理人（掌柜的）是没有薪金的，只参与身股分红。

五、严格的号规

晋商在经营中，十分重视企业内部各种规章制度的建立健全，并将它作为"铺规"或"号规"，要求上下一体遵照执行。各家的号规虽然繁简不同，但号规极严，无论经理、伙计、学徒，均须遵守。

1. 人员设置的原则

晋商商号的机构精干，在人员设置上遵守"因事设人""精简高效"的原则。这一点很重要，一方面体现人尽其才，另一方面也避免人浮于事的冗杂。

以票号为例，在总号之中：总经理（大掌柜）1人，为全号的领袖，负责号内外一切事务的大权；协理（二掌柜）1人，辅助大掌柜管理全号事务，尤其是内部员工的管理和考勤；襄理（三掌柜）1人，协助二掌柜监督全号伙友，并负责总号柜台业务。这三位是票号的高层管理人员。另外，设有账房4～5人，管理全号账目，负责银钱出纳；信房3～4人，负责号中来往文件、书信的处理；营业（跑街）1～3人，了解行情、接洽存放业务、负责外事交际等。另有练习生（住号者）若干。这样，总号人数也就15～20人，却运筹帷幄，统领着整个商号的运营，如图5-6所示。

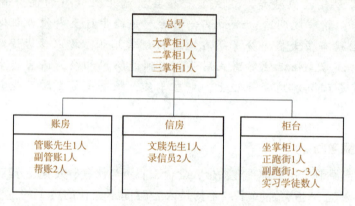

图5-6　票号总号人员及组织机构

为了适应票号在全国甚至海外进行业务的需要，在总号下设有分号。票号的组织管理实行总号集权制，总号统管分号的一切，从分号机构的设立，到分号经理和重要伙友人的任命、调遣，均由总号确定。票号总号与分号的关系十分密切，如图5-7所示。

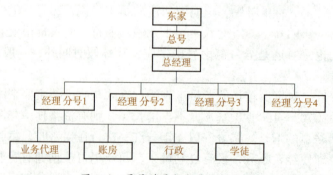

图5-7　票号总号与分号组织结构

从图5-7中可以看出，各个部门和不同职务的人分工明确，责权利一致，这就保证了票号有效正常地运行。而且机构简单，人员精干。总号人员各司其职，各负其责；分庄码头，视业务规模，以总号形式缩减编制，一般为3～5人，北京、天津、上海、汉口大庄也不过7～10人。例如，日昇昌票号在光绪二十四年（1898年）有分号24处，当时实有伙友110人，每号平均不足5人。

对比晋商票号的组织结构图，画出现代企业（事务所、旅行社、酒店等）的组织结构图。

2. 日常行为的约束

晋商商号对员工有严格的行为规范，通常各家的行为规范不尽相同，一般被归纳为"十不准"，如图5-8所示。

此外，对财东的行为也有一定的限制，如规定，财东只能在结账时行使权力，平时不得在号内食宿、借钱或指使号内人员为自己办事，不得干预号内人事，不准向本号推荐员工。对于学徒，则要求3年内不得回家，出师后每三年（后改为一年）探亲一次。对老员工要求更多，如不得在从业地结婚，非因号事不准到小号串门，回家探亲时不得到掌柜和财东家闲坐，更不准向掌柜和财东送礼，如遇号内有婚丧喜庆之事，伙友之间不准送礼，不得在外惹是生非等。一旦有违反号规者，立即除名，俗称"卷铺盖"。

> **十不准**
>
> 不准携带家属，不准嫖妓宿娼，
> 不准参与赌博，不准吸食鸦片，
> 不准懒怠号事，不准营私舞弊，
> 不准假公济私，不准私蓄放贷，
> 不准贪污盗窃，不准打架斗殴。

图5-8　晋商商号"十不准"

小故事

大掌柜违反号规

日昇昌天津分号的大掌柜冀体谦，他的弟弟是冀体和，担任百川通天津分号的二掌柜，他俩在晋商中都是响当当的人物。有个生意人为了巴结冀体谦，为他重金买了一个青楼女子。冀体谦明知号规不准纳妾，还是把这位女子收为偏房。弟弟自劝说无效，就告知父亲，父亲令他休妾，他置之不理。好景不长，日昇昌总号派梁怀文"巡边"，发现此事，报告了总号。总号当机立断，下令冀体谦"卷铺盖"。冀体谦灰溜溜地带着小妾回家，没想到老父亲宣布与他断绝父子关系。他只好另租一个地方，勉强度日。冀体谦被日昇昌除名，就等于断了他在任何商家重新就业的门路。青楼女子奢侈生活过习惯了，受不得清苦，后来吞金自杀。人财两空后的冀体谦，彻底沦落。

从上述规章制度中可以看出，晋商对企业内部的管理是相当严格的。严格的内控制度杜绝了内部营私舞弊现象的发生，对晋商事业的兴旺起到了有力的促进作用，对员工的人格塑造也起到了约束作用。

3. 班期的规定与考核

班期即休假制，最初多为4年，4年之内不准回原籍探亲，驻满班期后才可以回总号，如图5-9所示。这除与其账期结账分红相吻合外，也有节省费用的意思。在交通不便的时代，派往分庄的职工，近则数百里，远则数千万里，

> **班期的规定**
>
> 分号路远者，如东三省，蒙古、新疆等地，每五年回家一次，名为"下班"，在家居一年，后改为3年。现在平津上海等地，因交通便利，每两年回家一次。在太原及祁县者每年给予假期两个月，到分号上下班的路费，均归号中。下班时先要到总号，将己身随带衣物，录一花折，开明支使银两，随身如数结束。
> ——卫聚贤

图5-9　班期的规定

虽沿江河有舟船行驶，但徒步行走和雇用车马是最多的，所以职工往返一趟，不仅费时数月，而且要耗用大量路费，加大企业成本。从节省费用着眼，也不允许班期太短。当光绪中叶我国开始修建铁路以后，大城镇之间的运行时间大为缩短。所以，京、津、沈、沪、汉等沿铁路的分庄，班期也有减为三年、二年半或二年的，但没有铁路的许多地方，班期依旧为四年或三年。

晋商商号是用班期，也就是用几年的时间去磨炼员工吃苦耐劳的精神，从而使每个员工都成为适合商号经营所需要的人。这种班期还具有考核员工才能的意义，许多商号在员工驻满班期之后，评价他的功过，以此来加薪减薪，加股减股。

• 课堂活动

任务 1：对比晋商商号的经营管理制度，你认为哪些制度值得现代企业借鉴？请具体分析。

任务 2：阅读"海底捞现有的薪酬结构体系"，分析以下问题：

海底捞现有的薪酬结构体系，一般来说由以下几部分组成：总工资 = 基本工资 + 级别工资 + 奖金 + 工龄工资 + 分红 + 加班工资 + 其他工资 - 员工基金。其中，不同级别的员工工资奖金都不一样（普通员工分为新员工、二级员工、一级员工、先进员工、标兵员工、劳模员工、功勋员工）。

基本工资：给予员工的基本保障，一般是 3 000 ～ 4 000 元；

级别工资：一级员工 +60 元，二级员工 +40 元，普通员工不变；

奖金：先进员工、标兵员工奖励 80 元 / 月，劳模员工 280 元 / 月，功勋员工 500 元 / 月；

工龄工资：每月 40 元，逐年增加；

分红：一级员工以上才可以分红，分红金额为当月分店纯利润的 3.5%；

加班工资：节假日加班的基本福利保证；

其他工资：包括父母补贴（200 元、400 元或 600 元，帮助寄回老家父母处）、话费（10 ～ 500 元 / 月）；

员工基金：在每月工资中扣除 20 元，扣满一年为止。

——资料来源：https://www.163.com/dy/article/HMTBAC7L05534L8N.html 海底捞薪酬体系曝光

（1）一名员工的月收入分为八个部分，分析每个部分背后的意图以及这样做的意义。

（2）计算一名员工的月收入大致是多少。

（3）将晋商商号员工的薪酬激励办法与海底捞的薪酬结构体系对比，你会发现什么异同？对你有什么启示？

微课：尚义守信
——晋商精神世代
相传

• 案例导入

习近平总书记四次调研考察山西

近几年来，习近平总书记 4 次到山西调研考察，多次提到晋商精神和晋商文化。2017年 6 月，习近平总书记在山西考察时将晋商精神高度概括为"山西自古就有重商文化传统，形成了诚实守信、开拓进取、和衷共济、务实经营、经世济民的晋商精神"。2020 年 5 月，习近平总书记在山西考察时再次提到要"继承晋商精神，融入共建'一带一路'"，勉励山西在转型发展上率先蹚出一条新路来。2022 年春节前夕，习近平总书记在山西考察调研时强调，"要坚定文化自信，深入挖掘晋商文化内涵，更好弘扬中华优秀传统文化，更好服务经济社会发展和人民高品质生活。"2023 年 5 月 16 日下午，习近平总书记先后考察了运城博物馆和运城盐湖，心系黄河流域生态和文物保护工作。

案例分析：山西承接东西，连接南北，晋商"纵横欧亚九千里、称雄商界五百年"。晋商是山西的金字招牌，晋商精神是全人类共有的宝贵财富。新时代下，如何充分挖掘晋商精神的内涵，如何进一步弘扬晋商精神，如何将晋商文化传承发展下去，对于山西，牢记领袖嘱托，扛起时代使命，全方位推动高质量发展有着极其重要的意义。

讲好晋商故事，不断扩大晋商文化的影响力。无论是明清晋商，还是当代山西企业家，在长期的经营发展过程中都有着无数成功案例，这不仅是山西商人不畏艰辛、艰苦奋斗的创业史，也是山西商人改革创新、开拓进取的奋进史，更是优秀晋商文化的典型代表。传承晋商精神，弘扬晋商精神，探索晋商精神与现代企业文化相结合的路径，是坚定文化自信的重要命题。

• 知识精讲

明清山西商人称雄国内商界五百多年，梁启超曾经说过"晋商笃守信用"，他们凭着"诚信天下"的人生信条，最终将生意做大做强。山西商人的成功，就在于他们在一定的历史条件下，自觉和不自觉地将中国传统的文化融入商业经营中，在实践活动中形成了一套商业文化和心智素养，即晋商精神，可谓晋商之魂。

一、诚实守信，以义制利

明清时期，晋商由于经营盐业、茶叶、票号等获得巨大利润，雄踞十大商帮之首，其秘诀就是坚持诚信经商。"诚"就是真心诚意，真实不欺；"信"就是诚实可靠，讲究信用。"诚"是仁义礼智信及一切德行的基础；"信"是对道德原则信念的坚持及执行时的不作假。

149

诚信观点是儒家伦理道德思想的核心。

1. 关公文化是核心

晋商深受儒家思想的熏陶，在为人处世和经商活动中将"诚信"作为立身经商的指南，将诚信看得高于一切。他们认为经商虽以盈利为目的，但凡事又以道德信义为标准。诚信最好的证据就是关公文化。

关公文化的核心为"忠、义、仁、勇"。关公对国以忠，待人以义，处世以仁，作战以勇的精神，体现了中华民族的传统美德，渗透着儒家的伦理道德精神。关公文化中还兼有儒家文化所奉行的五种道德品行——"仁、义、礼、智、信"。千里寻兄谓之仁，华容道放曹谓之义，保嫂秉烛达旦谓之礼，水淹七军谓之智，单刀赴会谓之信。千百年来，人们崇拜关公，本质上是崇拜关公高尚的道德人格。晋商借助地缘亲情，将关羽作为精神领袖，最根本的原因就是他的"忠义"二字。因此，晋商以关羽的"义"来团结同人，摒弃"见利忘义""不仁不义"等不良观念与动机；以关羽的"信"来取信于主顾，摒弃欺诈行为，关羽便成为晋商崇拜的偶像和保护神。山西人不仅在家中、店铺中供奉关羽，而且在全国各地建立晋商会馆，会馆中都建有戏台，每逢关帝诞辰和喜庆之日都要演戏酬神，所演剧目大多是关公戏。

晋商在关公文化的影响下，用诚实守信、忠义仁勇来规范自我，重塑人们对商人的信任和理解，从而铸就了五百年辉煌的晋商历史。**乔家大斗卖出**的故事就反映了晋商的诚信。

小视频："乔家大斗卖出"的故事

2. 以义制利是总纲

从古至今，商人的经营活动都是为了赚取利润，晋商也不例外。晋商不仅讲"钱"，更重"义"，不仅创造物质财富，更有精神财富作为支撑。基于传统儒家文化的教化与敬仰，晋商将严守信誉作为商业道德，讲求"以义制利"，并将其演变为经商处世的准则："平则人易亲，信则公道著，到处树根基，无往而不利"。可以说，诚信是晋商的精髓和灵魂。

"君子爱财，取之有道""诚招天下客，义纳八方财""仁中取利真君子，义中求财大丈夫"，这种"以义制利"的观念为晋商树立了良贾的形象，这也是晋商能够称雄商界五百年的重要法宝。明代蒲州商人王现的"异术同心"理论就更好地说明了利以义制的道理。祁县乔致庸的经商理念，一是守信，二是讲义，三才是取利，可以说是对晋商以义制利的经营价值观的高度概括。正是这种以信义为先的思想，山西商人不但公平竞争，而且又相互扶持，形成了独特的相与之道，维护了山西商人整体的良好形象。晋商作为儒贾，将"重义轻利"作为其经济营销行为的道德规范之总纲。

知识链接

大德通票号"以义制利"

祁县大德通票号存款户以山西本省最多，放款却多在外省。1930年蒋阎冯中原大战后，晋钞大幅度贬值，约25元晋钞才能兑换1元新币。当时大德通如果对存款户以晋钞付出，可以趁晋钞贬值大赚一笔。可是大德通票号不惜动用历年公积金，不让存款户吃晋钞贬值的亏，使票号信誉卓著。

3. 商业信誉是生命

晋商在具体的经营过程中，十分注重维护商号的信誉和市场的交易秩序，甚至宁可亏本，也不食言失信。旅蒙商号大盛魁在蒙古做生意时，多方面满足牧民要求，不仅送货上门，深入帐篷，还要求员工懂蒙语、会针灸，并针对牧民牲畜多银钱少的实际情况，发展了春季赊货，秋后用羊算账等多种灵活的销售方式。结合长期实践，晋商总结推广了许多商谚，这类商业谚语至今仍是商界的至理名言，如图5-10所示。

晋商明白，信誉是企业的生命，对于票号这种金融信用业，信誉就更显得重要了。曾经发生在平遥城里的**乞丐老太太兑换银两**的故事和**山西票号乱世中的诚信**的故事，就是晋商诚信的真实写照。这种例子在晋商中不胜枚举。

> **商谚**
>
> "诚招天下客，义纳八方财"
> "销货无诀窍，信誉第一条"
> "宁叫赔折腰，不让客吃亏"
> "买卖不成仁义在"
> "秤平斗满尺够码足"

图 5-10　商谭

小视频：乞丐老太太　　小视频：山西票号
兑换银两　　　　　乱世中的诚信

二、不畏艰难，开拓进取

开拓进取、自强不息、不畏艰辛、敢于冒险是明清晋商经商事业成功的重要因素。

1. 白手起家成大业

"天下熙熙皆为利来，天下攘攘皆为利往。"由利益而驱动的开拓进取精神，是明清晋商鏖战于商场的精神动力。清代纪晓岚说："山西人多商于外，十余岁辄从人学贸易，俟蓄积有资，始归纳妇。"这就是说，山西商人事业不成，甚至连妻子也不娶。可见山西人是把经商作为大事业来看，他们通过经商来实现其创家立业、光宗耀祖的理想，而这种观念正是使其在商业上不断进取的巨大精神力量。

祁县乔家始祖乔贵发，年轻时一怒之下走西口，在口外几经起伏，最终在包头创立了大名鼎鼎的"复盛公"。旅蒙商号大盛魁，其创始人之一太谷人王相卿，幼年家贫，为生活所迫，与祁县人张杰、史大学一起随军贸易，先是肩挑负贩、拉骆驼，后开设"吉盛堂"，最终改名为"大盛魁"。许多明清晋商就是靠这种自强不息的精神，白手起家而成大业。

2. 坚韧不拔事业成

山西地处黄土高原，自然条件十分恶劣，为了生存，他们不得不走西口，不得不南来北往，他们拉着骆驼，千里走沙漠，冒着风雪，北走蒙藏边疆，横波万里浪，东渡东瀛，南达南洋，年复一年奔波于漫漫的商途之中，充分表现了他们不畏艰辛、坚韧不拔的精神风貌。他们采取"人弃我取，人无我有"的策略，把外省商人不曾经营的货物，无论大小、贵贱、远近，只要有利可图就选择时机及时贩运。晋商正是以这种"辟开万顷波涛，踏破千里荒漠"的开拓进取精神纵横于国内外商场，并取得了巨大的成功。所谓"天行健，君子当自强不息。"

晋商在清代开辟的"茶叶之路"，是继古代丝绸之路衰落之后在清代兴起的又一条陆上国际商路。晋商从明代就已在日本贸易，清代乾隆时期介休范氏是赴日贸易的最大的洋铜商。清末晋商又远赴韩国、日本开办了银行。这些事业的成功，没有非常的气魄与胆略是不可能实现的。经商犹如打仗，险象环生是常事。晋商到包头经商，杀虎口是必经之路。

有民谣称："杀虎口，杀虎口，没有钱财难过口，不是丢钱财，就是刀砍头，过了虎口还心抖。"但是旅蒙晋商并不因此退缩，而是越去越多，势如潮涌。为了适应社会不安定的现状，还有一些晋商，自己练就武功，明代嘉靖时期，为防日本海盗入侵，山陕盐商家属善射骁勇者500人曾组成商兵守城。

三、勤奋俭朴，谨慎敬业

晋商之所以纵横天下，并不是靠财雄势大，欺行霸市，而主要是靠他们身上勤劳、节俭、谨慎等美德作为精神支柱。

1. 勤俭持家的本性

山西地处黄土高原，山多地少，水资源缺乏，十年九旱，土瘠民贫，因而，山西人自古就养成一种艰苦奋斗、不怕艰险、勤劳节俭、勇于拼搏的美德。《诗经·唐风》里说山西风俗为"勤俭质朴，忧思深远，有尧之遗风焉"。明人沈思孝在《晋录》中说："晋中俗俭朴古，有唐虞夏之风，百金之家，夏无布帽；千金之家，冬无长衣；万金之家，食无兼味。……故其居奇能饶。"明代山西人张翰写道："山西民无他嗜，率尚简质，中产之家，犹躬薪水之役。积千金者，宫墙服饰，窘若寒素。"即使中产之家，也要亲自做一些砍柴、挑水的杂货，即使是千金之家，从表面上看，也和贫寒之家没什么两样。晋商俭朴如此，真有点近乎苦行僧了。

晋商认为"勤俭为黄金本"，清代山西许多富商大家，还把祖先曾经使用的讨饭篮子、打狗棒、算盘、扁担、货箱、背搭子等供奉到祠堂里，警诫后世子孙要永远记住祖先创业时的艰难，保持勤劳节俭的风气。祁县乔家富甲一方，然而乔家大院老宅门上的"慎俭德"三字（图5-11），迄今犹存，不禁使人想到，在长达两个多世纪的经商岁月中，它对乔家子孙起到怎样的约束作用。

图5-11　乔家大院的"慎俭德"匾额

康熙语录

康熙在康熙二十八年（1689年）南巡时说："夙闻东南巨商大贾，号称辐辏。今朕行历吴越州郡，察其市肆贸迁，多系晋省之人，而土著者益寡，良由晋风多俭，积累易饶，南人习俗奢靡，家无储蓄。"

2. 谨慎敬业的作风

大多数晋商经商不仅勤奋，而且又以谨慎敬业而闻名。"敬业"是事业成功的源泉，而"谨慎"又是敬业思想在实践中的具体体现。柳林县《杨氏家谱》记载："天地生人，有一人应有一人之业；人生在世，生一日当尽一日之勤。业不可废，道惟一勤。功不妄练，贵专本业。"晋商不仅仅把经商视为谋生的手段，而是作为毕生追求的事业来做。

晋商一般不会打无准备之战，而是要在充分调查了解情况的基础上，才拍板成交，以避免不必要的损失。以放款来说，这是山西票号的一项重要业务，但又有风险，他们对放款对象一定要在详细调查对方资产、用款目的、放款能力、财东情况等基础上，才决定放款与否。有的票号对用款透支数额还作了明确的规定：上上等户不得超过 3 万两，上等户不得超过 5 千至 1 万两，中等户不得超过 3 千两，下等户则不与之交往。这一规定，就是出于谨慎行事的目的。

四、群体合作，同舟共济

晋商在经营活动中很重视发挥群体力量。他们用宗法社会的乡里之谊彼此约束在一起，用会馆的维系和崇奉关羽的精神，来增强相互间的了解，通过讲义气、讲相与、讲帮靠，来协调商号之间的关系，解除人与人之间的不和，形成大大小小的商帮群体。

1. 家族之间的孝悌和睦

晋商在经营活动中很重视发挥群体力量。晋商这种商帮群体精神，首先来源于家族间的孝悌和睦。如明代曲沃人李明性，青年时常感慨："夫为弟子壮不能勤力，将坐而食父兄乎？"于是"挟资贾秦陇间"，由于他在商场上"精敏有心计"而致富，又"内行周慎，孝睦于父兄。仲兄卒，无子，以己次子后之。治家甚严，族子甲出钱收息过当，召而责之，手裂其券，自是举宗凛凛。"再如祁县乔氏家族在乔映霞主持家政时，他把兄弟九人集中在一起，让练有武艺的九弟先把一双筷子折断，接着又让其一次折九双筷子，结果折不断，乔映霞喻义让众兄弟团结互助，家族才更加强大。乔家大院大门上的对联（图 5-12）"子孙贤族将大，兄弟睦家之肥"正是印证了乔映霞的理念。

图 5-12　乔家大院大门对联

2. 商业竞争的地缘群体

群体精神还是经商活动中业务扩大与商业竞争的核心。随着晋商活动区域和业务范围的扩大，商业竞争也越来越激烈，于是晋商从家族到乡人间，逐渐形成"同舟共济"的群体。

明代隆庆、万历年间，蒲州张四维家族、王崇古家族、马自强家族，均是大商人家庭，三家通过婚嫁联姻结为亲戚。张四维曾担任内阁首辅，王崇古官居宣大总督、兵部尚书，马自强曾任礼部尚书。三家联姻增强了各自的商业竞争实力。王崇古在河东业盐，张四维的父亲是长芦大盐商，张、王联手，结成了盐商团伙，控制了河东、长芦两处盐利，具有一定的垄断性。

在亲缘集团的基础上，晋商又逐渐发展为地缘组织。清朝乾隆末年，在典当业中已经出现了所谓"江以南皆徽人，曰徽商；江以北皆晋人，曰晋商"的说法。"晋商"这一名称的出现，说明清代山西商人已逐步形成一个地域性的商帮。清朝后期，山西票号在国内 80 多个城市设立了分号，从而形成了一个汇通天下的汇兑网络，也是以乡人为主体形成的山西商人群体。在外经商的晋商，还发展起来一些以同乡为主的商帮，如太原帮、汾州帮、闻喜帮、平阳帮、泽潞帮、蒲州帮，以及祁县帮、太谷帮、平遥帮等。

3. 自我约束的行会组织

行会是区域商人与行业商人的相对独立的社会组织。晋商行会是维系晋商和谐发展的纽带，对晋商的发展有着重要的作用。行会的主要的目的都是社会生活方面的相互亲睦，经济上给予扶助，即所谓保护共同利益。晋商行会的目标就是联络同乡同行，实行自我管理，约束同行，保护同行利益，简而言之，就是自治、自律、自卫。同时制定有共同遵守的行会纪律，行会纪律为会（社）规，凡立会（社），必有自己的会（社）规。

山西人在异地建立行会，最早的始于明朝中期，当时的行会组织——会馆，规模较小，其功能主要是使在外省的山西人有个聚会的场所（图5-13）。明代实施开中法以来，晋商捷足先登，逐渐成为明代最有实力的商人群体，他们最先把会馆设在了全国政治、经济、文化的中心——京师。进入清代以后，晋商设立的会馆蓬勃发展，据不完全统计，晋商在京师建立的会馆至少有40处。与此同时，在国内著名的商埠、集镇也先后设立了晋商会馆。这些会馆的设立，使山西商人的集团性进一步加强，群体合作的方式进一步延伸。

图5-13　坐落在太原迎泽公园的晋商会馆

4. 谨慎对待合作伙伴

晋商中有一条商规，即"慎待相与"。"相与"是山西方言，是指生意上的合作伙伴，有点类似于现在企业之间的"战略伙伴关系"。慎待相与，是指与其他商号建立业务关系之前，要经过详细了解，确认该商号诚信可靠时，才与之建立相与关系，否则应婉言谢绝。而且，一旦建立起来关系，就要善始善终，同舟共济。他们非常重视与相与的关系，对于相与，尽可能地提供信用，多数相与在分户账本上是有名字登记的；货物销售、资金放贷，尽量多地与相与来往；多年的老相与，年终要请他们吃饭，以表谢意。但并不是每个商人都能从晋商那里获得相与的待遇，就乔家来讲，在结交之前一定慎重考察对方的人品信誉，不是老实人，哪怕利润再大也拒绝与之交往。晋商俗语说得好："宁舍银钱，不结冤家"，"银子拿在相与者手里，总比花在衙门里强"。

晋商深受中国传统文化的熏陶，晋商相与之道的精髓在于坚持和气生财、以和为贵的传统美德，将其灵活应用于商业活动，起到了化解矛盾和冲突的积极作用，创造了一个和谐互助共赢的地域性商业团体。

大盛魁与天亨玉慎待相与

大盛魁与天亨玉是相与，当天亨玉将要破产时，大盛魁慷慨借银数万两，后复活改名为"天亨永"。20年后，大盛魁发生危机，天亨永王掌柜派人送去2万两白银，当时很多人反对，认为有借无还。王掌柜正色道："假如20年前没有大盛魁相助，天亨玉早完了，哪里有今天的天亨永"。

五、经世济民，家国情怀

大多数晋商在富裕之后仍然能够重义轻利、好善乐施、救济穷人，还能捐资助边、胸怀天下、为国分忧，他们的仁义之举在民间有口皆碑，他们的报国事迹也屡见不鲜。

1. 扶危济困，乐善好施

晋商在获得厚利后，往往将报效社会作为一种使命或取得社会认同的手段。许多商人对修路、补桥、赈济贫困、施舍教化比较热衷，经常将经营所得取出一部分捐于公益事业或"慈善事业"，尤其在灾荒之时，他们自然成为赈济中的重要角色。

光绪三年（1877年），北方等省份遭遇了百年不遇的大旱灾，野无青草，赤地千里，庄稼颗粒无收，百姓生活极为艰苦，每天每时都有因饥饿而死在路边的人，卖儿卖女的悲景随处可见，景象惨不忍睹。据史料统计，因饥饿、疾病或暴力而死亡的人口在 900 ～ 1 300 万之间，其中山西受灾最重，全省有 1/3 的人口死亡。

而此时的晋商进入鼎盛时期，当灾害发生之时，纷纷组织起来为家乡的老百姓解囊相助。短短几个月内，晋商共捐银 12 万两。如"蔚"字五联号的东家侯荫昌捐出 1 万两；元丰玖票号的东家孙淑伦出银 1.6 万两，后又捐米数千石；乔家则向家乡捐出 3.6 万两；常家也捐了 3 万两；……其他商号、票号都有不同数额的钱粮捐助。他们在赈济中发挥着重要的作用，帮助家乡的灾民度过了三年大旱。**晋商救济乡民**的故事亦流传至今。

小视频：晋商救济乡民的故事

2. 热爱祖国，勇于奉献

晋商们在关公忠义精神的鼓舞下，在国家有难时，他们也会伸出援助之手，参与国家的军事行动，保家卫国。

明代晋商就有许多爱国的行为。明初开中制的实施，为晋商发挥爱国敬业的精神创造了有利条件，盐商既帮助国家解决了难题，又获得了盐的专卖权，获得巨额利润；明嘉靖十六年（1537年），明政府经历四年征战，终于平定了北部蒙古人，晋商范世逵为部队运送军需，得到朝廷的嘉奖；嘉靖三十三年（1554年），山陕盐商为了反抗海盗入侵，曾挑选骁勇善战的 500 名商兵协助防守扬州；隆庆元年（1567年），江苏松江倭寇进犯，山陕商人又"协力御之"。

进入清代，尽管清政府在后期腐败无能，但多年儒家思想的影响和忠义精神的熏陶，使晋商们在国家有难时，依然会伸出援助之手。康熙、雍正、乾隆三朝，介休范家一直为政府运送军粮，每石粮的购买及其运费从 40 两银子降至 25 两、19 两，甚至更少；四川大渡河上的大金川、小金川，盛产金矿，当地的统治者土司想独占金矿，自立统治，乾隆年间，朝廷先后两次用兵征讨大金川、小金川，为支持朝廷，晋商一次就捐了110万两白银；大约从同治三年（1864年）开始，新疆开始叛乱，到光绪初年，左宗棠力主收复新疆，但朝廷不能保证军事供给，左宗棠依靠徽商和晋商的鼎力支持，筹得大批军饷，南北帮票号共筹款11 653 730两白银，其中晋商8 823 730两白银，左宗棠66岁时出兵新疆，到70岁时终于收复了新疆；1900年，八国联军攻陷北京，慈禧、光绪仓皇西逃，他们到了山西以后，晋商们借给了很多旅费，其中曹家借银10万两，乔家借银30万两，还把大德通精心收拾一番，当成了慈禧、光绪的行宫；甲午战争以后，帝国主义列强开始向中国资本输出，攫取中国开矿、办厂、筑路的特权，国难当头之际，晋商筹集了275万两白银，赎回矿权，还积极筹办保晋公司，为全国各地纷起的保矿运动带了头。

想一想 列举近几年我国发生的灾难事件，在这些灾难事件中，社会各界都伸出了援助之手，在灾难面前展现了强大的凝聚力和向心力。

• 课堂活动

任务1：习近平总书记2017年6月考察山西时，是如何评价"晋商精神"的？你是如何理解的？

任务2：以小组为单位，每个组围绕晋商精神的一个核心主题，如"诚实守信""开拓进取""群体合作"等，查阅资料，分别讲一个晋商故事和一个现代故事，并从中提炼出核心精神和思想，说出你的感悟。

任务3：结合晋商的诚信精神，谈谈现代社会呼唤诚信的必然性，以及如何从自身做起建立诚信体系。

微课：应时而变
——经营谋略灵活
多变

• 案例导入

乔贵发三次择地发迹

祁县乔家发家始祖乔贵发原是一贫苦农民，因生活所迫背井离乡走西口，十余年后有了点积蓄，同时渐感年纪增长，体力不支，想由行商改为坐商，于是开始了他三次择地发迹之路。第一次择地在萨拉齐，开了间豆腐店；第二次择地在西垴包，开了间草料铺；第三次择地在"包头商业中心地带"，开办综合商店。乔家自此一直垄断包头商业，也为乔家200年兴盛奠定了基础。

案例分析： 分析乔贵发前两次选择的地点和商品的缘由。创业之初择地在萨拉齐，萨拉齐位于归化（今呼和浩特）通向西部蒙古的交通要道上，虽然不起眼，但正适合他这种小本买卖。选择卖豆腐，是因为经过市场调查，乔贵发发现萨拉齐冬季缺乏蔬菜，而豆子便宜、质量又好，萨拉齐也没有豆腐店，于是开始了做豆腐、生豆芽的独家买卖。但是豆腐生意好，跟进的人就多，同行竞争杀价，利润日益下降，乔贵发审时度势，决定转行。

第二次他看准了草料铺，并选择了在荒无人烟的西垴包开店，因为这里是进入茫茫大山的最后一站，最为方便商队的粮草补给。果然他的草料铺开张后，生意越来越好。后来吸引了许多商人到这里投资，西垴包逐渐变成一座繁华的大城市，后来改名为包头。人们也竞相夸赞："先有复盛公，后有包头城。"

乔贵发的成功得益于他能够充分地收集信息、调研市场、预测行情、审时度势，是晋商经营智慧的完美展现。

• 知识精讲

在经商活动中把握正确的经营之术是商人取得成功的基本条件。明清晋商成就斐然，与其经营谋略应用得当有关。他们正确地吸收古人的经商经验，在经营活动中善于审时度势，重视信息，灵活机动，注重质量，广而告之，薄利多销。

一、审时度势

审时度势，意思是观察时机，估量形势。战国大商人白圭总结为"人弃我取，人取我与"。在经商过程中，形势的变化相当复杂。这就需要不断对形势进行深入细致的分析，做出正确的判断之后，采取相应的经营策略和手段来适应形势的变化。晋商颇精此道，他们有商谚称："屯得应时货，自有赚钱时"；"人叫人，观望不前，货叫人，点首即来"。在具体经商应用上，主要体现在两个环节，一是在创业之初要审时度势，调查市场，选对经营项目；二是在经营过程中，要审时度势，预测行情，及时调整项目。

例如，明代蒲州商人王海峰，当蒲州人大多西到秦陇、东到淮浙、西南到四川经商时，他却审时度势、深思熟虑到人们不愿意去的长芦盐区经商，最终成为大富商。盂县商人张芝，尤善审时度势，"时邑帽贾素有毛毡冠于南者，值吴三桂反，道梗莫敢行，芝出廉价收其货毅然往，至半途适藩削平，国家偃武修文，货售如流水，……家计因之而裕。"明代中期"纳银开中"取代"纳粮开中"，晋商化危机为机遇，靠的就是审时度势的能力。雷履泰将西裕成颜料庄成功转型成日昇昌票号，带来了金融领域的一场革命，也间接反映了晋商对社会和市场的审时度势能力。这些例证都说明，晋商善于审时度势。

现代商业案例

李嘉诚的审时度势

香港富商李嘉诚靠生产塑胶花掘得第一桶金，成为"塑胶花大王"，然而，早在李嘉诚开发塑胶花之前，他就预见到塑胶花终究会跟不上社会发展的快节奏，只能风行一段时间。人类崇尚自然，而塑胶花无论如何也不能取代有生命的植物花。于是，李嘉诚审时度势，果断撤出，转向地产业，旋即又成为"地产大亨"。后来，李嘉诚将位置优越、升值、发展潜力巨大的九龙仓集团股票低价转让给船王包玉刚，也是审时度势，做了个顺水人情，也因此结下了包玉刚这位重量级的商界友人，并凭借与包玉刚的交好成功进入了英资的朋友圈，为日后收购英资大行打下了基础。

二、重视信息

山西商人非常重视通过各种渠道了解市场信息、各地物资余缺及其他影响经营的因素。他们有商谚称："买卖赔与赚，行情占一半。"

山西各大商号把上至掌柜下到伙友对信息情报的收集、整理及运用的实绩作为人事考核的内容之一。当各地商号了解到市场信息后，便通过书函等形式，及时汇报总号，所以，总号与分号之间一般是五日一函，三日一信，掌握地方的政治军事、工农业生产、市场及政界人事变动等信息。为了保守秘密，各家信函都有自己的暗语，一旦信函失落，得者也难晓其意。遇有重要情报，分号必须派专人日夜兼程向总号亲口汇报，绝不让点滴信息落入他人之手。

例如，太谷曹家沈阳富生峻商号中有一位精明强干的掌柜，光绪年间某一天，这位掌柜有急事要回老家探亲，途中在高粱地上厕所，他无意间顺手折断了一株高粱，发现粗壮的高粱秆里面爬满了虫子，连续折断了好几个高粱秆，都是这样。他灵机一动，脸上却不露声色，马上命车夫掉转车头返回沈阳。掌柜返回沈阳后，立即派出伙计们到粮食市场上大量购买高粱。此时正值新高粱即将收获的时节，粮店都在便宜出售大量旧高粱腾库，大家笑话他不懂粮食行情。可是，没过一个月，秋粮收获时，高粱因虫害而大幅度减产，价格不断往上涨。富生峻高价出售高粱，大赚一笔。

信息无所不在，我们要有一双时刻张开的眼睛和耳朵，时刻准备接收有用的信号，提高对信息的敏感性和洞察力。

为何抖音越刷越上瘾？

抖音内容分发的核心是"信息推荐"机制，而信息推荐的主要依据是你在使用过程中的阅读倾向、观看记录，包括点赞、停留时间等。于是，当系统识别到你对某一类内容感兴趣后，你会被推送更多的相关内容，继续阅读，继续推荐，随着时间推移，周而复始，彼此强化。在大数据看来，它能精准推送用户所喜欢的内容；作为用户，我们所观看的视频内容恰好是主观上需要的，便会持续观看。抖音越刷越上瘾的奥妙就在于此。

三、灵活机动

市场行情瞬息万变，消费者要求也不断变化，故商业活动必须灵活机动，才能达到购销两旺。晋商会根据市场需求，积极组织货源，严把质量关，以优质热忱的服务，以"顾客至上"的理念，灵活机动地进行经营和销售。

例如，大盛魁商号，在蒙古经营历经200余年不衰，其中关键的一点就是组织货源针对性，营销方式灵活多变。他们精心研究蒙古人的生活要求和消费心理，采取适宜的经营策略以满足顾客之需。牧民以肉食为主，喜饮砖茶，大盛魁便自设茶庄进行砖茶的加工，满足牧民需要。蒙古靴、马毡、木桶、木碗和奶茶用壶等是蒙古牧民和喇嘛生活中的必需品，大盛魁便按照牧民和喇嘛的习惯要求，专门加工定做。蒙古牧民喜欢穿结实耐用的斜纹布，大盛魁便大量组织货源，满足供应，并将布料按照蒙古牧民的习惯，拉成不同尺寸的蒙古袍料，大人有大人的尺寸，小孩有小孩的尺寸，由蒙古牧民任意选购。大盛魁还针对蒙古人的特殊情况采取不拘一格的销售方式。例如，由于蒙古牧民过着游牧生活，居住点不固定，大盛魁便采用流动贸易形式，组织驼队，深入牧区，送货上门。由于蒙古人手中没有大量现银，大盛魁采取赊销的办法，到期现金不足还可以用畜产品折价偿还。由于大盛魁商号货源组织有针对性，营销方式灵活机动，从而在蒙古草原的经商活动中取得了巨大成功。

格力电器的灵活机动

格力电器是享誉全球的电器品牌，是"中国制造"的领头羊，其核心产品格力空调，业务遍及全球100多个国家和地区。格力空调的成功除家喻户晓的技术优势、品质保障和先进的服务理念外，灵活机动的产品策略也是成功的关键。格力电器会根据不同地区的环境特点因地制宜，做出符合本地环境的空调，从而满足不同地区的不同人群的需求。格力电器为巴西设计的空调，提供了更强的耐腐蚀、耐盐、耐高温性能，满足巴西海边防腐需要；为北美地区设计的超低温系列产品解决了北美广大地区空调制热效果差、冬季采暖不足的问题；针对非洲严重缺电而太阳能丰富的现状，设计推出"光伏空调"，使用空调的同时还能光伏发电，几乎可以做到全年零用电；"双碳"背景下，格力电器又创新推出"零碳源"空调技术，更体现了格力电器的责任与担当。格力电器通过其灵活机动等产品策略，实现了"让世界爱上中国造"的目标。

四、注重质量

晋商秉持质量诚信的观念，严格保证产品质量，以优质的产品赢得顾客的信赖。他们对于生产加工的商品，从原料选择、工艺制作到运送储存都始终严格要求，十分讲究，炮制虽繁必不敢省人工，品味虽贵必不敢减物力。因此，晋商创造出了许多知名品牌，至今仍颇负盛名，如六必居酱菜、杏花村的汾酒、太谷广盛药铺的**龟龄集**和定坤丹等。据史料记载，由于晋商提供的砖茶质量可靠，西北人曾以砖茶代替银两货币流通，作为物资交换的手段。即使出现质量问题，晋商的处理办法也很值得当代企业学习。

例如，乔家在包头的复字号油坊专做胡麻油生意，有一年，包头通顺店胡麻油出现了掺假问题，东家乔致庸第一时间进行处理：首先，辞退通顺店掌柜；其次，连夜写出告示，贴遍包头城，说明通顺店掺假事宜；再次，将掺假的胡麻油以每斤一文的价钱卖做灯油；最后，凡是近期到通顺店买过胡麻油的顾客，都可以去店里全额退银子，并可以低价购买不掺假的胡麻油。一系列操作之后，乔家不仅挽回了声誉，还提高了声誉，这个突发事件的处理办法也是晋商危机公关的典型案例。

现代商业案例

国家文物——海尔大锤

1985年12月的一天，时任青岛（海尔）电冰箱总厂厂长的张瑞敏收到一封用户来信，反映工厂生产的电冰箱有质量问题，他带领管理人员检查了仓库，发现仓库的400多台冰箱中有76台不合格。张瑞敏召集全体员工到仓库开现场会，很多人建议将其作为福利便宜卖给内部职工。在现场，张瑞敏说："我要是允许把这76台冰箱卖了，就等于允许明天再生产760台、7 600台这样不合格的冰箱。放行这些有缺陷的产品，就谈不上质量意识。"他宣布，把这些不合格的冰箱全部砸掉，谁干的谁来砸，并抡起大锤亲手砸了第一锤。2009年"海尔大锤"被中国国家博物馆正式收藏为国家文物，中国国家博物馆工作人员评价说：这"把砸毁不合格冰箱'海尔大锤'虽然不会说话，但它活生生地反映了在那个时代里中国企业、中国企业家抓质量的历史，为后来的企业、行业树立了典范，是一个划时代的文物。"

五、广而告之

想一想　　当下流行哪些广告形式呢？（从广告媒介角度思考）

晋商的经商传统及历史使其对古代广告的使用得心应手，各种广告形式手到擒来，并能够根据不同地区的需要，或根据不同商品的需要，不断创新广告形式，或在旧有的形式下创新内容。虽没有独立的广告经营机构，但明清及近代晋商广告的专业性不容置喙。

晋商的广告形式主要有店面广告、印章广告、印刷广告、报刊广告等。店面广告包括店名、招牌、幌子、匾额、楹联及其他店面装饰广告，充满中国古代商业智慧。印章广告是晋商银钱业的主要广告形式，它既是商业产品的一部分，同时，也代表着每家商号的标识与信誉，尤其是名号章与防伪章，足以称为彼时晋商的商标广告。印刷广告，晋商在售卖商品中夹带的商号历史简介、使用说明、防伪声明、新产品宣传等，以及在经商过程中使用的商业文书，均属于这种广告。清末民初，随着近代报刊的出现，报刊广告也相继出现，晋商也纷纷采纳。在时代的发展与环境的变迁中，晋商广告由门面、印章、印刷物等传统的广告形式，发展到报刊广告，也体现出晋商广告由传统到现代、由乡土到城市、由人际传播到大众传播的跨越与演变，同时显现出明清及近代社会的变迁。

晋商的幌子

幌子是旧时店铺门外的招牌或标志物，一般分为实物幌、形象幌、象征幌、文字幌等类型。最普遍的是卖什么挂什么，为"实物幌"，如蜡烛店挂支大红蜡烛，鞋店挂只大靴子等。如果商品实物太大或太小，可以用商品模型形象作幌子，这是"形象幌"，如烟斗店挂个大烟斗模型，棺材铺挂个小棺材模型等。还有的行业日久天长形成约定俗成品的象征招牌，这是"象征幌"，如小客店悬挂一个柳条笊篱，寿衣铺门前放一只大黑靴模型，颜料店挂若干木制彩色木棍等。直接用简练的文字来说明店铺经营类别的为"文字幌"，如"当"字表示当铺，"成衣局"表示裁缝店等。

幌子的产生和应用是基于推销商品和社会现实的需要。因为在旧时，文盲占人口的绝大多数，只要顾客望见幌子就知其意，便可大胆跨进店门。因此，幌子在商业竞争和发展中起了很大的作用。

六、薄利多销

晋商在做生意时，发现了一条赚钱的经典捷径，就是薄利多销。薄利多销是指以低价、低利扩大销售的策略。晋商总结了许多薄利多销的经验，归纳为营销商谚，如图5-14所示。薄利多销的核心和价值在于：第一，薄利营销是利润营销，以利润为核心；第二，薄利营销是消费者营销，以消费者为指向；第三，薄利多销的重大意义在于加速货物流通、资金周转。

例如，榆次常家将"薄利多销，质量第一"作为经营宗旨和致富名言。常家认为，货物只有通过快速流通，才能产生利润，流通的次数越多，流通的数量越多，利润才能越多。因此，常家奉行薄利多销。货物的质量更是关键，只有质量好，才能有信誉，才能卖得快、销得多。常家将这些通过多年经营实践领悟出来的商道，贯彻到经营活动全过程，要求所有员工"生意应斤斤计较，买卖应质量第一"。

> **晋商商谚**
>
> "买卖争毫厘"
>
> "薄利多销利不薄"
>
> "货源宽转手快，不盈利才是怪"
>
> "不怕生意小，就怕顾客少"
>
> "生意没有回头客，东伙都挨饿"
>
> "买卖不看大小，服务莫看衣衫"

图5-14 晋商商谚

义乌精神——薄利多销的真谛

义乌小商品批发市场坐落于浙江中部义乌市，创建于1982年，是全国小商品集散中心，也是我国最大的小商品出口基地。在这里，靠只赚1分钱生意起家的老板不计其数，人称"蚂蚁商人"。"蚂蚁商人"赚钱的秘诀是家家自己开工厂，把成本降到最低，每件商品赚一分钱就卖！同一类同一质量的商品，在义乌要便宜50%甚至更多，义乌小商品市场成功的原因，就是能够始终在全国乃至世界上保持着超低的市场价位。一件衬衫5分利，一双袜子几厘利，这样的生意恐怕搁在哪里也没人会放在眼里，但义乌人不但放在眼里，而且极为乐意接受这样的生意。就是这不起眼的交易，就因为这为人所不屑的薄利多销，义乌每年不知要走出多少个千万富翁、亿万富翁。

• 课堂活动

任务1：收集国内外企业"审时度势""重视信息""灵活机动""注重质量""薄利多销"的成功案例，并在课堂上分享。

任务2：收集国内外企业因为没有审时度势或者没有注重质量而失败的典型案例，并在课堂上分享。

任务3：晋商取店名一般讲究"吉祥"和"独特"，常用字有"国泰民安福永昌，兴隆正利同齐祥，协益长裕全美瑞，合和元亨金顺良，惠丰成聚润发久，谦德达生洪源强，恒义万宝复大通，新春茂盛庆安康"，请学生尝试为晋商的票号、茶庄、杂货店等分别取一个店名，并进行分享。

单元四 利析秋毫——财务管理先进缜密

• 案例导入

百兴源票号贪污事件

光绪五年（1879年）大旱，有外地捐款1万两白银由祁县渠家的"三晋源"票号汇至太原的一家小票号"百兴源"。但是官府在忙乱之中没有及时取出，后被遗忘，随后这笔捐款被该号伙计王鉴、车跃龙、贾世源私吞。三人认为只要官府不查就天下大吉，以为该事做得滴水不漏，一定能够瞒天过海，没想到仅在4年后，就在百兴源票号内部的例行查账时被查出。

案例分析： 百兴源票号的贪污事件看似是一个很难发现的案件，但该案件之所以最终被查出，不是意料之外而是意料之中的事情，因为明末清初晋商已经完成了单式记账向复式记账的转化，形成了"有来源必有去路"的复式记账原理，能够有效地防止内部人员的贪污等行为。晋商还非常重视金融风险防范，并形成了"风险第一、收益第二"的稳健理财思想。晋商创造了完善的财务管理制度，包括账簿制度、复式簿记和龙门账、标期制度、资金调拨制度、金融风险防范制度等，其内容之全面，条款之严密，实施之切实，即使在今天，不少企业也难以做到。晋商在明清时期的商业活动中对财务管理所做的创新与发展，不仅适应了当时企业管理的需要，促进了中国商品经济的发展，而且这些制度与现代企业的一些制度有很多相通之处，在当代仍然具有一定的现实意义。

• 知识精讲

财务管理是企业一切活动的基础，也是企业管理的核心之一。财务管理对于改善企业经营、提高企业经济效益具有十分重要的作用。晋商深谙此道，不断地探索与创新，建立了一套当时较为先进的财务管理制度。

一、账簿制度

晋商的商号、票号的各类账簿手续完备、登记详密、账实相符、各有功用。同一笔经营活动分别记入不同账目中，互相核对就可以防止内部人员的贪污等行为。以票号为例，各类账目林林总总不下30种，而且组织完备，登记详密，各有功用。根据其作用和登记内容，大体可分为以下四大类：

（1）流水账，最原始的业务记录。凡是借贷、利息、汇款、汇费、杂支等交易，都要记入此账，类似银行的日记账。账内抬头之下分上下两方，上方记载收入，下方记载付出。

（2）老账，即流水分类账，是在流水账的基础上，再分门别类加以登载，以便条目清晰，这种账按门类又分为 20 余种。如汇兑账（记载往来汇兑事项）、收借账（记载存款额）、借贷账（记载放款数）、屡年账（记载无希望回收之款）等。老账包括全部财产变动的综合，所以，根据此账可以知道财产状况和营业损益。

（3）现金账，记载每天的现金出入情况，以便核算当天的库存数额。

（4）浮记账，因为当年票号极盛时期，逐日交易，事务过繁，为节省时间、提高工作效率而设立。往来存款、应收未收、应付未付和暂时性存入、支出等不过流水直接登入此账，待月终结算时再将收取双方合计数一次性转入流水账。晋商老账本如图 5-15 所示。

图 5-15　晋商老账本

山西票号复杂的账簿，是其特殊的管理方式及当时经营环境的产物。例如，分号员工一切花销，先由票号垫付，然后再予结算，这就须有专门账簿记录；再如，当时银两、制钱并行，而两者之间的兑换比率又不固定，同样需要备有专门的账簿记录；此外，汇兑、放贷，名目不同，也需要分别记录。复杂的经营内容，必然需要严密的账务管理；而严密的账务管理，使各种交易自然处于一目了然的状态，也就为总号审核分号业务，从而控制整个票号，提供了有效的手段。

延伸阅读

四柱清册

"四柱清册"起源于唐代，成熟于宋代，是我国古代重要的会计结算方法之一。所谓四柱，是指"旧管、新收、开除、实在"，分别相当于现代会计术语"期初结存""本期收入""本期支出""期末结存"。它的计算公式是"旧管＋新收＝开除＋实在"。"四柱清册"的发展完善和普及运用为我国由单式记账发展到复式记账奠定了基础，在其影响之下，明末清初，出现了中国复式记账法的早期形态——"龙门账"。

二、复式簿记和龙门账

晋商的票号还开创了"复式簿记"的先河。票号的每家分号所汇出的款项必然是另一家分号汇入的款项，所以，每笔汇款都要在汇出分号和汇入分号同时登记，并报送总号，分号逐步核对平衡，形成了原始的复式簿记制度。后来又逐步改进，设计出一套既简单又明确的适用于民间商业的会计核算方法——"龙门账"，满足了商业上核算盈亏的需要。"龙门账"的要点是"将民间商业中的全部经济事项，按性质、渠道，科学地划分为'进''缴''存''该'四大类，分别设立账目核算。所谓'进'是指全部收入；'缴'是指全部支出（包括销售商品进价和各种费用等支出）；'存'是指资产（包括债权）；'该'也称欠，是指负债（并包括业主投资）。"进""缴""存""该"四大类的相互关系，可以用下式表示：

$$进 - 缴 = 存 - 该 \quad 或 \quad 该 + 进 = 存 + 缴$$

每当办理年终或月末结算时，通过"进"与"缴"的差额，"存"与"该"的差额平行计算盈亏，分别编制"进缴表"和"存该表"，这两个表分别与现代会计的"损益表"和"资产负债表"的意义与作用相似。如果"进"大于"缴"，就有盈利；反之，则为亏损。相传傅山将这种双轨计算盈亏，并检查账目平衡关系的会计方法形象地称为"合龙门"，"龙门账"也由此而得名。这一套会计账目本质上类似于意大利人创立的会计体系。"龙门账"的记账程序图如图 5-16 所示。

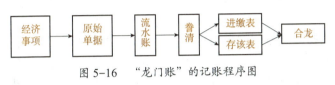

图 5-16　"龙门账"的记账程序图

三、标期制度

标期制度是指明清到民国时期，晋商为了防止有的商号赖账、拖欠货款进而产生债务纠纷，从而建立的定期赊购结账的制度。标期是降低赊销风险的一种优秀制度，过去晋商对信誉看得比生命还重，行内信誉好，卖家就敢把东西赊给你，东西卖完再结货款，长则一年，短则三月，标期一到，结清货款。对下家而言，不用抵垫资金，就可以拿到东西销售。对上家而言，虽有收不回货款的风险，但标期内货款另加利息，所以大部分上家也愿意赊销，互惠互利，达到双赢。据考证，根据各商号经营货物的种类和地域远近的不同，大致可分为"年标"与"期标"两种形式。

1. 年标

年标又称为"寅标""大标"，主要是针对中国的南货与北货、俄国货物交易中的财务清理和银两归现而言。如南货中的两湖茶、许昌绸、南京缎、苏杭锦、江西瓷器、扬州化妆品、广东杂货、四川药材等，都要通过水陆两路分别与东北的人参、貂皮，西北的膏药、水烟，蒙古国地区的牛、羊、马、驼、皮毛，以及俄国的呢绒、线毯、毛哔叽、夏布等进行以物易物的实物贸易。由于空间距离较远，正常情况下交易一次需要一年左右的时间，多数情况下，其标期都定在每年旧历的正月。又因中国古代曾有过用十二地支来纪月的习惯，而正月又正值寅月，所以此标又称"寅标"，兼之此类镖银数额较大，故而又称为"大标"。

2. 期标

期标又称为"季标"或"小标"，与年标相同的地方是仍以标期为限，也是首先清理债务，然后再留足本钱和扣除借贷，余下的现金要由镖局负责押运回总店。其不同之处就是标期要分为春、夏、秋、冬四次，即春标、夏标、秋标和冬标。结算地点一般有东口（张家口）、西口（归化）、太原、太谷、汾阳等处。按照时间顺序，最早开标的是东口，接着依次是西口、太原、太谷、汾阳（表 5-1）。每到标期，各地票号商号，均堆满银子，街上人员川流不息，车辆络绎不绝。其中冬标最重要，平时赊欠再多，到了年终都要连本带息一并结清。

表 5-1　1924 年各地标期

标期	东口	西口	太原	太谷	汾阳
春标	2 月 4 日	2 月 20 日	3 月 3 日	3 月 8 日	3 月 12 日
夏标	5 月 6 日	5 月 15 日	5 月 29 日	6 月 3 日	6 月 7 日
秋标	8 月 1 日	8 月 16 日	8 月 24 日	8 月 29 日	9 月 3 日
冬标	10 月 30 日	11 月 15 日	11 月 19 日	11 月 24 日	11 月 29 日

——摘自孔祥毅：山西票号的标期标利制度，《金融研究》，2002

3. 顶标

有些赊购标期货物的商号，如果到年底无法结清，就叫作"顶标"。顶标商号经理人的姓名、籍贯，就要在汇兑行业登记。一经登记，顶标的商号便失去信用，各商家便与其断绝业务往来，以后就不能或很难买到标期赊购货物。所以，顶标是一种严明的失信惩罚制度，对商家来说关系到自身的信用与生存。

标期制度的诞生，大大促进了晋商之间的贸易往来，数倍地节省了结算时间，数十倍地放大了资金的使用效率，为商界高手提供了"一两银子当十两用"乃至"空手套白狼"的巨大商机。假如一家商号在三个月内做 10 笔 1 万两的买卖，如果现买现卖，他要拥有 1 万两的资本，也要结算 10 次；而实行标期制度，没有一分钱也可以做成这 10 笔 1 万两的买卖，也仅需结算一次即可。

标期制度催生了期货交易的诞生，不仅使晋商中的高人大展身手，也为自己乃至中国商人争取荣誉。中国的期货交易并非舶来品，而是在清朝时晋商就已经运用自如了。

知识链接

买树梢——晋商的期货交易

"买树梢"又称"买青苗"，是一种风险很大的投资行为：春天在地里的庄稼刚刚长成苗时，商户就和农民签订收购协议，等到秋收后，无论行情如何，双方都按议定的价格交易。这是一种机遇和挑战并存的生意，有较高的风险，但也会有丰厚的回报。当年乔贵发在包头暴富时就采用了这种方法，但也因此而血本无归过。自乔家之后，晋商在北方边疆地区大量从事粮食期货交易。"买树梢"被学术界认定为中国最早的粮食期货。

四、资金调拨制度

晋商开办的票号是经营存款、放款和汇兑的金融机构。每家票号均有总号和设在各城镇的分号数十个。与此同时，随着业务的发展，一些大商号在许多城镇也设有分号，出现了异地调拨资金的需求。此外，各地票号由于所处地方经济状况和自身业务经营不同，以致各票号在现银盈绌和行市疲快上也有所不同，因此出现有的票号现银多，款放不出去，资金闲置；有的票号现银短绌，利率上升，无款可放。如果靠运送现银解决上述问题，必然费用高昂，费时费力，既不经济也不安全。为了解决这一矛盾，山西票号在实践中创造了一种"酌盈济虚，抽疲转快"的资金调拨制度。

所谓"酌盈济虚，抽疲转快"，是指在总分号之间、各分号之间调度资金，用现银多的地方的钱去接济短绌的地方。具体做法是通过异地"顺汇"和"逆汇"的办法，实现抽疲转快，平衡资金市场供求，扩展业务。如京师分庄盈，库伦分庄短，库伦可主动吸收向京师的汇款，在库伦收款，京师付出，此叫"顺汇"；也可由库伦分庄先贷款给当地的商人，允在京取款购货，京师先付出，库伦后收进，此叫"逆汇"。这样不仅平衡了两地现银盈绌，也多赚了贷款和汇款的业务收入。这种做法要求各分号间及时通报业务，互通信息，这是晋商发达的一个重要诀窍。

五、金融风险防范制度

市场中不确定的因素很多，任何商家在经营中都难免会遇到诸如市场风险、信用风险等问题，并因此招致损失。为防范风险，晋商设计了一套较完善的制度。

1. 建立资本风险基金

晋商在账期分红时，从利润中按一定的比例预提，建立风险基金，预防未来可能发生的倒账损失，这项基金专款存储，一旦发生损失，以此作为补偿。这种预提款项称为"护本"，这种制度称为"预提护本"，也称"预提倒款"。晋商此举的目的是防范因经营亏损而导致的资本亏折，以防止出现"空底"，即现在所谓的"空壳企业"，以确保有充足的底本资金作为后盾，从而巩固票号的信誉，在竞争中立于不败之地。

2. 建立企业发展基金

随着企业的发展，经营规模的不断扩大，需要不断扩充经营资本。晋商为了使企业的发展有足够的经营资金保证，创造了"倍股""公座厚利"等制度。所谓"倍股"，是指在账期分红时，按股东份额比例所提留的一部分红利。所谓"公座厚利"，就是在职工股和财东银股未分配之前就提取一部分利润，作为"公座"，它有点类似于后来的公益金、公积金。它与倍股不同，倍股是从股东分红中提取，公座是从职工股和财东银股应享有的利润中提取。无论是倍股还是公座厚利，其目的是增加商号的流动资金，以扩大业务，反对急功近利和短期行为。

3. 账面资产的稳健计价

晋商有"厚成"制度，就是在年终结账时，将应收账款、现存商品及其他资产予以一定折扣，使企业的实际资产超过账面资产。

晋商的这一系列制度，充分体现了"风险第一、收益第二"的稳健理财思想。在现代企业中，经营的稳健性已越来越被人们所重视。晋商的这些制度与现代企业的一些制度有很多相通之处，有些还正成为我们改革的重点。

• 课堂活动

任务 1：把你每个月的各种开销，效仿晋商的记账方式，进行记账，学会理财。

任务 2：现代企业是如何防范金融风险的？收集整理资料，做成 PPT 进行课堂分享。

大德通票号的号规（节选）

晋商各票号均有各自的号规，这应该是中国企业规章制度的最早形式之一。山西票号经营多年很少有店伙盗窃、挪用事件发生，这与严格的号规的约束作用分不开。祁县大德通票号经营期间就三番四次修订号规，现节选1884年新号议定号规，以飨读者。

一议：新事招牌，起为"大德通"，里外一切账簿，齐今年正月初一日，务将账皮各为注明。至于票业一门，仍是"同兴裕"，不过将一切账簿账皮，都添写"新记"二字。至于外边出名，无论茶务、票业，皆是以"大德通"招牌，以图永远。

一议：茶票生理，本属一号，所立账簿规式，俱有成章。不过茶票两庄，祁铺各号资金五万两，取其逐年分别，每庄长银若干，庶可一目了然，好为估算。

一议：各码头凡诸物钱盘，买空卖空诸事，大干号禁，倘有犯者，立刻出号。唯生意之中，原以通其有无，权其贵贱为经营。遇景逢情，囤积些实项货物，预与祁铺达信，请示可行与否，遵祁信办理，不得擅自举办。违者无论有利无利，按犯号规重罚不贷！

一议：勿论何路码头人位，吃食鸦片，本干号禁。姑念近年世道不古，沾染既深，悔莫能及，若竟顶真，心犹有所不忍，是以东伙从宽定议，除前已染此弊者，责令悛改外，齐此往后，再有故犯其病者，依号规分别办理。如有先染已改者，以血性论：并有未曾习染者，以朴实论；纵有寻常过患，准其以此抵消。试思此宗规条，于身得益，于事不误，何不乐而从之，是则有所厚望焉！

一议：各码头人位，不准向号中相与之家浮挪暂借及街面置货买物，亦不许拖欠账目，如有私事，号中不准不管，轻则降罚，重者出铺。其相与字号之伙，向咱周借者，咱亦不准支应，谨记预防，违者议处。

一议：号内身股，每年应支：一分以一百二十两，九厘一百一十两，八厘一百两，七厘九十两，六厘八十两，四五厘七十两，三厘六十两，二厘五十两，春冬两标祁铺下账。除应支外，不准格外长支，倘有强颜硬问者，面阻勿怪。

一议：各处人位，皆取和衷为贵，在上位者固宜宽容爱护，慎勿偏袒；在下位者亦当体量自重，毋得放肆。倘有不公不法之徒，不可朦胧含糊，外请者就便开销：由祁请用者，即早着令下班回祁出号。珍之重之。

一议：勿论何路码头人位，凡为总领者，每月拨衣资银二两，副班者每月一两。唯初学生意者，五年以内，每月五钱；五年以外照副班者同行。设有经营二三年进号者，亦以初学生意论。皆是以从祁动身之日起，回祁之日止，由祁拨给。如有不回祁者，到年终祁铺核估，齐年终拨销，来年再为起首。如年年拨清，不照旧规回祁一次拨给，庶可将伙等应得之银，年年沏于支账，不至各为长支，实则有应得衣资银抵补，此亦为名实不符起见也。

——资料来源：《山西票号史》，595～597页（山西经济出版社）

知识检测

模块五题库

思考与实践

1. 思考

（1）晋商在长期实践中逐渐创建出一套独特又成熟可行的经营管理制度，从这些管理制度和理念中不断提醒自己勇于创新。

（2）"言于古必有验于今"。反观今天的山西商人，已经与明清晋商有了一定的差距。如何帮助今天的山西商人进一步提高经营管理水平，实现企业的可持续发展，为山西的经济发展做出贡献？

（3）学习习近平总书记关于晋商精神的讲话，挖掘晋商精神的时代价值；并结合山西转型发展的新时期，思考如何弘扬晋商开放精神。

2. 实践

企业成功"三分是技术，七分是管理"。以你所认知的某个现代企业为例，调查这个企业经营管理理念、制度、企业文化等，对比晋商商号，分析其优越性，写出调研报告。

评价内容	自评	组评	教师评价	综合等级
知识检测（题库成绩）	（　　）分	（　　）分	（　　）分	☆ ☆ ☆ ☆ ☆
课堂活动（任务完成）	☆ ☆ ☆ ☆ ☆	☆ ☆ ☆ ☆ ☆	☆ ☆ ☆ ☆ ☆	☆ ☆ ☆ ☆ ☆
课下实践（调研报告）	☆ ☆ ☆ ☆ ☆	☆ ☆ ☆ ☆ ☆	☆ ☆ ☆ ☆ ☆	☆ ☆ ☆ ☆ ☆

感悟提升

学习本模块后，你在职业感悟、生活感悟、生涯感悟等方面是否有新的认识和提高？请具体写出。

模块六 | 走进晋商家族

模块导读

明清时期，伴随着晋商的崛起和发展，全省各地兴起数十家经商致富的富商巨族。如明代蒲州王家、张家，大同天城卫薛家；清代万荣阎景李家，平阳亢家，榆次聂店王家、车辋常家，太谷北洸曹家、沟子村贠家，城内孔家，祁县城内渠家，乔家堡乔家，灵石静升王家，平遥达蒲李家、邢村毛家，西赵董家，乔家山乔家，介休张原范家、北贾侯家，北辛武冀家，太原西寨阎家、西坟张家，定襄湖村邢家，临汾下靳王家，襄汾丁村丁家、南高刘家、师庄尉家、北柴王家、南赵杨家，临县碛口陈家，兴县牛家、孟家沟刘家，汾阳城内牛家、西关郑家、赵家堡孙家、杏花村王家，柳林穆家，阳城南安阳潘家，洪洞马二村许家，汾西师家沟师家，定襄河边阎家，长治市郊区中村申家，高平赵家等。清人徐珂在《清稗类钞》中有其家产记载，可以说是当时的富豪排行榜；清代山西民间则有"四大财、八小财，七十二家毛毛财"的说法。称雄商界500年的晋商，涌现出一大批著名的商号、票号和商人家族，他们凝练成的晋商精神及严格的家规商规是晋商走向成功的宝贵精神财富，值得继承和发扬（图6-1）。

图6-1 乔家大院照壁——履和

学习目标

知识目标	1. 了解明清时期有名的晋商大族，掌握其家族特色、发家史及杰出人物； 2. 了解家规家训的含义，以及其对一个家族的影响； 3. 熟悉一些著名的晋商家族的家规家训
能力目标	1. 具备利用互联网进行资料的收集、整理、分析及归纳总结的能力； 2. 能够将晋商为人处世的智慧迁移、运用到自己的学习及生活中，具备学以致用、知行合一的能力
素养目标	1. 培养和谐尚义、勤俭谨慎、诚信宽厚等素养，努力成为具备优秀晋商品质的晋商精神传承人； 2. 学习优秀的传统，但不局限于传统。努力成为拥有中国灵魂、世界胸怀的新青年

思维导图

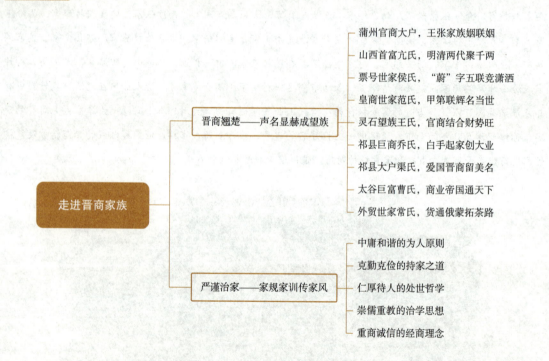

走进晋商家族

晋商翘楚——声名显赫成望族
- 蒲州官商大户，王张家族姻联姻
- 山西首富亢氏，明清两代聚千两
- 票号世家侯氏，"蔚"字五联竞潇洒
- 皇商世家范氏，甲第联辉名当世
- 灵石望族王氏，官商结合财势旺
- 祁县巨商乔氏，白手起家创大业
- 祁县大户渠氏，爱国晋商留美名
- 太谷巨富曹氏，商业帝国通天下
- 外贸世家常氏，货通俄蒙拓茶路

严谨治家——家规家训传家风
- 中庸和谐的为人原则
- 克勤克俭的持家之道
- 仁厚待人的处世哲学
- 崇儒重教的治学思想
- 重商诚信的经商理念

<table>
<tr><td>单元一</td><td>晋商翘楚——声名显赫成望族</td></tr>
</table>

微课：晋商翘楚
——明代晋商大族

• 案例导入

晋商富豪排行榜

晋商驰骋明清商界五百年，被称为"海内最富""富可敌国"，明清的许多史籍文献、文人笔记中或多或少地涉及了当时晋商的财富状况。清末民初著名学者徐珂编撰的《清稗类钞》记载了光绪时期中国最富有的 15 位晋商，其中临汾的亢氏为山西最富，资产在千万两以上；介休县（今介休市）的侯氏居其次，资产在七八百万两；第三位是太谷县的曹氏，资产在六七百万两；第四位是祁县的乔氏，资产在四五百万两；第五位是祁县的

微课：晋商翘楚
——清代晋商大族

渠氏，资产在三四百万两；第六位是榆次县的常氏，资产在百数十万两；第七位是太谷县的刘氏，资产在百万两内外；第八位是榆次县的侯氏，资产在八十万两；第九位是太谷县的武氏，资产在五十万两；第十位是榆次县的王氏，资产在五十万两；十一位是太谷县的孟氏，资产在四十万两；第十二位是榆次县的何氏，资产在四十万两；第十三位是太谷县的杨氏，资产在三十万两；第十四位是介休县（今介休市）的冀氏，资产在三十万两；第十五位是榆次县的郝氏，资产在三十万两。（资料来源：清·徐珂《清稗类钞》第五卷）

案例分析：我们把这 15 家的资产加在一起，有 3 550 ～ 3 950 万两，这是一个什么概念呢？《清史稿·食货志》记载，光绪年间全国的年财政收入为 3 000 万两左右，由此可见，晋商真的是"富可敌国""海内最富"！

另外，这是一份不完全的、粗略的统计资料，这些富户中还不包括大盛魁的财东、平遥达蒲村李家、介休范家、灵石王家等。同时，因反映的是清末的情况，如介休冀家资产三十万两，已是衰败之时；榆次常家资产百数十万两，已是对俄茶叶贸易大受挫折和损失之后。总之，这个排行榜还难以完全反映晋商鼎盛时期的情况，但晋商的富庶可见一斑。

• 知识精讲

在晋商发展的五百年间，涌现出了许许多多著名的商人家族。**明代的晋商**以晋南盐商，泽州、潞州的铁商、绸商最为活跃；清代则以晋中地区的外贸商人、茶商、票商最为风光。他们在不同的领域、不同的时期创造出了辉煌的业绩，他们是商人家族中的杰出代表，在家族的发展中展示出与众不同的特征。

小视频：明代的晋商

一、蒲州官商大户，王张家族姻联姻

明朝中叶，商品经济十分繁荣，官商一体家族的出现成为一种新的社会现象。这一表现在山西蒲州（今永济）最为突出，蒲州则以王崇古、张四维两大家族最为典型。王崇古，是隋末大儒"文中子"王通后裔，官至兵部尚书；张四维比王崇古小16岁，为元末解盐商张思诚后裔，官至内阁首辅。他们俩是甥舅关系，王崇古是舅，张四维是甥。王崇古的父亲王瑶和张四维的父亲张允龄，都是当时响当当的"商业巨擘"。受其影响，甥舅二人虽为京官，但骨子里有着山西商人的血液。

1. 王氏家族

蒲州王氏家族是一个以商起家后成为官商结合的家族。明朝初年祖先王冲文从汾阳迁到蒲州，传至第六代王馨，担任河南邓州学正，大致相当于今天的县教育局局长，他的三个儿子中长子王现、次子王瑶都曾立志出仕做官，但都未成功，便外出经商，成为当时有名的大商人。王瑶的三子王崇古更加优秀，通过读书学习走上仕途，最终在朝为官，成为明代晋商的佼佼者。图6-2所示为蒲州王氏之世系（部分）。

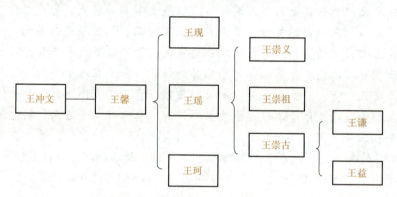

图6-2 蒲州王氏之世系（部分）

王现，字文显，据明人李梦阳《空同集》记载：王现本来也是读书的，但未成功，于是开始经商，"尝西至洮陇，逾张掖、敦煌，穷玉塞，历金城，已转而入巴蜀，沿长江下吴越，已又涉汾晋，践泾原，迈九河，翱翔长芦之域，竟客死郑家口。"王现经商四十多年，足迹走遍大半个中国，而且很少亏空，从而家业大起。又记载说王现为商"善心计，识重轻，能时低昂，以故饶裕。与人交信义秋霜，能析利于毫毛，故人乐取其资斧，又善审势伸缩。"说明他经商讲究货真价实、公平交易，因此许多人都乐于与他做交易。王现在经商致富之后，根据自己的人生经历提出"商与士，异术而同心"的理论。这是他对自己人生的总结，也是教育后代的依据。

王崇古，字学甫，号鉴川，是王氏家族中最为显赫的人物，进士出身，累官至兵部尚书，明朝后期著名的守边大臣。王崇古自幼熟知兵法，善于用兵，熟悉边防事务，屡建战功。明嘉靖年间，抗击东南沿海倭寇立下了功绩，晋升为陕西按察使、河南布政使；隆庆初年，总督陕西、延绥、宁夏、甘肃四镇军务，摧垮了占据河套地区东蒙古人吉能（鞑靼吉囊之子）部落的主力；隆庆四年（1570年），朝廷特调王崇古为宣府、大同、山西（今山西偏关县）三镇总督后，不失时机地促成了明朝与俺答的"封贡互市"的"隆庆议和"。之后，王崇古广招商贩，听命贸易，汉族与蒙古族的边疆贸易由此兴盛。大同、宣府、偏关三镇，各地商帮蜂拥而至，各种物资八路汇聚，山西商人近水楼台先得月，"（张）四维父（张允龄）盐长芦，累资数十百万，而（王）崇古盐在河东，相互控二方利。"明朝最大的盐场——长芦盐场被张四维家族垄断，明朝最精美的产盐地——解州盐池被王崇古家族把持。官商队伍的苗壮，致使边境经济得到迅猛发展，政治和军事上的长久稳定也随之而来。王崇古因此被擢升为兵部尚书，加封太子太保。

2. 张氏家族

张氏家族也是蒲州一个以商起家后成为官商结合的显赫一时的家族。张氏的祖先最早居住在解州盐池之南，元朝时，始祖张思诚为避免战乱而迁到了蒲州，传到第八代张允龄、张遐龄时，张家行商于大江南北，家业逐渐丰裕。张允龄有九个儿子，个个都很优秀，最出色的是长子张四维。图 6-3 所示为蒲州张氏之世系（部分）。

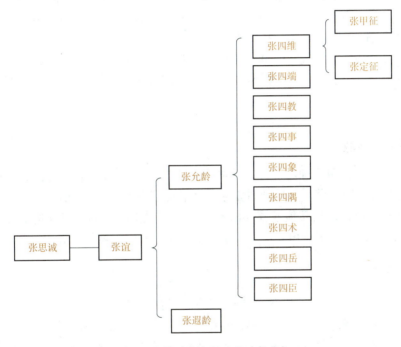

图 6-3　蒲州张氏之世系（部分）

张允龄的祖父、父亲均早逝，他由祖母和母亲抚养长大，年幼时就掌理了家政。为了解决家中用度拮据的状况，他外出经商，先到甘肃的皋兰、张掖、酒泉，后又去江苏、湖北、四川、河北、山东等省份。张允龄经商 20 年间，足迹半天下。他虽然身在商界，但轻财重义，诚实守信，南北所到之处，为众商人们所敬服；他但凡遇到事情，往往判断正确无误，因此获利颇丰。张允龄的妻子王氏是王崇古的姐姐，他们十分重视对子弟的教育，长子张四维得以中举为官，走上仕途。

张四维，字子维，号凤磬，明代中期政治家、内阁首辅。作为长子，张四维从小受到良好的教育，于嘉靖三十二年（1553 年）考中进士，历任编修、翰林学士、吏部侍郎。隆庆四年（1570 年），与同在朝为官的舅舅王崇古、大学士高拱、张居正共同促成了"封贡互市"的实现。隆庆六年（1572 年），万历皇帝继位，张居正接替高拱出任了内阁首辅，在蒲州归隐的张四维则逢年过节不惜重金讨好张居正，与他交往密切，以期重返政坛。万历三年（1575年），在张居正的极力推荐下，张四维出任礼部尚书兼东阁大学士，进入内阁参赞机密事务。当时，万历皇帝年幼，朝廷一切政事都由张居正裁决，而张四维也只是谨慎侍奉于他，对政事常常不置可否。万历十年（1582年），张居正去世，张四维填补了空缺，出任内阁首辅，正式执掌国家大权。此时的张四维为了迎合时议，收揽人心，乘机废行张居正的改革方案，一时获得了舆论和新贵的赞誉，稳固了自己的势力集团。不久，张四维又被加封为少师，授中极殿大学士。在政治上获得巨大成功的同时，张四维建议皇帝一扫"重农轻商"的传统观念，力行商业与农业同步发展的政策。

知识链接

内阁首辅

"内阁"是明清两代的中央政务机构。明成祖即位后，令品级较低的翰林院编修、检讨等官入文渊阁当值，参预机务，称为"内阁"，相当于顾问，内阁辅臣的人数为1～7人不等。"内阁首辅"是对内阁大学士中位居第一者的尊称。明仁宗以后，内阁权力逐渐增大，入阁者多为尚书、侍郎，后成为明朝行政中枢。张居正是明朝政治家、改革家、内阁首辅，辅佐万历皇帝实行"万历新政"，史称"张居正改革"。他任内阁首辅十年，明朝出现了中兴的局面。

3. 王张联姻壮商威

王氏和张氏家族在明代驰骋商界，除各自家族在经商和教育后代方面有自己的独到之处外，还有一个重要原因就是他们通过姻亲关系将自己的势力扩展到官场，成为远近闻名、朝野俱知的官商大户，这是其他各族无法比拟的。正是由于他们既有官场的支持，又有四通八达的商业网络，两者相辅相成，生意才越做越火，官职越做越大。

知识链接

张氏、王氏的姻亲

张四维的父亲张允龄，娶的是兵部尚书、宣大总督王崇古的姐姐王氏。张四维的妻子王氏是蒲州商人之家，张四维的二弟张四端的妻子李氏，五弟张四象的前妻王氏、续室范氏均出身于商贸之家。而范氏的祖父范世逵是著名的大盐商，其祖辈范永斗是"八大皇商"之一。张四维的儿子张定征，娶的是曾任兵部尚书的杨溥的孙女。张四维的女儿嫁给内阁大臣马自强的儿子马慥，马自强的弟弟马自修又是陕西的大商人。王崇古的姐妹中，大姐嫁给蒲州盐商沈氏，二姐嫁给张允龄，三姐嫁给阎一鹗，四姐嫁给监生宁夏，五姐嫁给庠生刘一直。由此可以清楚地看到，张氏、王氏家族的姻亲均是商人或官宦之家。

由此而来，张氏、王氏和陕西的马氏三家是在官场和商场均有极大势力的官宦集团和商人家族，他们通过姻亲结成了姻联姻、亲套亲，官僚、地主、商人三位一体的通家巨族。他们除在官场形成盘根错节、千丝万缕的利益集团外，还在商业上控制了河东盐、长芦盐和两淮盐，垄断了国家的盐业贸易，自然获得大利。隆庆五年（1571年），河东巡盐御史郜永春上奏"河东盐法之坏由势要横行"，要求"治罪崇古，而罢四维"。当然这种奏折最后只能不了了之。在"隆庆议和"事件中，主张议和的代表人物就是张四维与王崇古，他们这种主张的确比战争更有利于国家与人民，但也不可否认其背后的商业家族的巨大利益。

想一想　你如何理解婚姻中的"家族联姻""门当户对"？

二、山西首富亢氏，明清两代聚千两

晋商中的首富，在《清稗类钞》里已有记载，"资产在千万两以上"，那就是平阳府的亢氏。亢氏致富有一个"李自成遗金"的传说，但这个故事经不起推敲。亢氏祖籍山东，明万历年间亢氏家族的先辈逃荒而流落到平阳府，试图通过经商来改变家族的命运。亢氏的第一位经商者是亢嗣鼎的父亲，他从卖豆腐做起，逐渐积累了一些资金。到亢嗣鼎时得到平阳赵知府的帮助，从此商业走上正轨。亢氏清初发迹时有"约计千万"的资产，到清末光绪时"号称数千万"，经过200多年的发展，亢氏的资产增加了好几倍，这是亢氏善于经商的结果。

亢嗣鼎，人称"亢百万"，生于明末，卒于清康熙末年。成年后，他娶了一家富户的千金，在岳丈的资助下，亢嗣鼎把生意从平阳府做到了扬州，他靠着出色的经营手段和交际手段，很快就在两淮盐商中异军突起，积累了庞大的资产，成为一名日进斗金的大盐商。在扬州，亢嗣鼎的富名与安氏齐名，有"南安北亢"之说。"南安"是康熙年间两淮盐商中的头面人物——盐务总商安鹿村（一作安禄村），"北亢"就是亢百万。亢氏与安氏齐名，亢氏在两淮盐商中的资本和权势可想而知。据说，康熙二十年（1681年），清廷因国库空虚，向全国22个省增派捐款，亢嗣鼎奏请将山西摊派的银两全部负担下来。

知识链接

亢氏——清代山西第一富

亢氏从清初发迹到清末衰败，他家没有涉足票号业，而是以传统商业为主，主要体现在以下几个方面。一是大盐商。清代盐实行专卖制，即由政府特许的盐商凭盐引到指定地区运销，这种贩运特权，使盐商获利颇丰。而亢家顺利得到了贩盐特权，获利颇丰。二是大粮商。清代粮食的贸易规模很大，亢氏致力于长途贩运和粮店经营。当时的北京粮食消费旺盛，而北京资本最多、规模最大的粮店，就是亢氏在正阳门外所开设的粮店。亢氏在平阳老家的"仓廪多至数千"，在京城的粮行储备有米粮万石。亢氏曾扬言"上有老苍天，下有亢百万。三年不下雨，陈粮有万石。"三是大典当商。清代典当业与盐业并称商界两雄，这一行业的山西典当商颇多，而亢氏是一个资本雄厚的大典当商，亢家到底开了多少当铺，无据可查。但是"500个金罗汉"的故事，却挤垮了竞争对手。四是大地主。亢氏在平阳府"宅第连云，宛如世家"；在扬州城西北角虹桥小秦淮河附近临河建了一座"亢园"，当地人称为"百间房"，如今是瘦西湖公园的一部分。在小东门外，还有一处"亢家花园"。

亢氏的资产到底有多少，是很难说清楚的，康熙时的钮绣指出："江南泰兴季氏与山西平阳亢氏，俱以富闻于天下"。历史学家邓之诚也写道："康熙时，平阳亢氏，泰兴季氏，皆富可敌国，享用奢靡，埒于王侯。"可见，亢氏在清朝初期已经是名扬天下的山西首富，亢氏之后才出现了其他诸姓晋商大户。

三、票号世家侯氏，"蔚"字五联竞潇洒

介休侯氏在《清稗类钞》里排列第二，"资产在七八百万两"。侯氏祖籍陕西，后迁入介休北贾村。侯氏世代经商，到康熙年间，商业已初具规模。第十七代侯万瞻和两个儿子外出到苏、杭一带贩卖绸缎而发家致富，同时还曾短期投资盐业。到侯万瞻的孙子侯兴域时，已是外有商号60多处，内有房产、土地、骡马等，总资产达到800万两赫赫有名的财主了。这是一个由布商成为票商，进而盛极一时的大财东的典型。侯氏曾经创办著名的"蔚"字五联号，堪称票号世家。图6-4所示为介休侯氏之世系（部分）。

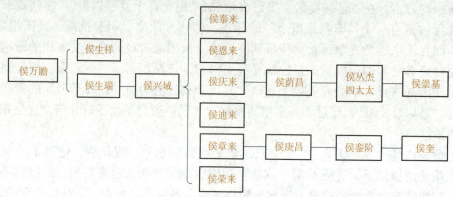

图6-4 介休侯氏之世系（部分）

侯兴域，字蔚观，第十九代，是侯氏承前启后的重要人物，他在继承祖业的基础上苦心经营，使侯氏财产达数百万两以上，介休人称之为"侯百万"。侯兴域创办的商号，本村有兴长记、德长蔚；介休张兰镇有义顺恒、中义永；平遥城内有协泰蔚、厚长来、新泰永、新泰义、蔚盛长；运城有六来信；河北赵州有天兴记；北京等地有隆胜永、蔚兴昌、义盛昌、蔚新源、同豫昌、源盛义、双余魁、同裕成、同德成、同裕永等。这些商号的经营范围涉及绸缎、布庄、茶叶、钱铺、账局、染房、药铺、杂货及油盐米面等各个领域。并以其6个儿子的名义集资在运城设立"六来信"，经营河东盐池，获得巨大的商业利润。

侯庆来，又名侯培余，是侯兴域的三子。他为人精明练达，主持家政后，首先把在平遥开设的蔚盛长、协泰蔚、厚长来、新泰永商号都改为带有"蔚"字的蔚泰厚、蔚丰厚、蔚盛长商号等。据说是因其父字"蔚观"，改为"蔚"字号就是永志其父创业的艰辛，教育后辈永世不忘之意。道光年间，侯庆来又适应市场变化，聘请平遥毛鸿翙把经营绸缎的"蔚"字号商号均改为票号，合称"蔚"字五联号，成为山西历史上规模最大的票号。最终使侯氏的生意发展到"一纸票号千里传，每年进账数百万"的巅峰状态。侯庆来发迹后，又在北贾村大兴土木，建筑宅院，新建房屋、过厅、书房，极尽富丽堂皇。他先后修建了3个村堡，这就是现在的介休市旧堡、旧新堡、新堡3个村落。他请著名书法家徐润写了一副对联挂在新建的大厅上：上联是"读书好，经商亦好，学好便好"，下联是"创业难，守成亦难，知难不难"，作为后人经营持家的座右铭。侯庆来只活到36岁，死后由其子侯荫昌总管侯家生意。

奢靡之风使侯氏衰败

清末，国事衰微，内忧外患，侯家的少爷太太们仍旧过着养尊处优、腐化奢侈的生活。光绪三十四年（1908年），第二十二代侯从杰去世，"蔚"字号由侯从杰的妻子侯四太太代管，侯

四太太为了把丈夫的葬礼办得体面些，一次就挥霍了 1 万两白银，丧期持续达 6 个月，上等酒席摆了几百桌，光坟茔上的石人、石马、石碑就花了 2 000 两白银。传至第二十三代侯奎这一代，后代已经彻底堕落成纨绔子弟。侯奎是介休县（今介休市）赫赫有名的挥金如土的阔少爷，有一次，在介休张兰镇的大庙会上，侯奎带着大批随从，横行霸道，出尽风头。他的这种做法引起了另一个富家子弟灵哥的嫉妒，于是两家摆起擂台，夸富斗势。他们斗富的玩法——看谁烧的银钱多。一张钱票是 1 000 文，当时 20 文一斤白面，一张钱票就是 50 斤白面，两人比赛一次，要烧掉几千斤甚至几万斤白面，令旁观者无不惊讶咋舌。挥霍惊人的侯奎只活到 43 岁。

四、皇商世家范氏，甲第联辉名当世

介休张原村范家，祖籍陕西，始祖范志纲于明成化年间由陕西迁往山西，寄居于介休城中，后迁于张原村。第六代范明携其长子范永魁到塞外经商；明末三子范永斗继承父兄事业，成为操纵张家口一带贸易的"八大商人"之一。第九代范毓馪（pīn）时既是"皇商"又是"官商"，显赫一时。范氏家族从顺治初年延续至乾隆中期，前后六世经商，其间曾有祖孙三代隶籍内务府，"上通朝廷，下连市廛，甲第联辉，名艳当世"，显赫近百年。极盛时是著名的大粮商、大铜商、大盐商，但因"拖欠官项累累"，最终衰败，是晋商中"成于官而败于官"的典型代表。图 6-5 所示为介休范氏之世系（部分）。

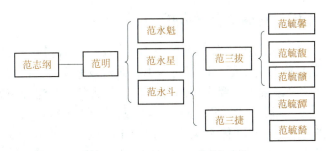

图 6-5　介休范氏之世系（部分）

范永斗是范氏家族转折的关键人物。明末，范永斗把商号建在张家口从事马市贸易。当时东北的女真人派出使者从辽宁到张家口参与马市贸易，用皮毛等换回他们生活所需要的铁器、盐、粮食、布匹等物品。在这种贸易中主要是山西的"八大商人"，即王登库、靳良玉、范永斗、王大宇、梁家宾、田生兰、翟堂、黄永发。后来，女真人入关建立清王朝以后，十分感谢这八家商人对他们的帮助，不断赐宴、封官、给予房地，顺治还将他们封为"皇商"（隶籍内务府）。范永斗被命主持贸易事务，并"赐产张家口为世业"。从此，范永斗等取得了其他商人无法享有的政治、经济特权，他不但为皇家采办货物，还借势广开财路，除经营河东、长芦盐业外，还垄断了东北等地区人参等贵重药材的市场，被民间称为"参商"。范永斗成为八大家中的佼佼者。

范毓馪是范氏家族中最突出的一个人。年少时就跟随父亲在塞外奔波，范毓馪头脑灵活、聪明过人、见多识广。康熙二十九年（1690年）、三十五（1696年）年和三十六年（1697年），康熙带兵讨伐西北部的噶尔丹军队叛乱，因道远路艰，"输米馈（kuì）军，率以百二十金致一石"，这就是说，每石米运输到前线需要 120 两白银。康熙六十年（1721年），范毓馪主动请缨，承担起运送军粮的任务，每石米仅要 40 两白银，是朝廷的 1/3。康雍乾三朝，范氏一直为政府运送军粮，军粮每石从起初的 40 两降至 25 两、19 两，甚至更少。十余年间共运粮百万余石，为朝廷节省费用 600 余万两。雍正为表彰其功，特赐范毓馪为太仆寺卿，为正二品，范氏家族也开启了当官之路，先后有 20 多名范氏家族成员被朝廷授予官职。这为范氏以权经商创造了更为有利的条件。康熙到乾隆初年，是范氏家族在经济上和政治上发展最兴盛的时期。但是作为官商，凡事都要按朝廷的旨意办事，运粮的生意，范家一直在亏本经营，20 多年来，累计拖欠朝廷款项 170 多万两。

知识链接

"成于官而败于官"

范氏获得"皇商"的称号后，事业由边疆向内地发展，成为著名的大粮商、大铜商和大盐商。清康熙年间，因为朝廷铸币的需要，对铜的需求大增，从而出现"铜荒"，清政府打算到日本购买铜。范家看到机会，上书请奏，愿减低利润，为清政府去购买铜，获得批准。从康熙三十八年（1699 年）开始，范家就开始经营大清与日本的铜矿贸易，从中大赚一笔，一直到康熙五十五年（1716 年），日本限制铜矿出口为止。乾隆四十六年（1781 年），日本铜资源缺乏，铜矿价格高涨，铜已无利可图，但范家因为是官商，还得借朝廷的钱给清政府贩铜。据不完全统计，范氏共欠朝廷 330 万两，无力偿还。乾隆四十八年（1783 年），清政府因范氏"拖欠官项累累"，严加审讯范清济兄弟，范氏被抄家，至此，皇商范氏结束了其显赫一时的官商历史。

五、灵石望族王氏，官商结合财势旺

灵石静升王家，为太原王氏宗裔，世居灵石县禹门外沟营村。元皇庆年间（1312—1313 年），始祖王实迁至静升村定居，以佃耕为生，兼营豆腐生意。明代是晋商驰骋天下的时代，也是王家由耕读之家成为巨商大贾的时代。王氏从第六代起分为五大支派，分别为"金、水、木、火、土"，乾隆五十四年（1789 年）改为"仁、义、礼、智、信"，到明末天启年间（1621—1627 年），王氏已传至第十三代，士、农、工、商一应俱全，明朝天启年间的碑文对此曾有记载（图6-6）。王氏在康熙、乾隆、嘉庆年间，仅五品至二品的官员就有 42 人，各种士大夫 101 人。王氏最终发展成"以农以官养商、以商兴贾、以官显宦"的地主、富商、官僚三位一体的大望族。历经六个多世纪，至今已传至第二十八代。图 6-7 所示为灵石王氏之世系（部分）。

士者，经史传家，英辈迭出；
农者，沃产遗后，坐享年盈；
工者，彻通诸艺，精巧相生；
商者，逐利湖海，据资万千。

图 6-6 王氏碑文

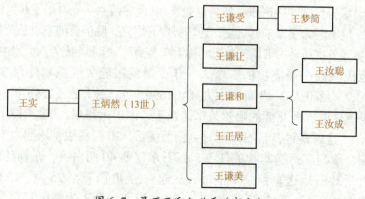

图 6-7 灵石王氏之世系（部分）

180

"王"姓起源于太原

王姓是当今中国姓氏排行第一位的大姓，拥有人口近1亿。王姓是一个源头众多、族派纷繁的姓氏。有的出自"妫"姓，为齐王田和后裔，以王族称谓为氏。有的出自"子"姓，为殷商王子比干之后，以爵号为氏。有的出自"姬"姓，为周文王之后，以王族爵号为氏，始祖是2 500多年前周灵王的太子——姬晋。"姬"是姓，名为"晋"，字"子乔"，太原晋祠的"子乔祠"就是对王子乔的纪念。太原王氏后来又分为了琅琊支、咸阳支、固始支，潮州支等分支，繁衍华夏，遍及五洲。故太原王氏素有"天下第一王"之称。

王氏开始进入官场是第十四代的王谦受、王谦和兄弟俩，他俩都擅长交际，能言善辩，机敏聪颖。康熙十二年（1673年），吴三桂叛乱，清政府急需军马粮草，兄弟两人抓住机会，将24匹良马献给平阳府支援平叛，受到平阳知府及步军统领的赞赏。从此，王家兄弟从中不仅得到了经济利益，生意规模更加扩大，政治地位也大大提高，王氏兄弟受到康熙皇帝的褒扬，王谦受古稀之年时还受邀参加康熙在乾清宫举办的"千叟宴"，并捧回御赐龙头拐杖一柄，至今一直供奉在王家祠堂，被看作是神器。

第十七代王汝聪、王汝成从小受到父亲王中堂的良好教育，成年后都官居要职。哥哥王汝聪为"布政司理问"加二级，诰授奉政大夫，是五品官；弟弟王汝成是"刑部山东司郎中"加三级，诰授朝议大夫，为四品官。兄弟利用职务之便，帮助族人漕运盐茶，从中获利，寄回家中一笔巨款，由管家将巨款存入介休票号，然后每年取用此款的利息在家乡修建宅院，如今王家大院的高家崖就是花了3 200两白银建造的。

六、祁县巨商乔氏，白手起家创大业

祁县乔氏，祖居祁县乔家堡，始祖乔贵发出生于清康熙末年，年轻时走西口到包头，白手起家开始创业。到第三代乔致庸时，达到极盛，留下了一段"先有复盛公，后有包头城"的佳话。极盛时期，国内各大小城镇几乎都有它的字号，而且独领风骚200余年，到新中国成立前延续六代。乔氏是清末民初闻名全国的商业金融资本家，在山西封建商业资本中具有很大的代表性。图6-8所示为祁县乔氏之世系（部分）。

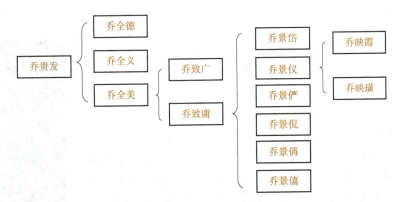

图6-8　祁县乔氏之世系（部分）

乔贵发，祖居祁县乔家堡，从小父母双亡，寄食在舅舅家。长大后回到乔家堡，有一次在侄子的婚礼上做帮工，却受到村里人冷言冷语的讽刺，年轻倔强的乔贵发一怒之下便走西口。经过多次辗转，先是在旅蒙商号里拉骆驼三年；之后和来自徐沟的秦肇庆结为兄弟，一起到了内蒙古萨拉齐厅的老官营村的一家当铺当了伙计；有了一些积蓄后，兄弟俩再转到西脑包开了一间草料铺，自己当上了老板，期间做"买树梢"生意亏损，一度低沉。乾隆二十年（1755年），口外粮食丰收，秦肇庆抓住机遇，通过"买卖黄豆"大赚一笔，二人认为时来运转，最终在繁华的包头东大街开设货栈"广盛公"。乔贵发经商起落频繁，但凭借着勤劳坚韧的性格，终获成功，他是晋商中白手起家的典型。嘉庆六年（1801年），广盛公更名为"复盛公"之后，店内股份也由当初的乔、秦各半，改为乔家11股、秦家3股。从此复盛公大展宏图。

乔致庸，字仲登，号晓池，人称"亮财主"，是乔家的第三代掌门人，一生历经嘉庆、道光、咸丰、同治、光绪5个朝代，活到89岁，是乔家最长寿的一个。乔致庸是一个商业奇才，乔家的事业在乔致庸时代度过了最辉煌的时期，极盛时，资产可达上千万两。

在包头，乔致庸在原有复盛公、复盛全两大字号的基础上，清同治三年（1864年）投资6万两白银开设复盛西典当铺，以后又相继开设复盛西粮店、复盛协钱铺、复盛锦钱铺、复盛兴粮店、复盛和粮店等"复"字号；另外，还以在中堂的名义，于光绪元年（1875年）独立投资5万两白银，开设广顺恒钱铺，光绪十三年（1887年）投资3万两白银，开设了法中庸钱铺。这样，乔家在包头城内开设了19个门面，职工四五百人，成为包头城开办最早、实力最雄厚的商号。复盛公的发展壮大，对包头这座城市的形成影响深远，所以今天包头城还流传着有"先有复盛公，后有包头城"的民谣。

在祁县，乔致庸在原有大德诚、大德兴两大茶庄的基础上，顺应票号兴起的经济浪潮，咸丰年间将大德兴茶庄改营票号业务，光绪七年（1881年）投资6万两白银开设大德恒票号；光绪十年（1884年）追加6万两白银，将大德兴茶庄改为大德通票号。大德恒、大德通这两个票号在全国各地拥有20多个分号，号称"汇通天下，威震南北"，成为全国票号业中的佼佼者。

此外，乔致庸还于光绪年间在归化城先后开设了主营日用百货的通顺南店，主营绒毛皮张的通顺北店，主营粮食的大德店、德兴店，主营米面的德兴长店，在太原开设了晋泉涌钱铺，在乔家堡开设了主营日用百货、兼营饭庄酒馆的万川汇。

知识链接

电视连续剧《乔家大院》

45集电视连续剧《乔家大院》讲述的是清朝中后期著名晋商乔致庸的故事。电视剧一明一暗两条线索，以乔致庸弃文从商后，怀抱"以商救民、以商富国"的梦想，与商家同行、达官显贵、慈禧太后乃至土匪强盗、太平军之间，展开长达一生的错综复杂、波澜迭起的斗争为主线；以他与青梅竹马却由爱生恨的恋人江雪瑛、情深义重的夫人陆玉菡之间的缠绵悱恻、痛苦挣扎的爱恨情仇为副线，商战斗争中纠缠着复杂的情感纷争。众多性格鲜明、可爱可恨的人物交织其中，伴随着一波未平一波又起的矛盾冲突，将晚清的社会面貌与晋商的风采一一展现。电视剧并未局限于晋商大院内的家族恩怨，而是把重点放在乔致庸闯荡天下，开辟商路，为追寻"汇通天下、货通天下"的理想而积极奋斗、永不放弃的历程。以烽烟战火弥漫的晚清社会为背景，场面大气开阔，情节跌宕感人，是一部不可多得的商战题材大片（图6-9）。

图6-9 《乔家大院》剧照

七、祁县大户渠氏，爱国晋商留美名

祁县渠氏，先祖是上党长子县人。元末明初，始祖渠济往返于上党与祁县之间做一些小生意，有了积蓄后便在祁县城内定居，后来其子孙在包头一带经商。第十四代渠同海走西口进军万里茶道，是渠家生意的转折点，从此渠家的商业有了大拓展。第十六代渠长瀛修建了规模宏大的渠家大院。第十七代"源"字辈由茶叶转入票号，进军金融业，渠氏商业进入了黄金时期。第十八代的渠本翘更是家族中最重量级的一个人物。渠家的商业能量之大，影响之深，在中外商业史上是罕见的。图6-10所示为祁县渠氏之世系（部分）。

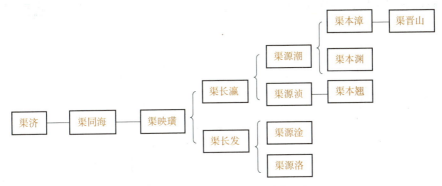

图 6-10　祁县渠氏之世系（部分）

渠源浈是第十八代的代表人物，乡人称为"旺财主"。他是"三晋源"票号的财东，还与渠源潮、渠源淦（gàn）、渠源洛合组"百川通"票号，投资"存义公"票号，同时，还在各省设有茶庄、盐店、钱铺、当行、绸缎庄、药材庄等庄号。渠源浈是渠氏家族中最善于经商理财的人，他常对人说有三种财不能求，一不求不法之财，二不求不义之财，三不求不劳之财。同治年间，渠源浈投资30万两开办了百川通票号，后来柜上存入了旗人一笔30万两的巨款，只保存银，不要利息。"百川通"因此大走财运，三年结账，每股分红1万余两，渠源浈分得红利10万两。连续分红三次，挣回原来的本钱后，渠源浈便断然将本金全部抽回，商界人士十分惊讶。原来他认为：凡事乐极生悲，盛者必有衰，做买卖有挣就有赔。百川通存银的是旗人，旗人有权有势，时间一长难免要耍无赖。何况发财也要有够，差不多时就要罢手，这样股息皆得。若到亏损衰败，就悔之已晚！果然如渠源浈所料，不久之后，那旗人出尔反尔，因未能领到红利而大闹百川通。渠源浈之识见，一时在山西商界被人广传，因而祁县就有了"旺财主，有眼力，赚钱不钻钱眼子"的俚语。

渠本翘，字楚南，是渠源浈的儿子，他天资聪颖，勤奋好学，但父亲却希望他能子承父业，从事商业。因父子俩志向不同，不受父亲宠爱，便与母亲寄居在乔家堡的外祖父家里。渠本翘在乔家私塾受到良好的教育，不到20岁便博经通史，获得了"神童"的称誉。26岁中解元，31岁中进士，任内阁中书，1904年受命出任大清驻日本横滨领事，成为祁县历史上第一位外交官。纵观渠本翘一生，他是一位集官、商、绅于一身的文化商人，被称为"开明富商"，他有三大贡献。第一，渠本翘是山西近代民族工业的先行者。1906年，接办了官办的"晋升火柴公司"，改为"双福火柴公司"，在山西省开创了民族资本工业的先河。第二，渠本翘是一位爱国商人。1905年，山西商民发起了保矿运动，渠本翘积极奔走呼吁，最终将矿权赎回，并设立了保晋矿务有限公司，出任第一任总理。第三，渠本翘是一位热心的教育家。他担任过山西大学堂监督的职位，创办了昭余中学，捐资赞助太原的私立光华女子学校。

八、太谷巨富曹氏，商业帝国通天下

太谷曹氏原住在太原晋源的花塔村，明洪武年间始祖曹邦彦，迁至太谷县北洸村。明末清初传到第十四代曹三喜，他闯关东到了东北三座塔，成为曹家的发迹人。第十六代分出曹兆远的"东六门"，曹兆鹏的"西六门"。"东六门"后来改名"六德公"，他们的后代商业得到大发展，在道光至光绪年间进入极盛期，并派生出"三多堂"。这百余年，经过几代人的励精图治，曹氏家族商业成为拥有资本1 000余万两白银、商号640余座、雇员37 000余人，涉及13个行业、横跨7个国家的商业大家族。民国年间的《太谷县志》记载，"读三晋富庶者，无不于谷首屈一指。谷首富当属北洸曹家。"图6-11所示为太谷曹氏之世系（部分）。

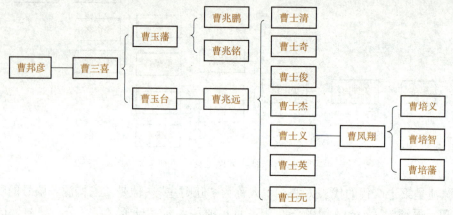

图6-11　太谷曹氏之世系（部分）

明末清初，第十四代曹三喜不满安逸生活的现状，独闯关东到了东北的三座塔村（今辽宁朝阳县），以种菜、养猪、磨豆腐为生。略有积蓄后，开始利用当地盛产的高粱酿酒，酿酒业就成为曹家的第一个行业。有了钱的曹三喜继续扩大再生产，经营业务很快发展到杂货业、典当业。三座塔村也越来越繁荣，清政府把三座塔改为"朝阳县"。而曹三喜在此早已开办商铺，所以当地人称"先有曹家店，后有朝阳县"。曹家生意由朝阳县向外扩张，到达沈阳、锦州、日本等地区，很快在东北创建了雄厚的商业基地。1644年清兵入关，曹三喜的生意由关外向关内发展，他首先在老家太谷设号，接着将商号开设到华北、西北各商埠，占据了大半个中国。不仅如此，还跨出国门、走向世界，将商业的触角伸到了日本东京、朝鲜平壤、俄罗斯的恰克图、蒙古的乌兰巴托，甚至到达英国伦敦，在中国的经商史上创下了不朽的辉煌。

第十九代的曹培义，大约生活在咸丰至光绪初年，他是"六德公"的第三任"专东"。曹培义在祖辈、父辈的熏陶教育下，经营管理才能比祖辈、父辈更高一筹，曹氏商业开始进入突飞猛进的发展期。咸丰、同治年间，在他的主持下，经营地域扩大，业务范围大增，新设立的商号有十几座。国际上，开辟了恰克图、库伦商路，与蒙古、俄罗斯的贸易进入大发展期，更重要的是在库伦、恰克图设立了锦泰亨分庄，太谷彩霞蔚绸缎庄和张家口的锦泰亨、锦泉涌、锦泉兴等也发展为专门与蒙俄贸易的商号；在国内，形成了颇具规模的"组织货源—包装运输—销售"一条龙的商业集团。咸丰初年，太平天国运动爆发，曹培义耗银70万两在太谷南山范家庄购得山寨一座，筑起一座石砌的豪华宅院，名曰"迁善庄"，供家人夏季避暑、战时避险所用。

曹氏的"专东"

"专东"是曹氏家族的特色，由所有股东共同商议，在曹家人中选出一个优秀的称职的人，来负责曹氏家族整个商业的经营。曹氏家族从第十七代的曹士义开始设立"专东"，曹士义的堂名叫"德善堂"，这一堂一枝独秀，人才济济，善于经商，因而历代都被公推为"专东"。之后的第十八代的曹凤翔，第十九代的曹培义，第二十代的曹中美，第二十一代的曹克让，第二十二代的曹师完、曹师肃等，都是"德善堂"的后代。这些"专东"也都是名振商界的商业大亨。

曹中美是曹培义的侄子，继任第四任"专东"，是曹家鼎盛时的财东。曹中美主持期间，六德公增设商号多达70余座，总堂经济实力雄厚，最大的账庄"励金德"将江南作为发展重点，在江苏徐州投入资金6万两白银开设"宝丰萃"典当铺，后陆续投入资金6万两白银开设锦丰庆、锦丰焕、丰治通3座钱庄，在上海开设"换记油坊"等，使江南成为曹氏的又一个商业中心。同时，对蒙、俄贸易异常活跃，在蒙古的库伦、俄国的莫斯科、德国的柏林、法国的巴黎、英国的伦敦设立锦泰亨小号，在日本、朝鲜设立三晋川小号等。出口商品从单一的茶叶发展为兼营丝绸、立铜工艺品等，并捎回头脚货，在锦泰亨等商号行销。大宗的银元源源不断地运回曹家老号励金德账庄。此时的曹家已经成为拥有商号640余座，从业人员3 700余人，总资产达1 200余万两白银的巨型"跨国公司"。

九、外贸世家常氏，货通俄蒙拓茶路

榆次常氏，明朝时始祖常仲林从太谷迁居榆次车辋村刘家寨。康熙年间，第八代常威徒步到张家口后，开了"常布铺"。第九代常万玘主营国内市场，常万达开拓万里茶道，双雄崛起，常家走向鼎盛。常氏一门历经乾隆、嘉庆、道光、咸丰、同治、光绪、宣统七代，沿袭150多年。尤其在晚清，在恰克图数十个较大商号中，常氏一门独占其四，堪称清代晋商中的"外贸世家"。常氏家族遵循"学而优则贾"的家训，从咸丰到光绪的半个世纪中，常家子弟考取进士、举人、拔贡、秀才，成为监生、贡生者多达176人，堪称"儒商世家"。图6-12所示为榆次常氏之世系（部分）。

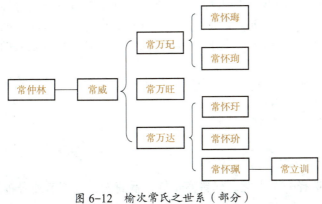

图6-12 榆次常氏之世系（部分）

康熙年间，第八代的常威不甘心过穷人的生活，20 岁那年，就身背搭裢，带上前辈放羊时用过的鞭子，徒步走到了张家口寻找商机。张家口是蒙汉"互市之所"，商业贸易十分兴盛。常威凭着坚韧的毅力、淳厚的品质，经过多年的艰辛劳作，用积累的一笔资金开了一个叫作"常布铺"的小布店，生意做得红红火火。在张家口扎下根之后，常威的三个儿子常万玘、常万旺、常万达都来到了张家口。父子几人齐心协力，"常布铺"的生意越做越红火，规模也越来越大，于是把"常布铺"扩大为"大德玉"杂货店，大德玉除经营布匹外，还经营杂货、茶叶等，其中茶叶的生意蒸蒸日上。常氏父子抓住机遇，利用张家口优越的地理优势，把生意逐渐扩大到归化、包头、多伦和库伦等更多的蒙古市场。

常威的长子常万玘，性格敦厚稳健，人称"南常"，堂名为"世荣堂"，他继承父业，经营商号"大德常"。大德常是常威从"大德玉"中抽出若干资金新立的一个字号。常万玘以大德常为根基，注重内贸，稳扎稳打，向国内各大小城市延伸，主要经营以布匹、百货为主的生活用品。大德常的商号名称均带有"德"字，故称"十大德"。三子常万达，人称"北常"，为人机敏豁达，勇于开拓，堂名为"世和堂"，则经营"大德玉"。他更注重外贸，采取了向俄蒙发展、搞国际贸易的方略，走上了一条具有挑战性的经商之路，最终开创了"万里茶道"。大德玉商号名称均带有"玉"字，故称"十大玉"。相比于南常，北常人丁兴旺，代代相传，商贸事业很快就进入了财源滚滚、蒸蒸日上的阶段。

知识链接

"十大德"与"十大玉"

"南常"常万玘及其子孙所开的商号，均以"德"字为标志，有大德常、大德川、大德美、大德昌、大德成、大德亿、大德懋、大德光、大德正、大德丰十个商号，人称"十大德"，商号遍及全国 14 个省。经营商品主要有棉布、绸缎和日用杂货等。

"北常"常万达及其子孙所开的商号，均以"玉"字为标志，其中大德玉、大升玉、大泉玉、大美玉、独慎玉，这"五大玉"联袂在恰克图经营外贸；大昌玉、大顺玉、保和玉、三德玉、大涌玉、大珍玉等为国内字号。到光绪时，以"十大玉"为主的晋商几乎垄断了恰克图外贸市场，承担了中国对俄茶叶输出的绝大部分份额。

第十三代常立训青年时本已读书有成，入选为贡生，并授封朝议大夫。但他恪守祖训，弃官从商，把所学知识用于商业经营。庚子之变时，常立训临危不惧，指挥若定，面对骚扰宣化、抢掠张家口的德国军队，他据理力争，胆略过人，终于保住了张家口常氏与晋商的大笔财富，被推为晋商领袖。1909 年前后，他又审时度势，呈请清政府度支部注册，挑起了常家两个票号、四个账局的重任。他是北常从商业向金融业大跨度发展的划时代大人物。

想一想　什么是"儒商"？他们具有什么特点？常家因何赢得了"中国儒商第一家"的美名？

• 课堂活动

任务 1：每组选择一个主题，如晋商家族、晋商人物、著名商号等，以 PPT 形式进行展示交流。

任务2：观看电视连续剧《乔家大院》，完成以下任务：

（1）梳理乔致庸经商的经历。

（2）讲述乔致庸的故事。

（3）结合晋商的故事，谈谈在新时代大学生如何创新创业、创造财富。

任务3：以小组为单位，每组选择一个晋商家族或晋商人物，编排小品剧。要求：人物及事件具有代表性；主题鲜明，突出思想性；剧情生动，矛盾冲突明显，具有可视性；时长控制在5～10分钟；体现团队合作精神。

单元二　严谨治家——家规家训传家风

微课：严谨治家
——家规家训传家风

• 案例导入

习近平同志在十八届中央纪委六次全会上强调："领导干部要把家风建设摆在重要位置，廉洁修身、廉洁齐家。"他说："家风家教是一个家庭最宝贵的财富，是留给子孙后代最好的遗产。要推动全社会注重家庭家教家风建设，激励子孙后代增强家国情怀，努力成长为对国家、对社会有用之才。"

中国自古以来就重视家庭教育及家风家训的培养，常流传着的古训有"道德传家，十代以上，耕读传家次之，诗书传家又次之，富贵传家，不过三代。"也就是说，财富并不是对子孙最好的馈赠，最珍贵的是以道德修养代代相传。一个良好的家庭环境除一般所说的民主、平等、和谐外，最重要的两个指标就是：传承良好的门风；遵守家庭行为规范，即人们所说的家规家训。

山西人自古就注重家风，是中国家风建设的先行者，通过多年研究发现，明清晋商能驰骋商海五百年，与家风、家教、家训有着密切的关系。晋商的家规家训，则是家风文化、晋商文化的重要组成部分。

案例分析：晋商称雄商界 500 年，与犹太商人、威尼斯商人并称世界三大商人。一时间的暴富，也许只需要一点小聪明，而几百年的辉煌源于一种智慧。

对晋商来说，"商业是本业"这样的观念在不少家族中是以一种独特的教育方式——祖训家规来强化的，这也正是晋商的智慧之一。"祖训"是一个家庭最重要的规定，这好比一个公司的章程，具有提纲挈领、指明方向的作用。晋商以"祖训"的形式强调经商的重要，目的是希望后世能将家业经营得更大、更好。晋商家训主要内容表现在以下几个方面：教育子弟从小立志从商；教育子弟遵行经商道德；教育子弟以商、儒、官三位一体为理想抱负与人生价值追求。晋商家训中的每一句话、每一幅图、每一块匾，都言简意赅。家训中的这些要求，也都包含、融汇、渗透在晋商的堂号、字号、名字、族规、著述、家谱、楹联及建筑中。

• 知识精讲

晋商在数百年的经商过程中逐渐意识到文化、知识、智慧的重要性，因此，富裕之后的晋商更加注重培养家庭成员的优良品质，并编制家规、家训以规范约束家庭成员的行为，其家训对今天的道德教育颇有启示。晋商优良的家训、家风，其目标就是达到"家和万事兴"，以及家族的世代繁盛，最终"修身、齐家、治国、平天下"。

一、中庸和谐的为人原则

历代晋商不甘平庸、含垢忍辱、养精蓄锐、白手起家，终成富甲一方的巨商富贾。他们凭借的不仅是天时、地利，更重要的是他们非同一般的为人理念。晋商的做人哲学与做人风格基本上可以用"中庸低调、和谐尚义"来概括。其中，"中庸低调"是他们自身做人的基本方法；"和谐尚义"是他们所看重的人与人之间应有的关系。

1. 中庸低调

"中庸"是孔子提出的儒家的最高道德标准，它强调人应该坚持中道，避免极端和偏激，追求平衡和谐的生活。著名晋商乔致庸的名字，"致"是"达到"，"庸"是中庸，父亲乔全美希望乔致庸以"中庸"立德，以"中庸"立家，以"中庸"立世，践行儒家的中庸之道，"修身、齐家、治国、平天下"。而乔致庸没有辜负父亲的意愿，首先把自己住宅的堂号命名为"在中堂"，"在中"就是坚守中庸，也就要审视自己、观照内心是否合乎"中"的要求。人名与堂名的取意都是取"不偏不倚、执两用中"，坚守和谐、圆融、稳健、包容的中庸之道。乔家大院大门口的砖雕《百寿图》上的"履和"二字（图 6-13），取"履中蹈和"之意，就是提醒自己和让其他人监督奉行"和为贵"的做人准则，处事折中调和，实行中庸之道。乔致庸是晋商"中和"文化最成功的践行者。

图 6-13　履和

常家崇尚儒学，深谙儒学"中和"的精髓，常万达不仅将自己的"世荣堂"改为"世和堂"，而且在给其三子十孙建宅堂时也均以"和"字命名，分别为清和堂、崇和堂、体和堂、锦和堂、贵和堂、元和堂、谦和堂、雍和堂、慎和堂、养和堂等。受其影响，常家后辈也多以"和"命堂名。现在可查的常家堂名中带"和"字的就接近 30 个。常氏家族自明朝起，绵延数百年，瓜瓞绵绵，虽人口众多，却始终保持着良好的家风，父慈子孝、兄友弟恭、妯娌和睦、家族和谐，全赖于家族一以贯之的"和为贵、礼为上"的家训。

2. 和谐尚义

在明清之际，有"放京债者，山西人居多，折扣最甚"，但是在晋商中占主流的良贾和廉贾，他们主张勤俭、诚信经商；他们通过辛勤劳动，获得合法商业利润；他们在经商活动中，主张以伦理道德为先，"义以为上""见利思义"，讲求"君子爱财，生财有道"；"诚招天下客，义纳八方财"；"仁中取利真君子，义中求财大丈夫"。这种以义制利的观念，对晋商能长期雄踞商界起到了良好的作用。

明代晋商王现经商 40 余年，取得了巨大成功。他以经商经验教诲其子弟说："善商者，处财货之场，而修高明之行，是故虽利而不污……故利以义制。"清代介休商人范永斗，就是由于"与辽左通货财，久著信义"，而受到清政府的垂青，后来当上了皇商。其孙范毓馪

189

也颇重义气，康熙时官办铜商王某亏损 83 万银两，既死，无法还债，范毓馪代王某"按期如额赔偿"。清末票号的改革家李宏龄认为商号要争取和吸引顾主，就必须对顾主讲信义，在这个基础上，顾主就会增多，生意也越兴隆，达到"人己两益"。庚子事变京师陷落后，京官走上海者纷纷持京师票券要求在沪兑换银两，而上海诸商皆不予兑换。当时李宏龄正主持蔚丰厚上海分号，他以事出非常，对顾主应当讲信义，照顾顾主利益，便独排众议，酌量予以兑换。于是蔚丰厚票号名益显，生意愈盛。**乔家慎待相与，不计小利**的故事更是津津乐道……这些例子都是晋商先义后利、以义制利的价值观的生动表现。

小视频：乔家慎待相与，不计小利

二、克勤克俭的持家之道

依靠勤劳进取，厉行节俭聚财，是山西人经商成功的一大法宝。也可以说，晋商正是凭借这一传统美德，才奠定了自己在商业的崇高地位，让世人对山西人有了重新的认识。

1. 勤俭节约

明清时期，那些创业成功的晋商始终都奉行着"勤俭节约"的传统美德，是勤俭节约的典范。山西人的勤俭，天下共知，连康熙皇帝也曾说："晋俗勤劳朴素。勤劳易于进取，朴素易于保守。故晋之人长于商，车辙马迹遍天下。"晋商们常说："勤俭为黄金之本"，"勤劳就是摇钱树，节俭犹如聚宝盆"，正是在这种思想的指导下，他们无论是修身正己，还是创业治家，都以勤劳节俭要求自己。晋商的勤俭让世人为之动容，这便是山西人的本色。

晋商家族的家训中、晋商大院的楹联匾额中，有许多关于"勤俭节约"的内容，如闻喜李家家训："忠厚接物，勤俭治家；不以逸而志劳，恒以勤而为约。"临猗李家家训："创业维艰祖辈备尝辛苦，守成不易子孙宜戒奢华。"乔家大院的楹联："勤俭乃持家之本，和顺乃齐家之本，读书乃起家之本，忠孝乃传家之本"，匾额："慎俭德。"常家庄园的楹联："浩博旁通诗书上不许俭，雍容儒雅衣食边只要勤。"王家大院的楹联："先祖先贤，成由勤俭败由奢，岂敢相忘；后世后学，幼当教养老当敬，首在言行。"这些内容既是家训，亦乃至理名言，时刻警醒着后代子孙克勤克俭，勤俭持家。对于晋商来说，勤俭不仅是商人积累财富的一种手段，更是商人人格的一种体现和一种人生美德。

想一想　从这些家训、楹联中你能感受到晋商大族怎样的治家理念。

知识链接

"静以修身，俭以养德"

《诫子书》是三国时期政治家诸葛亮临终前写给他的儿子诸葛瞻的一封家书（图 6-14）。从文中可以看出，诸葛亮是一位品格高洁、才学渊博的父亲，对儿子的殷殷教诲与无限期望尽在此文中。全文通过智慧理性、简练谨严的文字，将普天下为人父者的爱子之情表达得非常深切，成为历代学子修身立志的名篇。

《诫子书》诸葛亮

夫君子之行，静以修身，俭以养德。非淡泊无以明志，非宁静无以致远。夫学须静也，才须学也，非学无以广才，非志无以成学。淫慢则不能励精，险躁则不能治性。年与时驰，意与日去，遂成枯落，多不接世，悲守穷庐，将复何及！

图 6-14　《诫子书》诸葛亮

2. 严谨治家

一个家族要长久兴旺，靠权力、靠财富都难以传承，但良好的家风可以代代相传。端蒙养、重家教是中华民族的优良传统。晋商家族的"家训家规"在家族的发展中起着十分重要的作用。

乔致庸治家非常严谨。为了防止子孙习染富家子弟的诸多不良风气，制定了"六不准"家规：不准纳妾；不准赌博；不准嫖娼；不准吸毒；不准虐仆；不准酗酒。他自己就是忠实的践行者，乔致庸活到89岁，娶了6位妻子，但都是通过续弦的方式娶进门的，并没有纳妾，遵守了"不准纳妾"的家规。乔家家规始立于始祖乔贵发，完善于乔致庸。"六不准"家规虽然只有24个字，却明明白白告诉乔家子孙要杜绝不良习气，做纯正温良之人。乔家的六条家规并没有写在什么地方，而是乔家一辈辈口传心授的。这几条不复杂，但意义深远。这六条家规，都是正心、正身、正人的基本原则。把这六条守住了，你就是端正的人，你才有资格去做事。乔致庸还自拟一副对联"求名求利莫求人，须求己；惜农惜食非惜财，缘惜福"挂在宅门上，以此告诫儿孙，注重节俭，自力更生，而不可贪图安逸、坐享祖业。他经常提醒子孙要戒骄、戒贪、戒懒；做人要"气忌燥、言忌浮、才忌露、学忌满、胆欲大、心欲小、知欲圆、行欲方"，"为人做事怪人休深，望人休过，待人要丰，自奉要约，恩怕先益后损，威怕先紧后松。"这些教诲对子孙的立身处世有很大影响，也使乔家商业走向辉煌。乔映霞主持在中堂家务时，深受祖父乔致庸熏陶，治家更严，针对众兄弟与子弟的性格特点，分别立"自强不息斋""退思补过斋""知不足斋""昨非今是斋""不得不勉斋""日新斋""习勤斋""时新斋"等书斋名，并要求"映"字辈的11个弟兄团结起来，守住这份来之不易的家业，并能不断发扬光大。

乔家兴旺延续了两百多年，一是靠家规正人；二是凭家风兴业。

延伸阅读

《梁启超家书》

梁启超先生是中国近代著名的政治家、学问家，却很少有人知道他同时还是一位富有远见的教育大家，也是一位擅长教育子女的好父亲。他的9个子女个个成才——"一门三院士，九子皆才俊"。

《梁启超家书》主要收录了1898—1928年间梁启超写给妻子和子女们的书信，字里行间表达了他对妻子和子女的深切关怀。从一百多封家书里，我们可以窥见梁启超是一位和蔼开明的慈父，关心子女的情感生活；是一位颇具智慧的导师，指导子女的学业理财；是自立自强的民族脊梁，培育的子女个个成为精英。其中，建筑学专家梁思成、考古学专家梁思永、火箭专家梁思礼被评选为院士，这在中国历史上是罕见的。这其中不乏个人因素，更与梁启超的言传身教分不开。他的教育理念，对当今中国的家庭教育仍有着重要的借鉴及启示价值。

三、仁厚待人的处世哲学

晋商在待人处世方面，有好共事、厚而精、宽胸襟、能办事、善结缘、高心气、靠得住等特点。其中，"靠得住"是晋商处世的金字招牌。靠得住是一种素质，也是一种智慧。靠得住，才能被人信任，被人信任才能获得机会，有机会才能展现和锻炼自己的能力，有能力才能创造一番事业。这是一条生存与发展的必由之路，适用于任何时代。诚信为本、仁厚待人、以和为贵是晋商的处世哲学。

1. 宽仁待人

晋商强调"宽仁待人""仁和"，即要与人为善，宽恕他人的缺点，在同事、客户之间表现出温和、宽容的态度，诚恳对待每个人。乔家大德通票号号规明确要求："各处人位，皆取和衷为贵，在上位者固宜宽容爱护，慎勿偏袒；在下位者亦当体谅自重，勿得放肆。倘有不公不法之徒，不可朦胧含糊，外请者就便开销；有祁请用者，即早着令下班回祁出号，珍之重之。"商号内的所有人都要和睦相处，做上司的要宽容爱护自己的下属，而且要公平公正，一视同仁，不能因亲疏远近而有偏袒；而为下属者，则应该自重自爱，尊敬上司，谦虚谨慎，不得有犯上之举，一旦发现有违反的人，轻者处罚，严重的直接开除出号，如果是总号的人，立即替换回总号，接受处分。在号规的严格约束下，大德通票号的掌柜、伙友，各司其职、和衷共济、业绩喜人。王家大院大夫第院的楹联："寡欲清心能受苦，方为志士；宽宏大量肯吃亏，不是痴人。"王家大院红杏园的楹联："世事如棋，让一步不为亏我；心田似海，集百川方见容人。"大盛魁的"福自己求，享受的方能享受；财为人聚，宽容了要回宽容。"这些都表明了晋商家族宽厚待人的、与人为善的处世哲学。

2. 和衷为贵

在中国的传统文化中，"和"字占有重要的地位。家和万事兴，指的就是一个家庭只要和睦相处，那么万事都会做得好；政通人和，指的是人民在开明的统治下才能安居乐业。在人际关系中，也讲求一个"和"字，人与人之间的关系和睦了，人与人之间的斗争也就少了；国家与国家之间的关系和睦了，国家与国家之间的战争也就少了，世界就和平了。生意场上更要讲求一个"和"字，只有"和"，生意才会兴隆，生意场上的敌人才会变成朋友。

晋商在行商的过程中深知这一点，并将"和衷为贵"的经营理念发扬得淋漓尽致。"和衷为贵"就是指追求和谐，讲究团结。这一理念落到实处，在晋商看来就是要以友善的态度对待他人，甚至自己的竞争者，与同行、合股者、管理人员、伙计建立和谐的关系，在自己的周围创造一种祥和的气氛。晋商"和衷为贵"的理念具体体现在以下两个方面：

（1）晋商之间的休戚与共。"和衷为贵"是晋商在行商过程中始终奉行的原则，他们追求利润，但不会为了一点点利益，就想方设法置对方于死地。相反，在遇到困难时，晋商更赞成的做法是"一商有难，众商相帮"。在他们的人生观里，生意是在竞争中相互支持，在支持中相互竞争的。因此，遍布各地的晋商在长期的行商中，通过互帮互助，让彼此更加团结紧密，并形成了一个纵横连接、网络贯通的地域性商业集团——晋帮。晋帮讲义气，讲帮靠，在同舟共济中不断发展壮大，叱咤风云几百年。

清光绪年间，乔家、渠家和曹家三家都在关东开办了票号，发行了一种叫"钱帖子"的信用券，但乔家和渠家的票号，因发行钱帖子过多，引发了客户的挤兑风潮，在危急时刻，乔、渠两家向太谷曹家的票号求援。本来，这正是曹家把竞争对手置于死地的天赐良机，曹家只要表示爱莫能助，乔家和渠家就会被疯狂的挤兑旋风刮出关东，曹家便可独霸关东市场。但曹家没有乘人之危，而是慷慨相助，对外宣布持有乔、渠两家钱帖子的客户，在曹家的锦生润票号也可以代兑现银，从而平息了此次兑现风波。可以想象，乔、渠两家与曹家以往的关系也一定是和谐共赢的。后来，乔、渠两家也多次帮助曹家，三位崇尚和谐的晋商财东，既相互竞争又互相帮衬，共同塑造了"以和为贵、同业互助"的晋商精神。

（2）商号内部的友善和谐。《贸易须知辑要》记载：做掌柜、大伙计不可自抬身价、目中无人，对下属即使有不妥处，"亦以理而剖之"，这样商号上下才能团结一心。如果掌柜和大伙计总认为自己尊贵无比，狂妄自大，那么时间长了，众人不但不会服你，还会留下一片骂名。同时，如果伙计有任何心事，作为东家也要设身处地替他揣摩，"迎合而为，宾主相投，自然越处越厚道，可以成协力同心之家也。伙计亦有尽良心，必须贴心贴意，彼之银钱分文不染沾，与人账目银钱亦要清白，我既出乎忠心事彼，彼如不失我者也，弃暗投明矣"。

由此可见，"和衷为贵"的儒家思想在晋商发挥得淋漓尽致。

四、崇儒重教的治学思想

晋商的治学与家族的发展有着密切的关系，身体力行、严格育子、以儒治商、以学兴商是晋商的治学之道。晋商家族世代恪守"学而优则贾"的家训，世代重视教育，对家庭发展、推崇传统道德伦理、训导商业信条起到至关重要的作用。

1. 儒贾相通

晋商是商人，但不是普通意义上的商人，而是力主"儒贾相通""义利圆融"的"儒商"。所谓"儒商"，是指经商者不仅要熟读儒家经典，还要把儒家恪守的"仁、义、礼、智、信"等优秀传统伦理文化贯彻到商业经营之中。他们的经营智慧是儒可贾，贾可儒，"异术而同心"，儒贾相通。

晋商所建深宅大院浸透着明显的儒教文化色彩。这些大院多为正偏结构，且正房高大而厢房矮小，是儒家"尊卑有序"的建筑体现；晋商宅院中轴对称的平面布局，是在建筑群体中凸显"中庸"思想的第一反映，儒家的"中"，是不多不少、不偏不倚、不即不离、不紧不慢的恰到好处，是协调，是平衡，是圆融，是和平友爱的大同世界。"勋业偕绵峰永峙，儒行并汾水长清"的王家大院的建筑风格、"未出土时已有节，到长高后还虚心"的王家大院私塾院，"志节独垂千古后，操持只在五伦中"的王家大院孝义祠，无一不是晋商大院渗透的儒教文化的张扬和体现。

作为儒商的常氏家族，恪守儒家以节俭和诚信为本的修身、持家、兴业之道和"待己惟俭，待人惟诚"的儒教信条；坚决杜绝为富不仁、花天酒地、骄奢淫逸、吃喝嫖赌的行为；对待生意处处体现着儒门学子的敬业精神；其经商之人皆具备"承诗书之华胄""轻资重诺""持义如崇山，仗信如介石"的品行，形成了常氏家族"利则渊深，财则埠积"之势。常氏家族尊儒重教，造就了为数众多、出类拔萃的知诗书、识礼义、明人情、懂世故，将儒家的道德思想融于商业经营活动中的具有远见卓识的优秀管理人才，形成了一个不乏商业意识且富文化素养的卓尔不凡的商业管理群体，致使常氏家族的产业实力因人才优势而独占鳌头，久盛不衰。因而被公认为三晋儒商"邦国典型"、清代"中国儒商第一家"而备受世人敬重。

知识链接

"四声人家"

《常氏家乘》中记有太原县（今太原市）举人郝荫榕的一句话："魏榆素封之家，不一而

193

足，而以读书为急务者，为常氏。"据不完全统计，从八代到十六代，前后绵延200余年，传承九代，是受益于"学而优则贾"的家规。常家考取秀才到进士的共146人。其中，进士1人、举人10人、国子监60人、秀才75人，占当时族人总数的2/3，不愧为"文化世家"。光绪年间，常家14代旭春、赞春、麟图三兄弟同时中举，一时在乡里传为佳话。太原举人刘大鹏在日记中惊美道："榆次县车辋村常氏富家，今科得拔贡一，得举人一。同年，兄弟获隽，可谓盛矣。"废科举、兴新学后，常家也培养出很多学业优秀的人才，这在晋商巨族中是绝无仅有的。

据说常家从第十五代始，便成为一个"四声人家"：院子中有老年人的欢愉声、妇女们的和悦声、幼童们的嬉笑声，以及少年们的读书声。

2. 重视教育

晋商的大家族中，十分重视对自家子弟的教育和培养。大多数大家族都设有私塾，不仅聘请名儒授课，而且家塾中藏书丰富。晋商很注重对子孙尊师重道的培养，待师为上宾，并身体力行，为子孙营造一个良好的人文环境和学习环境。

乔致庸要求所有的子弟都要进私塾学习，还在自己家院里修建了一个书馆，请本县乃至省内名儒前来执教。在其宅第中，至今仍能看到当年教读的痕迹，如"百年树人""读书滋味长""百年燕翼惟修德，万里鹏程在读书"等楹联匾额。民国时期以后，乔映霞扩大了家塾，增加了文史、数理、英语等课程。据说，映字辈以下的人字辈20人中，有大学生12名，其中双博士1人、硕士3人，有2人留美，其余全是中学毕业。

祁县渠家对教育也十分重视。第十八代的渠本翘是一位热心的教育家，1904年，他从日本横滨回国后，调任山西大学堂监督。1905年，在昭余书院旧址创办了祁县中学，并亲任总办。1907年，祁县人孟步云在太原创办私立光华女子学校时，渠本翘捐资赞助。第十九代的渠晋三，1919年在祁县城内独资创办私立祁县竞新小学校。1926年设立竞新图书馆，对外开放。1951年，渠晋山将竞新校址、图书馆房产及竞新大操场，全部无偿捐赠给祁县中学。

常家在清朝道光年间前后，开始"立家塾，督课其子侄，不事姑息，有过辄请于先生，俾受扑责"。私塾最多时达17个，主要开设识字、写字、读书、作文、算术等基本科目。1903年，受康梁改良思想的影响，在常麟书的倡议下，常家将族中各私塾合并，成立了常氏笃初小学堂，吸收本族子弟20余人学习，聘请学有专长的教师授课。1906年，常家在笃初小学的基础上又创办了常氏私立中学兼高初两级小学堂，这是全省继渠本翘创办祁县公立中学后的第一家私立复合式中学。1904年，常家创办了常氏女子知耻学堂，1925年，常家将笃初学堂与知耻学堂合并，实行男女同校。这些新式学堂为常家培养出很多新时期的优秀人才，如有名的常云藻（政治家）、常运衡（金融家）、常赞春（书法家）、常旭春（书法家）、常龄（医学家）、常永春（医学家）等。此外，还有许多人进入教育界、美术界、科技界，从商者更不必细说。

知识链接

元代"河东运学"

山西商人的重教观念并不是到明清时期才有所表现，早在元大德三年（1299年），山西盐商便集资创办了"河东陕西都转运盐使司商人子弟学校",又称"河东运学"。这是元代唯一的一所突出行业特点的盐商子弟学校。当时,全国专管食盐专卖的转运盐使司共建有6处,唯有河东运司建立了盐业专业学校。"运学"的各种费用开支,自然是由山西河东盐商承担。商人出资办学,虽然需要得到封建政府的批准,但毕竟是山西盐商为后代子孙接受教育而开拓的新路,在中国商业发展史上也是一大创举。

想一想　　如何理解当代的教育难题——教育的"内卷"?

五、重商诚信的经商理念

晋商以其勤劳、智慧传承富裕文明,晋商在其历史实践中,积累了宝贵的经商之道,留给后人以丰富的经营宝训,是一笔恩泽后代的遗产。概括起来说,晋商的商道就是"重商立业的人生观,诚信义利的价值观,艰苦奋斗的创业精神,同舟共济的协调思想",这种与传统伦理观念相伴的人生观,是山西商业发达的思想基础。

1. 重商立业

中国在长期的封建社会中,社会各阶层的地位是以"士、农、工、商"为序,崇尚"万般皆下品,唯有读书高",历代政府都实行重农抑商的政策,商业和商人的社会地位最低。但是,宋元以来,在山西民间逐渐形成了重商思想。山西民谚谓"有儿开商店,强过做知县,买卖兴隆把钱赚,给个县官也不换",在山西人看来,经商是一种比读书做官都重要的事情。山西不少地方志记载当地习俗是"民勤耕稼,务蚕桑。男多商贾,女多纺织,士勤诵读。""士习辞章,敦厚不华,崇俭好学,工贾务实勤业。""士勤诵读,女多纺织,力田服贾,无游民"……多数地方都是士农工商,各勤其业。不少地方更是"俗善商贾""尤尚商贾""多商贾"等。"士勤诵读"的目的当然不能排除走上仕途,但与徽州商人相比,山西商人子弟走上仕途的,的确很少。

山西人为什么会有这样的思想呢?一位教书先生王锡伦讲出了其中的原委。"朝廷贵农,而不乐于种,朝廷贱商,而人日趋入市,则以商贾之利胜于农也。"虽然经商在外,"必远父母,别妻子,离乡井,淹日月,归来无期","幸获多资,走马牵牛,捆载而归,不幸则困死于外者往往也"。然而,人心思富,人心向上,商人"走远方,积金钱,夸耀闾里,外出车骑,入则广厦,交接缙绅",使得人人羡慕。所以,明清时期的山西,已经在民间形成了一种重商观念,即"以商致财,用财守本"的立业思想,这就是通过经商获得金钱,然后置房产买田地,再以土地出租和放高利贷或经商,获取经营利润,以其商业收入发展商业和金融业,从而建立以商业为始点的价值循环和增值机制。这种与传统价值观念相悖的人生观,是山西商业发达、财富由国外或省外源源流回山西的思想基础。

从世界经济社会发展的进程看,中国明清资本主义萌芽亦即中国的商业革命和金融革命,商业革命带头人——山西商人的重商立业思想是和欧洲重商主义的产生与发展有着同样的社会经济背景。

2. 诚信为本

晋商坚持诚信为本,做任何一桩买卖,总是脚踏实地,赚了不骄傲,赔了不气馁,宁肯赔钱也不做玷污招牌、坑害顾客的事情。如前所述,明代晋商王现的"异术同心",清代乔致庸经商"第一是守信，第二是讲义，第三才是利"，这种"以义制利"的观念为晋商树立了良贾的形象，这也是晋商能够称雄商界 500 年的重要法宝。清代兵部左侍郎郭嵩涛曾言："中国商贾夙称山陕，山陕之人之智术不能望江浙，其推算不能及江西湖广，而世守商贾之业，惟其心朴而实也。"也正因为有如此卓著的信誉，晋商首创票号并且汇通天下，"各省银号汇兑银两，盈千累万，竟以一纸为凭"；1888 年，上海英国汇丰银行一位经理的记录中称："二十五年来，汇丰与山西商人做了大量的交易，数目达几亿两，但没有遇到一个骗人的中国人。"梁启超也以"晋商笃守信用"来概括晋商商德，并以晋商"自夸于世界人之前"深感自豪。

知识链接

成功的商人是"全才"

历来真正成功的商人，都非常重视受教和修身，采纳众家所长，为其所用。战国商人白圭曾说过："吾治生产，犹伊尹、吕尚之谋，孙武用兵，商鞅行法是也。"一个成功商人既要有伊尹、吕尚的政治之谋，又要有孙武的用兵之法，还要有商鞅的行法之策。只有这样，才能在激烈的商场竞争中获得一席之地。

• 课堂活动

任务 1：学唱歌曲《清廉家风歌》，把你喜欢的歌词抄下来。

任务 2："和"的哲学思想在中国传统文化中有很重要的地位。晋商大族深谙儒学"中和"的精髓。请你列举出几则体现晋商大家族"和为贵、礼为上"家训的家族故事或楹联匾额。

任务 3：中国传统社会的"学而优则仕"的价值观念与晋商"学而优则商"的人生观的"冲突"如此之大，你如何理解？孰对孰错？孰好孰坏？请你理性思考、分析。

任务 4：家庭是社会的细胞，是社会的基本单位，"家是最小国，国是最大家"。时至今日，传统家风家训文化对新时代和谐家庭建设仍具有重要的意义。请你和家人一起给自己的家庭（家族）定个家规或家训。

晋商家族的家规家训

乔氏家规

一、不准纳妾；二、不准赌博；三、不准嫖娼；

四、不准吸毒；五、不准虐仆；六、不准酗酒。

乔氏家训

有补于天地者曰功，有益于世教者曰名。

有学问曰富，有廉耻曰贵，是谓功名富贵。

无欲曰德，无为曰道，无习于鄙陋曰文，无近于暧昧曰章，是谓道德文章。

有功名富贵固佳，无道德文章则俗。

我不识何等为君子，但看每事肯吃亏的便是；

我不识何等为小人，但看每事好便宜的便是。

彼之理是我之理非，我让之，能容之人是大人；

彼之理非我之理是，我容之，能培薄德事厚德。

乔氏家风

和为贵，家睦族旺；重修德，人正事兴；

讲诚信，以义取利；乐读书，百年树人；

慎俭德，勤俭持家；善为先，无私讼公；

怀天下，兴家报国。

渠氏家规

一、不许娶妾；二、不许嫖娼；三、不许抽大烟；四、不许赌博；

五、不许以势欺人；六、不借外债，更不许借钱不还。

渠氏家训

勿挟私仇，勿营小利；勿谋人之财产，勿妒人之技能；

勿唆人之争讼，勿坏人之名利；

勿倚权势而辱善良，勿恃富豪而欺穷困。

善人则亲近之，恶人则远避之；不可口是心非，须要隐恶扬善；

垂训以格人非，捐资以成人美；作事须循天理，出言要顺人心。

诸恶莫作，众善奉行，永无恶曜加临，常有吉神拥护，近报则在自己，远报则在儿孙。

常氏家训

凡语必忠信，凡行必笃敬；饮食必慎节，字画必楷正；

容貌必端庄，衣冠必肃整；步履必安详，居处必正静；

作事必谋始，出言必顾行；常德必固持，然诺必重应；

见善如己出，见恶如己病；凡此十四者，我皆未深省；

书此当座隅，朝夕视为警。

知识检测

模块六题库

思考与实践

1. 思考

（1）明清时期巨贾富商中，有很多人都是白手起家，了解他们的发家史、奋斗史，以及给新时代的青年大学生创新创业带来哪些共鸣和鼓舞。

（2）真正成功的人，不是将"利"摆放在第一位，而是更在乎自己的操守，晋商正是如此，他们才能够长久地雄踞商界，令世人赞叹。学习晋商守信重诺的行商之道、侠义豪爽的性情品质，你也会成功。

2. 实践

家风是一个家庭的"核心价值观"，能够滋养人的德行心智，是无法替代的"传家宝"。优秀家风是一种无形的力量、一种无言的教育。请你查阅资料，找出古往今来优秀家风的例子，分析其家规家训、家风家教的优点、亮点，并写出心得体会。

评价内容	自评	组评	教师评价	综合等级
知识检测（题库成绩）	（　　）分	（　　）分	（　　）分	☆☆☆☆☆
课堂活动（任务完成）	☆☆☆☆☆	☆☆☆☆☆	☆☆☆☆☆	☆☆☆☆☆
课下实践（调研报告）	☆☆☆☆☆	☆☆☆☆☆	☆☆☆☆☆	☆☆☆☆☆

感悟提升

学习本模块后，你在职业感悟、生活感悟、生涯感悟等方面是否有新的认识和提高？请具体写出。

模块导读

　　漫漫商路五百年，晋商凭借超凡脱俗的经商智慧和无与伦比的资金实力，创造了"海内最富"的神话。曾经纵横欧亚九千里、称雄商界五百年的晋商，以独到的商业文化称雄天下、驰骋四方，以诚信走出一条绵延数万里的商路。当他们衣锦还乡、荣归故里时，不惜耗费巨资，买田置地，大兴土木，在全省及全国各地留下了一处处古老文明的遗址、遗迹和众多反映历史时代的古代建筑，如明珠般散落在三晋大地上的平遥古城（图7-1）、榆次老城、祁县古城、碛口古镇、静升古镇等古城古镇和众多的晋商大院、古村古街及遍布全国的晋商会馆、经久不衰的晋商老字号，都成为我们寻根觅祖、以古鉴今、寻访晋商遗迹的最好实例。

图 7-1　平遥古城鸟瞰图

学习目标

知识目标	1. 知晓晋商古城古镇的悠久历史和文化内涵； 2. 解读晋商大院的建筑特征及其文化内涵； 3. 理解晋商会馆的发展脉络与性质功能； 4. 领悟晋商老字号的兴衰之道
能力目标	1. 具备把握事物发展趋势的历史思维能力和战略思维能力； 2. 增强分析解决问题的辩证思维能力和创新思维能力
素养目标	1. 树立忧患意识、责任意识、危机意识、创新意识； 2. 传承晋商精神，坚定文化自信，增强爱国爱乡情怀

思维导图

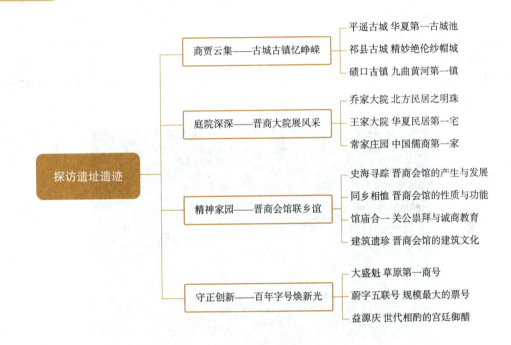

探访遗址遗迹

商贾云集——古城古镇忆峥嵘
- 平遥古城 华夏第一古城池
- 祁县古城 精妙绝伦纱帽城
- 碛口古镇 九曲黄河第一镇

庭院深深——晋商大院展风采
- 乔家大院 北方民居之明珠
- 王家大院 华夏民居第一宅
- 常家庄园 中国儒商第一家

精神家园——晋商会馆联乡谊
- 史海寻踪 晋商会馆的产生与发展
- 同乡相恤 晋商会馆的性质与功能
- 馆庙合一 关公崇拜与诚商教育
- 建筑遗珍 晋商会馆的建筑文化

守正创新——百年字号焕新光
- 大盛魁 草原第一商号
- 蔚字五联号 规模最大的票号
- 益源庆 世代相酌的宫廷御醋

单元一　商贾云集——古城古镇忆峥嵘

微课：商贾云集
——古城古镇忆峥嵘

• 案例导入

"刀下留城"救平遥

20世纪80年代初，全国各地大兴土木搞发展，许多古建筑被拆除，平遥古城墙也被挖开了口子，拆掉了30多幢明代建筑、100多幢清代建筑。中国古建筑专家阮仪三（图7-2）得知这一情况后奔走疾呼，组织同济大学师生编写了《平遥县城市总体规划》，为平遥绘制了"新旧截然分开，确保老城，开发新区""在旧城外开辟新城"的总体规划蓝图，及时纠正和阻止了一场"建设性破坏"，建设部高级工程师、当时全国政协城建组长郑孝燮在平遥保护古城规划方案上写下了"这个规划起到了'刀下留城'的作用，为保护祖国文化遗产做出了重要贡献"的评价意见。"死里逃生"的平遥古城迎来了旅游发展的契机，1997年被列入《世界文化遗产名录》，成为享誉世界的文化名城。

图7-2　1980年8月为平遥古城做规划的阮仪三和同济大学师生

案例分析： 古城古镇，既是外乡人眼中的风景，也是故乡人心中的乡愁。保护与发展、传统与现代，是我国城镇化进程中面临的大课题。遍布山西的晋商古城古镇，承载并延续着晋商的历史记忆和精神传承，既是静态的，也是动态的；既是沉淀的历史，也是"烟火气"的现在，它们不是一个个冰冷的文化标本，而是一个个有温度的活态城镇。2022年1月27日，习近平总书记考察调研平遥古城时说："历史文化遗产承载着中华民族的基因和血脉""守护好前人留给我们的宝贵财富，深入挖掘晋商文化内涵，弘扬中华优秀传统文化。"以平遥古城为代表的晋商古城古镇历经岁月的冲刷、时代的变迁、文明的积淀，为世界文化遗产保护提供了中国范本。

• 知识精讲

举商贸之大业，夺金融之先声，五百年晋商辉煌在山西的土地上留下了深深的印记。"华夏第一古城"平遥古城、"万里茶道——茶商之都"祁县古城、"晋中之魂"榆次老城、"凤凰城"太原古县城、"九曲黄河第一镇"碛口古镇、"灵石小江南"静升古镇等数量众多的古城古镇里承载着悠远而又漫长的晋商记忆，是解读晋商文化、了解晋商历史最珍贵的文化遗产。

一、平遥古城 华夏第一古城池

平遥古城位于山西省晋中市平遥县，是一座具有2 800多年历史的文化名城，是中国目前保存最为完整的四座古城之一，被称为"华夏第一古城"。1986年，平遥古城被国务院公布为国家级历史文化名城，1997年12月3日，在联合国教科文组织于意大利那不勒斯举行的第21届世界遗产大会上，平遥古城与城外的双林寺、镇国寺一起被审议通过列入《世界文化遗产名录》，这是目前我国唯一以整座古城申报世界文化遗产且获得成功的古县城。

知识链接

世界遗产委员会对平遥古城的评价

"平遥古城是中国境内保存最为完整的一座古代县城，是中国汉民族城市在明清时期的杰出范例，在中国历史的发展中，为人们展示了一幅非同寻常的文化、社会、经济及宗教发展的完整画卷。"

1. 悠久的建城历史

平遥古城始建于公元前827年—公元前782年间的周宣王时期，西周大将尹吉甫北伐玁狁时曾屯兵于此，筑西、北两面城墙，成为古城的雏形。秦以来，平遥城一直是县治所在地；明洪武三年（1370年）平遥古城扩建重筑，逐步完善成为砖石城墙；清康熙时期，因皇帝西巡路经平遥，而筑了四面大城楼，使城池更加壮观。平遥城墙高约为12米，顶宽3～6米，城墙上72堞楼，3 000垛口，寓意孔子的三千弟子，七十二贤人，蕴含着深厚的儒家文化内涵。**平遥城墙的军事防御体系**十分完善，体现了明清时期中国北方城池的典型特点，承载了厚重的历史文明，是平遥古城的重要载体。

小视频：平遥城墙的
军事防御体系

2. 独特的龟城布局

平遥古城总面积2.25平方千米，周长6 163米，依照"因地制宜，用险制塞"的原则，依汾河支流柳根河、惠济河河道走向而建，城市中轴自然向逆时针方向偏转15度，古城与河流互为形胜。古城坐向西北"乾"位，"神龟"摇头摆尾，直取东南，形成"乾山巽向，神龟探水"的风水格局。平遥主城与六道城门及瓮城，组成了一个形似"神龟"的城池：南门为首，北门为尾，东西四门为四肢，城内四大街、八小街、七十二条蚰蜒巷，如纵横排列的龟背纹。平遥人以龟喻城，祈盼吉祥长寿，金汤永固（图7-3）。

整座城池对称布局，特色鲜明，以市楼为轴心，以南大街为轴线，形成左城隍、右衙署，左文庙、右武庙，东道观、西寺庙的封建礼制格局，承续了《周礼》"左祖右社""左文右武""前朝后市"的礼序遗风，体现了古代汉民族的礼制观念和天人合一的哲学思想，展现了明清时期汉民族地区县城的原貌。

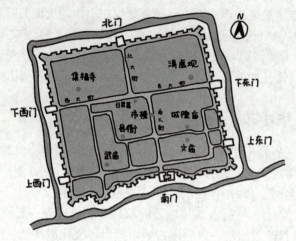

图 7-3　平遥古城平面示意图

3. 丰富的文物遗存

平遥古城素有"中国古建筑的荟萃和宝库"之称，文物古迹保存之多、品位之高实为国内罕见。古城内共有国家级文保单位 20 处，不可移动文物 1 075 处，极具保护价值的古民居 3 798 处，在《中国旅游资源普查规范》中，平遥包含了全部 21 个人文资源景系历史遗产景类的 18 个景型。古城近郊保存了五代即宋、金、元、明、清时期的文物珍品。

平遥古城墙是国内保存最完整的古城墙之一；日昇昌票号是"中国银行业的鼻祖"；文庙大成殿是中国宋金时期文庙的罕见实物；清虚观拥有国内古建筑中罕见的"悬梁吊柱"结构；双林寺被誉为"东方彩塑艺术宝库"；镇国寺堪称"中华瑰宝"……平遥古城完整地体现了 17—19 世纪的历史面貌，是明清建筑艺术的历史博物馆，对研究中国古代城市变迁、城市建筑、人类居住形式和传统文化的发展具有极为重要的历史、艺术、科学价值。

4. 繁荣的金融城市

平遥古城 16 世纪以来就是中国北方的商埠重镇，到 19 世纪中期达到极盛，一度成为中国近代金融业的中心。早在明代，平遥就已经是繁华的商业中心，店铺林立，商贾云集，素有"小北京"之称。清道光三年（1823 年）成立的日昇昌票号开启了中国近代金融业的先河，当年平遥以日昇昌为首的蔚泰厚、新泰厚、天成亨、蔚长厚、百川通、乾盛亨、日新中八大票号，被誉为"汇通天下"，在全国 17 个省的 45 个城市设有分号，甚至和美国纽约、旧金山也有汇兑业务往来。在票号成立以来的一个世纪中，全国票号共有 51 家，山西有 43 家，其中平遥的票号有 22 家，成为当代最有影响力的票号总部所在地和当时中国最大的金融城市。如今，平遥古城的西大街上票号、钱庄、镖局遗址林立，遗风犹存，向世人展示着清代"华尔街"的风采。

5. 古城保护与发展的样本

查一查　什么是世界文化遗产？世界文化遗产的评定标准有哪些？

2022 年 1 月 27 日，习近平总书记考察平遥时指出："历史文化遗产承载着中华民族的基因和血脉，不仅属于我们这一代人，也属于子孙万代。要敬畏历史、敬畏文化、敬畏生态，全面保护好历史文化遗产，统筹好旅游发展、特色经营、古城保护，筑牢文物安全底线，守护好前人留给我们的宝贵财富。"平遥古城依托丰富的历史遗存、独特的资源禀赋和厚重的文化底蕴，"在保护中发展、在传承中利用"，成功探索出一条世界文化遗产保护与发展双赢的道路。平遥古城不仅以古城墙、古民居、老传统、老手艺吸引世界目光，还打造出"平遥国际摄影大展""平遥国际电影展""平遥国际雕塑节""平遥中国年""又见平遥"等一张张强势的国际文化品牌，在品牌化、特色化发展的道路上行稳致远。平遥古城将朝着"国际旅游目的地、遗产保护首善地、晋商文化窗口地、特色产品展示地、高质量发展的国际旅游城市"的目标稳步前进。这座"活"着的古城，书写了古城永久保护和永续发展的样本。

知识链接

《又见平遥》情境体验剧

《又见平遥》是中国第一部大型情境体验演出项目，2021年11月，荣获"全国首批 SIT 超级沉浸旅游项目"称号。《又见平遥》讲述了一个关于血脉传承、生生不息的故事：清朝末期，平遥古城票号东家赵易硕抵尽家产，从沙俄保回了分号王掌柜的一条血脉。同兴公镖局232名镖师同去，七年过后，赵东家本人连同232名镖师全部死在途中，而王家血脉得以延续。

在艺术表达方式上，《又见平遥》颠覆了传统的室内演出模式：没有传统舞台，没有观众席，首创了"行走式"的互动观演模式。在内容上，《又见平遥》展示了对中华文化核心价值的传承和传播。这是平遥城的仁德，也是山西人的仗义，更是中华民族的传统美德。形式和内容两个方面的完美结合，带给观众新的审美体验、新的感官刺激，以及强烈的情感冲击。

二、祁县古城 精妙绝伦纱帽城

祁县古称"昭馀"，因古时有"昭余祁泽薮"（长杂草的积水地带）而得名。位于晋中盆地中部，地理位置优越，历史文化厚重，土地肥沃，水源充足，物产丰富，是晋商的重要发祥地之一，享有"金祁县"的美称。1994年1月，作为中国商业金融古城和北方汉民族历史、建筑、文化、艺术的重要载体和杰出典范，祁县被国务院批准为国家级历史文化名城。

延伸阅读

"外举不避仇 内举不避亲"的祁奚

祁奚（公元前620年—公元前545年），姬姓，祁氏，名奚，字黄羊，春秋时晋国人（今山西祁县人）。公元前556年，晋平公将祁地赐给大夫姬奚作为食邑，姬奚便以地为姓，改为"祁"姓。祁奚请老，晋悼公问谁可代中军尉一职，祁奚举荐解狐。悼公又问，解狐可是你的杀父仇人，祁奚道："君问可，非问臣之仇也。"解狐辛，祁奚又荐祁午。悼公问，祁午可是你的儿子，祁奚道："君问可，非问臣之子也。"祁奚以公而无私赢得了朝野内外的赞誉，成就了"外举不避仇，内举不避亲"千古美名。

1. 祁县古城 现实版的"清明上河图"

祁县古城，始建于北魏太和年间（477—499年），距今已有1 500多年的历史。它历经北魏、东魏、北齐和隋唐五代、宋元明清，是我国两千多个县中"资格最老"的古县城之一。

祁县古城东西稍长约 850 米，南北略短约 700 米，呈长方形，周长约 3 千米。在城池的东南方向缺一角，整座城池如同古代官吏所戴的纱帽，故有"纱帽城"之说。旧时城墙砖砌到顶，外筑护城河，设四道城门，门顶筑有匾额，东曰"瞻凤"，西曰"挹汾"，南曰"凭麓"，北曰"拱辰"，十分雄壮。虽然因战争破坏和风雨沧桑，城墙不复存在，但城内建筑保存完好，风韵格局依旧引人注目。

整个城区布局以十字街口为中心，东、西、南、北四条大街垂直交叉，南正北直，东西对应。以十字交叉为骨架，全城辅以 28 条街巷与之纵横贯通，有人将祁县古城概括为"一城四街二十八巷，六十个圪道，四十个大院，万余间房室"。整个古城，集古街巷、古寺庙、古店铺、古民宅于一体，结构合理，井然有序，组成了一个建筑宏伟、完整的古文物群，被誉为"现实版的清明上河图"（图 7-4）。

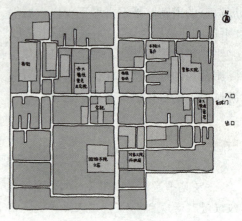

图 7-4　祁县古城平面示意图

2. 晋商老街　中国历史文化名街

明清时期，祁县商业繁荣，出现了一大批晋商大贾，商业票号遍布全国，汇通天下。祁县是晋商发祥地、晋商文化中心区、万里茶路枢纽，更是国家历史文化名城。祁县古城的东、南、西、北四条大街统称为晋商老街，2011 年，入选第三届"中国历史文化名街"。

晋商老街以十字口为中心，4 条大街垂直交叉，8 条小街，28 条巷、72 圪道与之纵横贯通。街道两侧分布着明清时代的茶庄、烟店、票号、钱庄、斗行、当铺等数百家商业铺旧址和千余处晋商豪宅大院，渠家大院晋商文化博物馆、长裕川晋商茶庄博物馆、珠算博物馆、明清家具博物馆、晋商镖局、度量衡博物馆等旅游景点鳞次栉比，古朴雄浑。建筑专家称之为"集江南河北之大成，汇宋元明清之法式"，是研究中国古代县城建制、街道规划、民宅建筑和商业布局不可多得的实物资料，也是反映明清时代晋商辉煌的历史见证。

3. 渠家大院　晋商文化博物馆

渠家大院地处晋商老街东端，始建于清乾隆年间，距今已有 300 多年的历史。当年渠氏家族在县城内建有 40 个院落，人称"渠半城"。现存渠家大院仅是历史上渠氏家族建筑的一部分，是清末集官、商、绅、学于一体的爱国资本家渠本翘的宅院，占地 5 317 平方米，为全国罕见的五进式穿堂院。大院为城堡式建筑，整座大院由 8 个大院、19 个小院、240 间房屋组成，其中石雕栏杆院、五进式穿堂院、牌楼院、戏台院，堪称渠家大院的四大特色建筑。各个院落之间有牌楼、过厅、屏门相隔，形成院套院、门连门的奇妙格局。2006 年，渠家大院被国务院公布为第六批全国重点文物保护单位（图 7-5）。

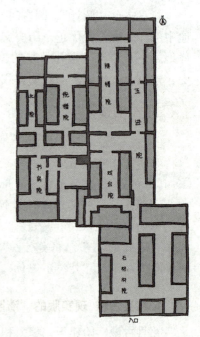

图 7-5　渠家大院平面示意图

大院巍峨壮观，层次分明；建筑彩绘华丽，堆金沥粉；三雕艺术精湛，俯仰可见。国家建设部专家郑孝燮先生由衷地赞叹："渠家大院的每一个建筑构件都是不可多得的艺术品，是当之无愧的民居瑰宝。"利用渠家大院开辟的晋商文化博物馆，是全国首家展示晋商文化的博物馆。通过7大系列、25个展室，揭示了晋商成为十大商帮之首的奥秘，展示了晋商博大精深的文化内涵。

长裕川是渠家著名的老字号之一，也是晋商中开设时间最长、规模最大的茶庄之一。遗址位于祁县城内段家巷14号，始建于清乾隆、嘉庆年间，现利用茶庄旧址创办了晋商茶庄博物馆，系统展示了茶文化的悠久历史和博大内涵。整座大院三面临街，分布四个大院和两个偏院，共有砖瓦房一百多间，斗拱飞檐、雄伟气派。西南院门上的大型青石浮雕，高15米，宽10米，生动逼真，巧夺天工，堪称山西民居石雕之最，是国内少有的文物艺术珍品。

2015年12月，昭馀古城被中国商业史学会授予"万里茶道——茶商之都"称号，古城内的13处茶商遗址纳入万里茶道世界遗产预备名单。2021年2月，渠家大院文化旅游区已正式更名为"昭馀古城茶商文化旅游区"。

4. 古城蝶变 文化根脉有机传承

2017年，祁县古城保护与城市更新发展示范项目正式通过法国开发署（AFD）董事会最终评审。该项目总投资6.78亿元，共计申请法国开发署贷款7 000万欧元（约合5.4亿元人民币）。这是法国开发署贷款支持的中国首个文化遗产保护项目。主要建设内容包括昭馀古城基础设施与道路系统改造、文化遗产保护修复与城市公共空间改造、能力建设与技术援助三部分。

该项目开启了全国利用外资进行文化遗产保护新的里程碑，在古城、古建、古村落、古民居保护与合理开发利用等方面探索出一条新路子。随着祁县古城保护与城市更新发展示范项目的持续推进，承载着1 500余年历史的昭馀古城，将焕彩重生，留下城市记忆，传承千年文脉。

三、碛口古镇 九曲黄河第一镇

碛口古镇位于吕梁市临县城南50千米处，隔黄河与陕西吴堡县相望。碛口古镇东依吕梁山，西襟黄河水，是中国历史文化名镇，古镇内的西湾村是首批中国历史文化名村。碛口古镇为军事要冲，在明清至民国年间，凭黄河水运一跃成为我国北方著名的商贸重镇，享有"九曲黄河第一镇"之美誉，是晋商发祥地之一。

1. 水运航道的"中转站"

碛口西接陕、甘、宁、蒙，东连太原、京、津，是山西与内蒙古、晋陕商道水陆交通的中心点，东西经济文化交流的枢纽和重要的商品集散地，独特的地理位置造就了它"九曲黄河第一镇，水旱码头小都会"的赫赫声名。

碛口古镇位于湫水河与黄河交汇处，因黄河大同碛而得名。大同碛号称"黄河第二碛"，是一段近500米长的暗礁，落差10米，水急浪高，船筏难以通行，南来北往的客商只能"望碛兴叹"，将满船的货物卸在碛口岸边，再雇佣驮队经陆路转运，碛口因此成为黄河北干流上水运航道的中转站（图7-6）。

当时，西北各省的大批物资源源不断地由河运而来，到碛口后，转陆路由骡马、骆驼运输到太原、北京、天津、汉口等地区，回程时，再把当地的物资经碛口转运到西北。鼎盛时期，碛口码头每天来往的船只有150艘之多，各类服务型店肆300多家，"人烟辐辏，货物山积，船泊叠岸，驼铃不绝"，民间有"驮不尽的碛口，填不满的吴城""青定头，南峪口，拴起骡子跑碛口""碛口街上尽是油，三天不驮满街流"的民谣。

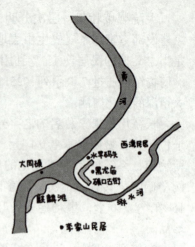

图7-6 碛口古镇平面示意图

2. "活着"的古镇

碛口古镇现存大量类型丰富且保存完好的明清时期建筑，主要有货栈、票号、当铺等各类商业性建筑和庙宇、民居、码头等，几乎包括了封建制度下民间典型的漕运商贸集镇的全部类型。由于古镇至今还是原始质朴的居民生活形态，所以又有"活着"的古镇之称。

碛口古镇整体呈L形走向，分布着3条主街27条巷，共有大小商家1 084家。碛口古街上，古老的黄河卵石铺地，古风古韵的店铺虽已斑驳却风骨奇峻，现存的以码头、大型粮油货栈为主的西市街，以骆驼、骡马、运输店为主的东市街，以当铺、票号等服务性行业为主的中市街等三条主街，依山顺水曲折而建，各具特色。碛口古建筑大多以水磨砖对缝砌筑，形式多以窑洞明柱厦檐四合院为主，依山就势，高低叠置，错落有序。街道用条石砌棱，块石铺面，民居砖、木、石雕及精美匾额比比皆是，有着很高的艺术价值。

3. "世上珍奇、人间瑰宝"的旅游胜地

碛口古镇是一处集晋商文化、黄河风光、黄土高原地貌、革命纪念地、民俗风情为一体的大型综合性景区。碛口明清商业建筑群及周边古村落的民宅深院，被国内外专家誉为"世上珍奇、人间瑰宝"，被联合国教科文组织官员确认为人与自然和谐相处的典范，具有提名为世界文化遗产的潜力，被誉为"人生必去的10座小城"之一。2003年西湾村入选全国首批历史文化名村；2004年碛口镇入选全国历史文化名镇、世界百大濒危文化遗址、世界百大纪念性建筑守护名单和中国申报世界文化遗产备选名单；2008年李家山村入选第四批中国历史文化名村；2012年碛口风景名胜区获批为"国家级风景名胜区"。

碛口古镇的旅游景点主要有古镇风韵、水旱码头、卧虎龙庙、黄河漂流、二碛冲浪、麒麟沙滩、黄河土林、红枣园林和以西湾民居为代表的一批具有黄土高原建筑特色的晋商老宅院。

山因水而秀，水因碛而险，镇因碛而生，庙因镇而兴。历史、文化、山体、建筑结合之美，人居环境自然之美，窑洞叠置错落之美，在碛口古镇得到了完美体现。

小视频：碛口古镇的旅游景点

> **知识链接**

吴冠中对李家山村的评价

我国现代著名画家吴冠中先生于1989年10月赴李家山后，写道："我在山西有一个重要发现——临县碛口李家山村，这里从外面看像一座荒凉的汉墓，一进去是很古老很讲究的

窑洞，古村相对封闭，像与世隔绝的桃花源。这样的村庄，这样的房子，走遍全世界都难再找到！"

• 课堂活动

任务 1：选择一处你了解的晋商古城或古镇，为大家讲一讲它的历史背景、整体布局和隐藏在街巷宅院里的晋商故事。

任务 2：思考并讨论如何传承和保护晋商遗留下的优秀历史文化遗产，并写出相应的对策建议。

任务 3：2021 年，山西省出台《山西省人民政府办公厅关于深化文化和旅游融合发展的实施意见》，提出"差异化开发榆次、太谷、祁县、古太原县城等古城，深入挖掘晋商文化，打造晋商文化精品旅游带"的建议。对此你有什么好的想法，试着写写相关方面的论文。

单元二　庭院深深——晋商大院展风采

• 案例导入

梁思成、林徽因的《晋汾古建筑预查纪略》

图7-7　1934年林徽因与费慰梅在汾阳峪道河

1934年夏季，梁思成和林徽因二人应美国人费正清、费慰梅夫妇的邀请，共同赴山西汾阳消夏，以此为契机，对太原和汾阳古建筑进行了一次调查。1935年，由林徽因执笔，梁林联名，在《中国营造学社汇刊》发表了长篇考察报告《晋汾古建筑预查纪略》。深邃富丽的晋商大院给他们留下了深刻印象，文中写道："这种房子在一个庄中可有两三家，遥遥相对，仍可以想象到当日的气焰，其所占地面之大，外墙之高，砖石木料上之工艺，楼阁别院之复杂，均出于我们意料之外许多"（图7-7）。

案例分析： 中国民居建筑有"北在山西，南在安徽"之说。山西晋中大院以深邃富丽著称，安徽皖南民居以朴实清新闻名。纵横欧亚九千里，称雄商界五百年的晋商，在积累了巨额财富之后，回到故乡大兴土木建造家园。山西的土地上从南到北散落着一个个深宅大院：乔家大院、王家大院、常家庄园……一座座深邃富丽的晋商大院，见证了晋商史诗般传奇的商贾岁月和大院生活。这些大院精心构思、巧妙设计的雕梁画栋间，蕴藏了丰富多彩的文化内涵，体现了中国传统的道德文化和审美情趣。这些被岁月精心雕刻的院落，是工匠们手刻的史诗，更是晋商辉煌的见证。

• 知识精讲

纵横欧亚九千里的晋商，数百年间创造了独特的大院文化，一座座深邃富丽的晋商大院，将民居建筑文化发挥到极致，见证了晋商"货通天下""汇通天下"的传奇故事。祁县乔家大院、渠家大院、灵石王家大院、榆次常家庄园、太谷三多堂、孔祥熙故居、汾西师家大院、万荣李家大院等一座座晋商大院历经岁月沧桑，依然风采奕奕，全方位展示了明清晋商的商业理念、人生智慧、家规家训、民俗文化和精神追求。

一、乔家大院 北方民居之明珠

查一查 让乔家大院一夜闻名的电影《大红灯笼高高挂》讲的是一个什么样的故事？故事是乔氏家族主人生活的真实写照吗？

乔家大院位于祁县东观镇乔家堡村，地处晋中盆地，汾河东岸，距离省会太原54千米。乔家大院是晋商翘楚、闻名海内外的商业资本家乔致庸等乔氏家族的宅院，这座规模宏大、设计精巧、布局严谨、雕梁画栋的民宅大院，体现了中国清代民居建筑的独特风格，是一座无与伦比的艺术宝库，被称为"北方民居建筑的一颗明珠"，素有"皇家有故宫，民宅看乔家"之说。乔家大院是全国重点文物保护单位、国家二级博物馆、首批全国中小学生研学实践教育基地。

1. 清代民居的典范

乔家大院始建于清乾隆二十年（1755年），经过两次扩建，一次增修，跨度约两个世纪。目前对外开放的乔家大院景区主要由"在中堂""德兴堂""保元堂""宁守堂"四堂与中心花园五部分组成，总面积为25 656平方米，建筑面积为7 004.64平方米，共18个大院，41个小院，731间房屋。分别展示了"乔家建筑居住陈设、晋商民俗风情、民间民风集萃"三大主题内容。乔家大院被专家称为晋商精神与实践的载体，北方民俗民情的宝库、明清建筑艺术的殿堂（图7-8）。

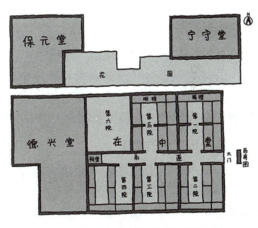

图7-8 乔家大院平面示意图

知识链接

乔家大院"堂号"的由来

在乾隆以后，民间士庶之家起堂号之风盛行。当时晋中祁县、太谷、平遥一带，中等家庭中一般在男子成家后会另设堂号。乔家的堂号始于乔贵发的孙辈：乔致祥，取"长发其祥，唯有德者居之"之意，立为"德兴堂"；乔致远，取"宁静致远，取信守约"之意，立为"宁守堂"；乔超五，取"秉承科举，保元登科"之意，立为"保元堂"；乔致庸，取"中庸之道，不偏不倚，执两端而用其中"之意，立为"在中堂"。

乔家大院中最具代表性的建筑是乔致庸及其子孙的宅院——"在中堂"。"在中堂"气势恢宏、布局合理、设计精巧，占地面积达10 642平方米，建筑面积达4 175平方米，共有6个大院，20个小院，313间房屋，从高空看像一个大吉大利的"囍"字，乡民称之为"囍"字院。整个宅院从清乾隆到民国年间不断增修扩建，前后跨越160多年，"在中堂"为全国重点文物保护单位。

"在中堂"是一个全封闭式城堡建筑，大院大门坐西朝东，寓意紫气东来。大门对面是一条长80米、宽7米的石铺甬道，甬道尽头有祖先祠堂，与大门遥遥相对。甬道把大院分成南三院和北三院。院落整体布局构成一个"囍"字的形态，寓意"喜从天降，大吉大利"。

北边三个大院，都是廊庑出檐大门，暗棂暗柱，三大开间，车轿可以自由出入。主院布局是祁县一带典型的"里五外三穿心楼院"（图7-9）。南面三个大院，都是二进式四合院，院门为硬山顶半出檐式门楼院。所有院落都是正偏结构，正院为主人居住，偏院则是客房和佣仆住室及灶房。在建筑上正院是高大的瓦房，偏院是低矮的平房，既表现了伦理上的尊卑有序，又显示了建筑上的高低有致。

> **里五外三穿心楼院**
>
> 这是祁县一带四合院的典型布局，即里院的正房、厢房为五开间，外院的正房、厢房为三开间，里外院由穿心过厅相连，除厢房和过厅外，倒座和正房都是二层楼房。

图7-9 里五外三穿心楼院

大院甬道两侧的院落自甬道分别向南北逐级抬高，且正院的正房建在高台基上，暗合了"人往高处走，水往低处流"的俗语。正院中的厢房也多为前低后高的单坡顶，也符合"前低后高，子孙英豪"的传统观念。正院中的大门和屋门多筑有高门槛，寓意"挡财不外流"，暗藏了人们风水聚财的心理。

乔家大院整体建筑外观古朴、庄重大气，从外表很难看出其显赫之处，而走进才会发现设计合理、格局规整、长幼有序、层次分明、功能齐备、雕饰精美，体现了山西人含蓄内敛的商人性格，也展现了乔家人崇尚儒家礼制的文人追求。

2. 民俗文化的宝库

1986年，祁县县委、县政府将乔家大院辟为祁县民俗博物馆，以"展现晋商大院，传承晋商精神"为主线，展出十大系列内容，即农耕习俗、岁时节令、生活习俗、人生礼仪、商贸习俗、民间工艺、豪门陈设、乔家历史、戏剧秧歌、专题展览，形象真实地反映了明清时期山西晋中一带的民俗风情和民俗文化。馆藏文物包括明清书法、绘画、瓷器、铜器、陶器、竹木器、金银器、石器、货币、玉器及织绣等。其中，展品"花梨木九龙屏风""犀牛望月镜""九龙灯""万人球"为乔家的四件宝贝。

延伸阅读

商贸习俗之"行商"与"坐商"

"在中堂"三号院的偏院集中展示了明清时期的商贸习俗，尤为引人注目的是行商的"唤头"和坐商的"幌子"。

行商，是指走街串巷、肩挑车推的小商小贩。行商的民俗传承主要表现为"唤头"，商贩们利用各种器具发出不同的响声来招揽顾客，如剃头的"铮子"、卖百货的"卜楞子"、卖冰块的"响斧"、卖肉的"梆子"、游医的"串铃"等。

坐商，是指规模较大的商号，或有店铺门面的商人。坐商的民俗传承主要表现在"幌子"上。

3. 精美绝伦的雕饰

在富丽堂皇的乔家大院，各类构件均被列为装饰的对象。通过精雕细刻的砖雕、木雕、石雕和彩绘等堪称绝技的民间艺术，使乔家大院形成了一座"有院必有图，有图必有意，有意必吉祥"的艺术宝库，异彩纷呈，美不胜收。大院中最具观赏价值的三雕和彩绘有300余种，俯仰可见，无一雷同。

砖雕是乔家大院一道亮丽的风景，精致细腻，寓意深刻，有壁雕、脊雕、屏雕、扶栏雕等。艺术价值高的大型屏雕共有两处，一处是大门外的百寿图，另一处是位于新院院门正面内的《省分箴》（图7-10）。大院里的砖雕题材非常广泛，诸如一蔓千枝、荷盒（和合）二仙、三星高照、四季花卉、五蝠（福）捧寿、鹿鹤（六合）通顺、八骏九狮、葡萄百子等。雕刻手法更是复杂多样，采用了浮雕、圆雕、透雕、平雕等多种技巧。这些砖雕作品虽已历经了上百年岁月的磨砺，但至今仍栩栩如生，熠熠生辉。

乔家大院中的木雕繁花似锦，巧夺天工，集中地表现在门楼、装板、门窗、隔扇及匾额上。大院中的木雕主要以人物、灵兽、植物、器物等为主要内容，通过象征、谐音、文字等表现手法创造出丰富的艺术造型与装饰题材。主要有"葡萄百子图""博古图""八骏九狮图""松柳图""回文图"等。这些木雕装饰庄重典雅，具有强烈的生活情趣，蕴含着丰富的哲理与思想内涵。

图7-10　乔家砖雕照壁《省分箴》

乔家大院中的石雕多见于门楼的构件或装饰物上，如石柱础、石门墩、石狮子、石栏杆等，图案题材以神话人物、戏曲故事为主，也有不少四季花卉、祥禽瑞兽组合而成的图案。石材多以平整细腻的青石为主，也有少数砂石石雕，质朴而粗犷。雕刻手法主要有平雕线刻、阴纹线刻、圆雕等，石雕画面清晰可辨，形象逼真，线条细密流畅。代表性的石雕有"辈辈封侯""马上封侯""双喜临门""灵仙祝寿""钟鸣鼎食""五子夺魁""出将入相""燕山教子""神荼郁垒"等。

乔家大院的彩绘有100余处，主要设置在檐下，多用苏式彩绘形式，底色一般为青绿色，图案主要有人物、山水、花鸟、虫鱼、器皿、书卷等，内容丰富，自然流畅。大院内许多房屋的椽头、门楼的额枋、斗拱、门道顶部的天花板等木构件上都饰有彩绘图案，内容多为花鸟虫鱼，仙禽瑞兽，这些图案线条柔和，画面生动，人物形象鲜明，恰到好处地反映了大院主人的文化素养与审美情趣。

二、王家大院　华夏民居第一宅

王家大院位于灵石县城东12千米处的中国历史文化名镇静升镇，是清代民居建筑的集大成者，由静升王氏家族经明清两朝，历300余年修建而成，包括"五巷六堡一条街"，总面积达25万平方米。王家大院的建筑技术、装饰技艺、雕刻技巧，鬼斧神工，超凡脱俗，别具一格。享有"华夏民居第一宅""中国民间故宫"的美誉，更赢得了"王家归来不看院"的口碑。2006年5月，王家大院被列为全国重点文物保护单位。

王家大院的城堡与瑞兽

史料记载，王家当年在建时将五座城堡——红门堡、高家崖、崇宁堡、和义堡和拱极堡分别以"龙、凤、龟、麟、虎"五种灵瑞之象建造。红门堡居中为"龙"，高家崖居东为"凤"，崇宁堡居西为"虎"，三者横卧高坡一线排开，形成"龙腾、虎跃、凤飞翔"的雄伟态势，盛气十足；和义堡为"龟"，拱极堡为"麟"，两者辟邪示祥，富有稳固家业的寓意。

1. 雄浑封闭的城堡建筑

王家大院目前对外开放的有高家崖（中国民居艺术馆）、红门堡（中华王氏博物馆）、崇宁堡（温泉酒店）三大建筑群和孝义祠，为王家在清代鼎盛时期留下的部分建筑群，共有大小院落231座，房屋2 078间，面积为8万平方米。建筑学家郑孝燮为其题词："国宝，人类宝，无价之宝；百来不厌，百看不厌，预祝更上一层楼"；知名学者王鲁湘则感叹"王是一个姓，姓是半个国。家是一个院，院是半座城"（图7-11）。

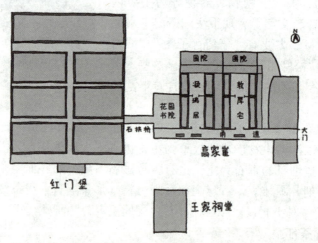

图7-11　王家大院平面示意图

高家崖和红门堡东西对峙，一桥相连，都是全封闭城堡式建筑。依山就势，层楼叠院，气势宏伟，功能齐备，基本上继承了我国西周时即已形成的前堂后寝的庭院风格，整座大院博大精深壮观、天工地利人巧，具有极高的文化品位。高家崖建于1796—1811年，前后历经16年，面积达1.96万平方米，有大小院落35座，房屋342间，是一个不规则形城堡式串联住宅群。城堡四面各设堡门，主院"敦厚宅"和"凝瑞居"分别为第十七代王汝聪、王汝成兄弟俩的宅院，均为三进式四合院的布局。红门堡建于1739—1793年，前后历经55年，总面积达2.5万平方米，有大小院落88座，房屋776间，是一处十分规则的城堡式封闭型住宅群。整座建筑依山而建，从低到高，共分四甲，甲与甲之间的横向通道与中间的纵向干道形成了一个很规整的"王"字，又暗含"潜龙"的造型。各院的布局大同小异，多数为一正两厢二进院，但依主人身份、喜好的不同在结构和装饰上呈现出不同的风格。

孝义祠是静升王氏家族五座祠堂中最小的一座，位于高家崖、红门堡两大建筑群的南坡下临街处。乾隆四十五年（1780年），皇上为旌表王氏第十五代孙王梦鹏的孝行义举下旨为其修建孝义坊，乾隆五十一年（1786年）建成，后于嘉庆元年（1796年）扩建为孝义祠。祠堂坐北向南，分楼上、楼下两院，建筑面积为428平方米。

2. 高雅脱俗的三雕艺术

王家大院的建筑有着"贵精而不贵丽，贵新奇大雅，不贵纤巧烂漫"的特征，凝结着自然质朴、清新典雅、明丽简洁的乡土气息，它的"三雕"艺术更是清代"纤细繁密"的集大成者。"建筑必有图，有图必有意，有意必吉祥。"进入王家大院，精美绝伦的三雕精品随处可见，抬头木雕在目，低头石雕在前，转眼砖雕随之，可谓片瓦有致，寸石生情，外立于像，内凝于神。

王家大院的三雕艺术题材丰富、技法娴熟，运用各种象征、谐音、隐喻、禁忌的手法，在文人、画家、雕刻家的共同努力下，将中国传统的吉祥花鸟鱼虫、珍禽瑞兽、山石水舟、传说典故、戏曲人物或雕于砖，或镂于木，或刻于石，定格成一幅幅或抒发情怀，或寄托希望，或勉励自身，或训诫后辈的完美画卷。同时，用以呈现清代的建筑装饰风格。将儒释道的思想与汉民族民俗文化融为一体，集中展示了中华民族深厚的文化底蕴

小视频：王家大院的
三雕艺术

和王氏家族独特的治家理念，体现了中国古代北方地区汉族民居"坚固、实用、美观"的建筑特点。正是这些三雕艺术使王家大院亲切而不媚俗、华美而不奢靡、高雅而不粗鄙、自然而不做作，成为民居建筑艺术宝库中的璀璨明珠。

查一查 选几幅王家大院的"三雕"作品，谈谈它们的艺术特色和文化内涵。

3. 意蕴深长的楹联匾额

王家大院凡门户必有匾额，凡堂必有楹联。这些数量众多的匾额与楹联，既增添了宅院的儒雅之气，又赋予每幢院落妙不可言的神韵，记载着王家世代子孙潜移默化地被熏陶"识礼守制、谨遵祖训"的轨迹，集中展示了王氏家族独特的治家理念和精神追求。据统计，王家大院内有匾额120多块，楹联多达83副，可谓异彩纷呈、雅俗共赏、内容丰富、意蕴深长，成为画龙点睛之笔。

王家大院的匾额触目皆是，大多数匾额为木材质，少数是砖石刻成，虽字数寥寥，却意境悠远，既出于托物抒情，明志寄意，又点染美化了建筑的内外环境。如匾额"映奎"，是期盼子孙科考顺利、出类拔萃；"观我""视履""敦厚""清思静远"是警示做人要时刻规范自己的行为；"就日瞻云"则显示谒见帝王之荣耀（图7-12）。

图7-12 王家大院匾额"映奎""清思静远"

王家大院的楹联或歌功颂德，或写情抒情，或阐发抱负，或警示后代，融入了大院主人的人生观、审美观和价值观。例如，"邀造化孝祖先飞鹏起凤，枕丘山面溪水卧虎藏龙"，意为王家人敬重上天，不忘其创造化育之恩，王家大院头枕黄土高坡，面对清清溪流，在此风水宝地中会出更多人杰。"丛桂联芳依玉树，猗兰香馥绕高松"，意为丛丛的桂花林散发出浓郁的香气，紧紧围绕着玉树，清淡素雅的兰花，馥馥香气缭绕着挺拔高耸的苍松散向四方。"铭先祖大恩大德恒以礼义传家风，训后辈务实务本但求清白在人间"，意为训教子孙不忘先祖恩德，要以礼义传家，保持人格清白，不要脱离实际、好高骛远。

王家大院是一座"有景可望，有艺可赏，有亭廊可游，有屋宇可居"的极富艺术魅力的民居建筑群，赢得了"民居瑰宝""民居大观园""山西的民间紫禁城"等美誉，民居专家刘金钟赞誉它："天上取样人间造，雕艺精湛世上绝。"王家大院是中国民居建筑的典范，家族文化的表率，吉祥文化的标本，是中国耕读传家与官商经济的契合，更是封建文化与传统礼制的诠释。

三、常家庄园 中国儒商第一家

常家庄园位于榆次西南东阳镇车辋村，是被称为"儒商世家"的常氏家族的宅院建筑群。常家庄园始建于清乾隆年间，总占地面积为60万平方米，在清代晋商大院中首屈一指。民间以此与祁县乔家大院对比，有"乔家一个院，常家两条街"之说。常家庄园以其"十最"闻名遐迩，堪称华夏民居的大观园、传统民居建筑文化的全景图。

知识链接

常家庄园的"十最"

中国最大的民间祠堂、最大的家族书院、最大的北派私家园林、最典型的汉纹锦彩绘、晋商民居中最大的占地和建筑面积、最大的民间影壁、最敞阔的宅院建筑、最大的家庭绣楼、为数最丰富的私家藏帖和书画珍品和最精美的砖、石、木雕。

1. 气势恢宏的"民间故宫"

历史上的常家庄园为"两街一巷"。常氏家族在仕宦商儒达到辉煌顶点时，于乾隆三十三年（1768年）开始，不惜重金为自己营造生活和精神家园。九代常万玘在车辋村南建"南祠堂"，立"世德堂"；九代常万达在车辋村北建"北祠堂"，立"世和堂"。历经乾隆至光绪近150年连年不断修筑，形成了房屋4 000余间、楼房50余座、园林13处、占地面积达60万平方米的宏大规模的庄园，有"民间故宫"之称（图7-13）。

目前，常家庄园对外开放的部分仅为原常家庄园遗存的半条街，为北常九代常万达为其三个儿子、十个孙子所建，共计12余万平方米。庄园主要景观为"一山、一阁、两轩、四园、五院、六水、九堂、八贴、十三亭、二十五廊、二十七宅院"，计有古建房屋968间，廊房220间。每个大院的面积都在1 500平方米左右，分为内外两进或三进，布局为外方内长的内外四合院。外院临街，正院大门偏东，南楼倒座。正北为倒座南房，正中设二门，或中部设夹牌楼，将院隔为前五后五或前四后五的格局。里院正面是高大宽敞的5间明楼，楼上是大厅。为体现"长幼亲疏有序，上下内外有别"的传统等级观念，每院又分设偏正院、书房院、后院、客房院、车马院、厨房院等配置。其特色是既具有名门望族的宏伟气势，又凸显南方园林的绮丽灵秀，兼具书香门第的典雅淡泊。

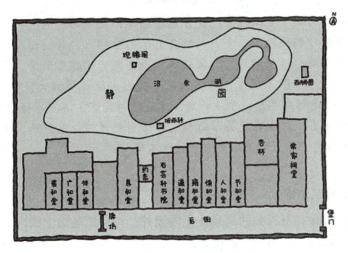

图 7-13　常家庄园平面示意图

常家庄园布局严谨，整齐有序，功能性很强。街道北侧是庄园的宅院建筑区，临街一字排开，自东而西依次为总账房院、常氏宗祠、静园东院、静园西院、节和堂、人和堂、慎和堂、雍和堂、谦和堂、私塾院、石芸轩书院、养和堂、德趣茶园、体和堂、广和堂、贵和堂；宅院区之北是园林区，花木繁盛，溪水潺潺；街道南侧沿街开有各种商铺，是族人生活消费的供应设施，也是庄园的南封闭线。常家庄园以"后街"为纽带，各个宅院彼此紧靠，形成了"临街门户依次开，堡门关闭如一堂"的格局。

2. 融汇南北的"八可庄园"

常家庄园里有一座面积达 120 亩的私家园林，堪称华北地区面积最大的私家园林，它就是"静园"。静园是常家的后花园，豁然开朗，别有洞天。常氏在修建宅院的同时，分别在其宅院旁和后面修建了用于陶冶情操、休闲娱乐的后花园，这些后花园有杏园、枣园、桑园、花园、菜园等，它们之间没有明显的墙篱，而是自然连成一体，成为常家的大花园，命名为"静园"。"静"是一种对大自然的回归，又是一种"出世"的追求，表达了一种超然世外的心态。静园包括杏园、狮园、遐园、可园四个小园，园中有园又区域清晰。"大中有小，小中见大，远近高低、自然成趣"，可谓"举目皆诗意，步步寄情怀。"

静园初建于乾隆、嘉庆年间，完成于光绪初年，这个过程，正值我国封建社会造园艺术的高峰时期，加之常氏开拓万里茶路，长年奔波于大漠与江南的青山秀水之间，这就注定了静园所具有的精致、肃静、空灵、通透的文人写意山水风景式的高雅格调和融儒家秩序与道家浪漫于一炉，集北方厚重与南方灵秀于一体的特色，空灵飘逸，文雅脱俗，雕饰精美，意蕴博大。庄园主人曾自豪地称其为：可居、可读、可修、可思、可赏、可游、可悦、可咏的"八可庄园"，真应了"虽由人作，宛自天开"的韵味。

修复后的静园无论是园林布局还是建筑、山石、草木，每一处都显示出浓郁的自然美、艺术美，漫步园区，景随步移，天然成趣，心旷神怡，充分展示出"北方儒商第一园"的气派和魅力。

静园的造园艺术

静园基本上再现的是平地山野景观，营建遵循模山范水的原则，利用原有的地形，因势而立，把具有自然神韵的假山、叠石浓缩在有限的空间内，营造出山林野趣。观稼山巍峨雄厚，给人以静态美；昭余湖舒缓开阔给人以动态美；园林中的亭、台、楼、榭、轩依存于山水，并融于山水，驻足观赏，趣味隽永。静园占地规模宏大，建筑与园林均开朗、外向、平面铺展；营建形式丰富，手段朴实；建筑取材天然，不重富丽堂皇而重传统礼制；园林注重乡土树种培育，极少奇花异草栽植，推崇自然风情。重野逸、重写意与画境，以天然质朴作为造园立意，重精神陶冶更重于物质享用。

3.独具匠心的建筑装饰

常家庄园的建筑除具有深刻的儒家文化内涵外，在建筑装饰上的内容也十分丰富。分布于各个大院的传统门式、窗饰、砖雕、石雕、彩绘、碑刻、法帖等装饰琳琅满目，俯拾皆是。这些装饰堪称晋商民居文化的精品、中国建筑艺术的瑰宝。

（1）门式。常家庄园宅院现存的院门共有 143 个，其中垂花门、石柱门、挑角门、瓶形门、六角门、月亮门等五花八门，风格各异。庄园内各大门的位置都遵守北派风水学说，即宅院主要是坐北朝南的方向，大门就建在院落东南角上。最引人注目的"街门"包括高大阔绰、器宇轩昂的祠堂院五间出厦带耳房的正门、华丽质朴的"静园"正檐挑角卷棚式大门、充满儒雅书卷气的书院大门、以彩绘门神著称的养和堂大门，以及气势最为宏大的双柱飞檐挑角式的贵和堂大门。垂花门多用于宅院二门，分布在常家庄园各处，多达 38 个，样式无一雷同。另外，庄园内的院落与院落之间还有许多连通的暗门，有些在楼梯下，有些在居室中，有些在耳房内，有些在回廊里，曲径通幽，情趣别致。

（2）窗饰。窗是一种独具文化意蕴与审美魅力的重要建筑构件。常家大院共有 8 大类窗饰、200 余种图案、600 余个窗户。这 8 大类窗饰有隔扇、槛窗、横披窗、支摘窗、牖（yǒu）窗、什锦窗等（图 7-14）。其主体结构荟萃了灯笼锦、步步锦、冰裂纹、云锦纹、寿字锦、万字锦等几何纹样和各式各样的动物、植物、花鸟、人物组成的窗格纹，做工精细，内容丰富多彩。常家庄园的窗饰非常注重细微之处的雕琢，每个院落的窗户都有自己独特的风格，许多窗户的图案本身就是一幅图画，极具艺术性和观赏性，给人以花团锦簇、目不暇接之感，清代著名学者李渔"一窗一景致"的诗句在这座瑰丽的大院里得到了最好的诠释。

图 7-14　常家庄园的各类窗饰

李渔的窗子：细节里的中国建筑美学

李渔，浙江金华人，明末清初文学家、戏剧家、戏剧理论家、美学家。他的得意之作《闲情偶寄》，集纳了他在戏曲、歌舞、园林、建筑、饮食等诸多方面的"玩法"，被誉为"中国人生活艺术的袖珍指南"。而"李渔的窗子"，便是其中的一个经典构想：买一只画舫，四周包得严严实实，只留两面扇面形状的窗子。闲坐船中，舟行西子湖上，两岸湖光山色、往来人士，纷纷进入扇面之中。摇一橹，变一像，撑一篙，换一景，一日之内，可见成百上千幅天然扇面画。

窗户就这样装点了中国人的岁月，见证了中国人的悲欢离合。诚如著名建筑大师贝聿铭所说："在西方窗户就是窗户，它放进光线和新鲜的空气；但对中国人来说，它是一个画框，花园永远在它外头。"

资料来源：小西《李渔的窗子》，有删减

（3）雕作。常家庄园的每个院落中都有随处可见的砖雕、木雕、石雕和木构件上的彩绘艺术。一宇之上，三雕骈美，使常家庄园在整体上成为举世瞩目的民居艺术集大成的博物馆。砖雕是常家庄园雕作艺术不可或缺的部分，砖雕作品遍布于建筑的正脊、垂脊、冰盘檐、墀头、门饰和众多的影壁、照壁和夹牌楼两侧的花墙上，或细腻纤巧，或粗犷雄浑，富有浓厚的装饰性、艺术性和文化性。石雕在常家庄园更是别有情趣，石雕艺术有护栏、门兽、护墙、柱础、垂带等，由砂石和青石雕成，刀法粗犷雄浑，画面疏密有致，古朴典雅很有气魄。木雕主要出现在宅第中的窗户、门框、屏风、家具和隔扇等地方，图案千变万化，造型手法各异，木质多种多样，恰似木雕展览，使游人眼花缭乱。

（4）碑帖。作为儒商世家，常氏家族除尽力在建筑的精雕细刻上表达其精神世界外，更多的是直接将文学融入自己的生活范围，这就是这个偌大庄园中的"法帖"群（图7-15）。法帖作为书法和雕刻艺术的综合，使名笔墨宝得以长久保存，为中国书法艺术史上的一大创举。常家遴选了清代各个阶段书法界代表共56人的楹联书法，勒石成碑，镶嵌于庄园中，其中最具代表性的法帖有八种，即敦艮吉门宋代二亭双绝帖、杏林清代名人名联帖、雍和堂恽寿平画跋帖、石芸轩法帖、听雨楼法帖、常氏遗墨帖、四十四帝后帖、可园唐诗笔意帖等。这些法帖数量之多、选帖之精、书法之珍、雕工之美，堪称庄园瑰宝。

> **法帖**
>
> 法帖也称"法书"，是指将古代流传下来的著名的书法墨迹、刻帖、碑拓等作品的墨迹刻在石板上或木板上，再用纸墨拓印下来，以供人们学习和欣赏的刻印本。

图7-15 法帖

石芸轩法帖

石芸轩法帖位于石芸轩书院正廊，是清太谷隐士杜大统于嘉庆年间书写，全部刻石共174块。法帖上方和两端是杜大统仿颜真卿、柳公权楷书及自创草书《兰亭序》，占据中心位置的是杜大统酣畅隽秀、大气磅礴、自成一家的巨幅匾额，魏碑榜书。杜大统所书匾额用法帖共刻石33组、127块，一石一字，每石高36厘米，宽15厘米，每字25厘米见方。

在乾隆、嘉庆年间，就已因为它突破"馆阁体"而惊世骇俗，常氏将书院用"石芸轩"冠名，足见对此碑帖的珍爱和重视。

常家庄园的建筑风格集儒家文化的严谨秩序、佛教文化的空灵境界、道家文化的天人合一于一身，融北派建筑的质朴豪放与南派建筑的素雅灵秀于一体，庭院深深，不仅具有功能齐全的庄园特色，而且无处不散发着敦厚典雅的儒家文化品位，成为晋商文化旅游的一颗别具特色的璀璨明珠。

• 课堂活动

任务 1：山西现存的晋商宅院有哪些？各有哪些与众不同的特色？

任务 2：以晋商大院的"三雕、彩绘"艺术为主题，进行分析总结归纳梳理，以 PPT 的形式展示交流。

任务 3：实地考察一座晋商大院，深入了解晋商大院的建筑特征、装饰艺术、文化内涵，以及隐藏在高墙大院里的晋商故事，写成一篇不少于 1 000 字的游记。

微课：精神家园
——晋商会馆联乡谊

· 案例导入

《抱愧山西》里的晋商会馆

著名学者余秋雨先生在其《抱愧山西》一文中写道：现在苏州有一个规模不小的"中国戏曲博物馆"，我多次陪外国艺术家去参观，几乎每次都让客人们惊叹不已。尤其是那个精妙绝伦的戏台和演出场所，连贝聿铭这样的国际建筑大师都视为奇迹，但整个博物馆的原址却是"三晋会馆"，即山西人到苏州来做生意时的一个聚会场所。说起来苏州也算富庶繁华的了，没想到山西人轻轻松松来盖了一个会馆就把风光占尽。

案例分析： 余秋雨先生在文中提到的"中国戏曲博物馆"是中国第一座戏曲专业博物馆，位于苏州市张家巷全晋会馆内。其建筑融北方粗犷豪放的风格和江南玲珑典雅的特色于一体。金碧辉煌的古典戏台龙凤雕椽，飞檐翔丹，层台高耸，气势巍峨，是全馆建筑之精华，为苏州现存古典戏台中最为精美的一座。

晋商会馆是明清时期山西商人在全国各地乃至国外修建的专供商人聚会、议事、宴客、娱乐的场所。"同乡偕来于斯馆也，联乡语，叙乡情，畅然蔼然"，"通商之事，咸于会馆中是议"，晋商会馆是适应贸易、经商活动的需要，促使各帮商人在彼此交流中走向融合的平台。目前，全国留存的晋商会馆有50多处，保存完好的约有30座，占到全国现存商帮会馆的1/3。遍及全国的晋商会馆，是山西商人创造辉煌商业奇迹的缩影，是晋商500年辉煌的历史见证，它承载着自强不息、诚实守信的晋商精神，也是了解中国商业史的百科全书。

· 知识精讲

明清时期，山西商人上通清廷，下结官绅，北上西向，东进南下，粮商、布商、盐商、茶商、票商遍布全国，商路达万里之遥，款项可汇通天下，他们在驰骋全国商界的同时，逐步形成了以血缘、地缘关系为纽带的商帮集团，山西商帮集团性加强的标志也在于大量会馆的出现。晋商正是以这些会馆为依托，拜关公、崇忠义，团结乡人联合发展，缔造了彪炳青史的商业帝国。

一、史海寻踪 晋商会馆的产生与发展

会馆是同乡人在异地建立的一种社会组织。最初的会馆主要为客籍异地乡人的聚会场所。据考证，中国最早的会馆可追溯到明朝永乐年间（1403—1424年），产生于京城，会馆起初只是供来京城应试的同乡举人寄宿的暂居之地，有人称之为"官绅会馆"或"科

举会馆"。而地位低下，排在士、农、工、商"四民"之尾的商人，在这些会馆是不得入住的。

明中叶以后，中国商品经济蓬勃发展，出现了资本主义萌芽，商界竞争日趋激烈。随着晋商向全国的扩张，晋商意识到要在省外发展，与同行竞争，"无论旧识新知，莫不休戚与共，痛痒相关"，必须团结同乡仕商，利用传统的地域观念，将商埠中同乡之人联合起来，共同与异域商人竞争，于是专门服务于商业的晋商会馆便应运而生。

明代实施开中法以来，晋商以"极临边境"地理优势，捷足先登，逐渐成为明代最有实力的商人群体。京师是全国政治、经济、文化中心，晋商为活动方便而设会馆于京师。据研究，最早的晋商会馆是约于明朝中后期，山西平遥颜料商在北京建立的颜料会馆。该会馆清乾隆六年（1741 年）《建修戏台罩棚碑记》称："我行先辈，立业都门，崇祀梅、葛二仙翁，香火悠长，自明代以至国朝，百有余年矣。"按照碑记记载，追溯"百有余年"，大概为明万历后期至天启初年这段时间。

进入清代，商业竞争越来越激烈。北京是各商帮云集之地，建立的会馆最多，据不完全统计，晋商在北京建立的会馆至少有 40 处之多。与此同时，又先后在天津、聊城、济南、上海、扬州、南京、苏州、福州等多地设有会馆，清代晋商会馆几乎遍布全国各行省、商埠。据专家考证，从 1656 年到 1888 年的 200 多年里，晋商在全国各地一共建了 500 余处会馆。

晋商长途贩运，散布于全国各大商埠，他们在异地他乡，人地两生，因而"会馆之设，所以答神庥，睦乡谊也"，"同乡偕来于斯馆也，联乡语，叙乡情，畅然蔼然"，"无去国怀乡之悲"。晋商会馆作为一种商业性组织，广置楼阁、多盖屋舍的目的，在很大程度上是为同乡士绅、商旅驻足和货物存放提供方便。无论是从联络感情出发，还是从经商需要出发，他们都需要一种组织形式加以联结，而以地域为基础建立的晋商会馆恰好提供了这样一种社会组织形式。因此，晋商会馆是联乡谊的场所，祀神祇的公共建筑，诚义举的社会组织，谋商务的地域团体，甚至还是地方政府加强治安的辅助力量。通过晋商会馆山西商人彼此联结起来，互相提携，互相帮助，形成了一个纵横联结、网络贯通的地缘性商业集团。

二、同乡相恤 晋商会馆的性质与功能

1. 晋商会馆的性质

首先，晋商会馆是在异地晋籍商人的社会组织。晋商会馆均是由在异地的晋籍商人共议后自筹经费所建立的。如汉口的山陕会馆，最初为关帝庙，始于顺治年间。康熙二十二年（1683 年），又在关帝庙的基础上正式创立了山陕会馆。咸丰时因遭兵燹毁坏，同治九年（1870 年）重修。从这次重修费用的筹集，可知会馆的建立完全是商人自行组合。其次，会馆的建立必须向官府申请立案，表现了会馆对封建政府的依附性。再次，由于会馆参与地方社会事务的管理，表现了商人与官府的相互依存关系。最后，官府对会馆纠纷予以调解，如承认会馆财产等，以维护会馆利益。

由上可见，晋商会馆是在中国传统社会变迁中既保存旧的传统又容纳社会变迁、含有行业性质的封建商人社会组织。

2. 晋商会馆的功能

（1）联络乡谊、友好团结。商人常年在外奔波，难免思乡念亲，建立会馆，与有共同语言、风俗、生活习惯及文化心理的同乡商人集聚在一起，联乡情于异域，其乐融融，会馆因此成为同乡人在外活动的场所和精神家园。如在北京的山西临襄会馆，康熙五十七年（1718年）《修建临襄会馆碑记》称："会馆之立，所以联乡情，笃友谊也。"又如北京的山西临汾会馆，《重修临汾会馆碑记》载："会馆之设……，实以敦睦谊，联感情，本互相而谋福利。"可见，会馆是"联乡情于异地"，"叙桑梓之乐"的同乡人活动场所。

（2）聚会议事、互通信息。会馆是明清晋商"叙语之地，正可坐论一堂以谋商业之公益"。会馆是异地同乡商人会聚公议之地，所议内容包括商务、行规、会馆事务、祭祖演戏等，起到互通商情、集思广益、共谋良策、促成大事的作用。

（3）对外抗争、维护利益。会馆是介于官商之间的中介组织，对内，代官府立言，行使商务纠纷仲裁权利；对外，代表同籍商人的共同利益，与外帮商人或官府进行周旋，处理商务争执。会馆整合了官府与商人、本帮商人与外帮商人的关系，使商人的利益得到保护，发生商务纠纷"理有所伸"，违反行规"错有所纠"，保证了市场的正常运行。

（4）约束同行、规范管理。会馆通过制定行规业律，规范市场行为，维护市场的正常运作。凡在外建立的山西会馆，都有明文章程与行规，要求每个商人必须建立良好的商业道德，维护商业信誉，发生了许多**晋商会馆约束同行**的故事。这是晋商从商经营的一大特色，更是他们立于不败之地的重要原因。

（5）组织祭祀、祈求护佑。在异地经商的同乡在精神上需要有神灵的保护，在会馆内供奉他们所崇拜信仰的神灵，定期祭祀是会馆的重要活动内容之一。晋商会馆祭祀神灵最普遍的是关羽，因关羽是山西人，以义行天下，最受乡人崇敬，是晋商的精神偶像。

小视频：晋商会馆约束同行的故事

（6）酬神演戏、娱乐庆典。山西会馆雕梁画栋、规模宏大，其精华建筑多为豪华戏台。晋商会馆作为同乡人的组织，逢年过节时同乡人常常在会馆欢聚一堂，酬神演戏。在商业活动取得重大胜利时，也举办酬神和演戏的活动。在发展过程中，"酬神"的演戏慢慢就有了"酬人"的功用，看堂戏成了晋商一种重要的公关手段。

（7）扶危济困、守望相助。在外经商者，常年背井离乡不知归期，难免遭遇各种灾难或客死他乡，每当乡人在外发生"疾病疴痒"，会馆便"相倾体恤"，提供钱财、药物；若客死他乡，会馆则"专寄同乡、同业旅榇（chèn），不取寄资，俟购得冢地。再行代为掩埋，以成其善"；再者对年老失去工作能力者予以救济，对穷儒寒士提供方便，施以善举。由于有了会馆这一可靠保障，免去了商人的后顾之忧，吸引了更多的同乡加入会馆，互帮互助。

三、馆庙合一 关公崇拜与诚商教育

关羽是晋商的老乡，也是晋商心目中"信、义"的象征，所以，山西人每到一地经商，一经发展便集资修建关帝庙。这些关帝庙既是会馆的办公地点，又是晋商开会议事的场所。晋商会馆不但尊关云长为财神，还以关公的"义"教育约束同行，以关公的"信"来取信顾客，摒弃欺诈。这样，以地缘关系为基础建立的商帮组织，以关羽为共同精神支柱来团结和规范商帮成员，从而形成了一种"拟家族"式的忠诚意识和集体主义观念，进而构成重义务、重责任、牢固和谐的商帮内部关系。

1. 关公崇拜的产生

关羽（160—220年）本字长生，后改云长，晋南解州常平村人，三国时期蜀汉名将。在其近六十年的一生中，策马横刀，驰骋疆场，征战群雄，辅佐刘备完成鼎立三分大业，谱写出一曲令人感慨万千的人生壮歌。关羽那充满英雄传奇的一生，由将而侯而王而帝而圣，一生忠义仁勇，诚信名冠天下，是中华民族的道德楷模。数千年来备受海内外华人推崇敬仰，并成了中国封建社会后期上至帝王将相、下至士农工商广泛顶礼膜拜的神圣"偶像"。

> **知识链接**
>
> 中国人的关公崇拜
>
> 关羽去世后，逐渐被神化，被民间尊为"关公"；历代朝廷多有褒封，清代封为"忠义神武灵佑仁勇威显关圣大帝"，崇为"武圣"，与"文圣"孔子齐名。关公最为特殊之处是备受儒释道三教的一致推崇。儒教奉为五文昌之一，又尊为"文衡圣帝"；佛教奉为护法神之一，称为"伽蓝菩萨"；道教奉为"协天大帝""翊汉天尊"。"汉封侯、宋封王、明封大帝"，历代皇帝对其封赐有加；"释称佛、儒称圣、道称天尊"，三大宗教争相称颂。关公成了"圆融儒释道，护佑全华人"的历史巨人，成了全球华人推崇的"万能之神"（图7-16）。
>
>
>
> 图7-16　解州关帝庙崇宁殿关公像

关公是一种集体文化的象征，对内强调忠诚，对外强调信用，关公身上所体现出来的忠义诚信等品质，可以用来规范当时的经济行为，有助于打破几千年来"无奸不商"的传统观念，重塑商人在人们心目中的形象。晋商将最具代表性的同乡神灵关羽奉为关圣大帝，视为自己的保护神和精神偶像。并将"义不负心"的关公尊为武财神，尊为保护商贾之神，所到之处，以会馆为载体，到处建关帝庙，关圣大帝随着山西商人的足迹遍布全国，关帝庙逐渐成为山西商人在各地留下的标志性建筑。

晋商通过在其客居地构建以关公崇拜为主体的地方会馆，逐渐组建了一个以地缘为基础的全国性大商帮。关公崇拜不仅为晋商构建了慰藉漂泊感的心灵港湾，而且成为联结彼此的文化纽带，并在与官府及客居地人民的关系中担任了协调的角色，对晋商的形成及扩展起到了不可替代的作用。

2. 馆庙合一的形式

"馆庙合一"是晋商会馆的普遍形式，会馆不仅是离乡商人在异乡的家园，同时也是祭祀关羽、宣扬晋商信义和道义的场所，具有"祭神明、联桑梓、叙乡情"多种功能。晋商会馆内最豪华的建筑往往是供奉关帝的拜殿、正殿和演戏酬神的戏楼、戏台，最高建筑是供有关帝夜读《春秋》神像的春秋楼。

明清时期晋商会馆"馆庙合一"有两种形式。一是借庙为馆，如辽宁海城山西会馆，本为关帝庙，在城西门外大街路北，"正殿三楹，后殿五楹，大门三楹，钟楼、鼓楼各一，路南乐楼一座。清康熙二十一年（1682年）知县郑绣建，后屡经晋商捐资修建后，作为山西会馆"（《海城县志》）。二是建馆为庙，如河南社旗的山陕会馆中供奉关羽，故会馆也称"山陕庙"；汉口的山陕会馆又称"西关帝庙"；甘肃康县的陕甘会馆就设在关帝庙中。因此，会馆从本质上讲是"馆"，是商人聚会议事的行帮办事机构，而不是单纯的庙宇。晋商建造会馆并不是单纯为了祭祀神灵，而是借助神灵推荐他们的商贸事业，使会馆"敬神麻"的宗教活动同商人"谋商利"的市场需要结合在一起。促使会馆活动朝着服从商务活动需要的方向发展，呈现出"馆市合一"的发展趋势。

3. 诚商教育的手段

诚信是中华民族的传统美德，也是晋商之魂。晋商将崇奉关公当作至关重要的商业圭臬，形式上是买卖交易，实质上是精神信仰。关公对国以忠，待人以义，处世以仁，作战以勇的"忠义仁勇"精神，"义薄云天""义利分明""义不苟取""信义昭著""言必忠信""信必笃敬"的美德，被晋商引入商界，成为凝聚众商、以诚取信的象征。

晋商会馆建立关庙，崇祀关羽，一方面是为"桑梓情怀，联乡情于异地"，增进同乡情谊，增强凝聚力，和睦互助，同舟共济，以达到"通省联为一契，敦重乡谊""三晋一家"的境界；另一方面是对会馆成员进行思想道德教化。会馆通过神灵祀拜和营造"诚信"的会馆文化氛围，对本帮商人进行"诚商良贾"的思想教化，从思想和道德层面规范商人的市场行为，使其树立起敬业、重名、乐群的经营理念，使各会馆成员都能自觉地守望良知、虔诚合作，谋求生存与发展的正当共同利益。

晋商以关公"义气忠心"作为凝结同乡的精神支柱，并以关公不取不义之财的气节，训练约束同籍商人，形成忠诚、崇礼、仁义、守信的商业道德，坚持"以义取利""先义后利""义内生财"的经营理念，尊奉"一守信、二尚义、三取利"的商业准则，取缔见利忘义、欺人钱财的不义行为，从思想上为规范市场秩序奠定了基础。可以说，关公是晋商商业人格升华的催化剂，是晋商商帮团结的黏合剂，也是晋商文化的载体或符号。

四、建筑遗珍 晋商会馆的建筑文化

遍及全国的晋商会馆，是山西商人创造辉煌商业奇迹的缩影。最辉煌时期，晋商在全国各地留下了500多座会馆，现在全国尚存的晋商会馆有近50座，而保存完好的大约有30座，分别有江苏苏州全晋会馆、徐州山西会馆、安徽亳州山陕会馆、山东聊城山陕会馆、河南开封山陕甘会馆、周口山陕会馆、洛阳潞泽会馆和山陕会馆、南阳社旗山陕会馆、湖北襄阳山陕会馆、内蒙古多伦山西会馆等。时过境迁，各地幸存下来的晋商会馆，已然成为晋商文化符号中的历史残片，在建筑艺术、园林建设、书法石刻、诗文楹联等方面，为人们留下了丰富的遗产。

1. 晋商会馆布局

明清晋商会馆建筑的布局基本上属于同一形制，即中轴对称、前后多进院落的中国传统院落式布局方式。由于会馆的主体是商人，会馆的布局便从经商贸易的实际需要出发，会馆的管理和活动服从于商务活动的需要。

会馆的布局与功能紧密相连，一般分为娱乐、祭神和生活三个功能区。娱乐空间主要是满足演戏娱乐、宴请、集会等功能，一般由戏楼、看楼、院落等组成，由于其公共活动的需要，往往成为最大和最主要的院落空间，一般布置在会馆的最前端，为大批看戏的人流提供了便捷的集散条件。祭神空间一般位于会馆中心和后部位置，组织祭祀的院落也相对较小，主要包括供奉关帝的拜殿、正殿和春秋楼。生活空间一般布置在会馆后部两侧或偏院。整个功能分区沿轴线从外向内，由闹到静、由疏到亲，动静结合，亲疏分明。

晋商会馆的主体建筑一般建在中轴线上，依次大体为照壁、山门、戏楼、拜殿、正殿、春秋楼；在中轴线两侧按照对称形式设置附属建筑，主要有掖门、钟鼓楼、看楼或厢房、配殿等建筑（图7-17）。

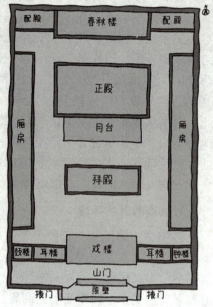

图7-17 晋商会馆布局平面示意图

知识链接

晋商会馆建筑功能

晋商会馆中轴线上的主体建筑和两侧的附属建筑融为一体，形成多重院落疏密有致、功能各异、相对封闭、物质与精神功能巧妙结合的布局形制。

照壁：一般位于晋商会馆中轴线的起始处，是建筑物前的屏障，起遮挡视线、划分景观层次等作用。

山门：建筑群的入口，位于照壁之后，一般体量高大，形式多样。

掖门：山门两侧的辅门。

戏楼：供演戏使用的建筑，面向后方的拜殿或正殿，位于山门之后，也有与山门合并为一栋建筑的形式。

钟鼓楼：位于戏楼两侧或戏楼前面两侧，楼内分别设置钟鼓，用于悬钟击鼓，以壮威仪。

看楼或厢房：位于观戏区两侧的建筑，有单层或两层两种类型，具有观演、谈生意或市场库房等功能。

拜殿：商人集会、议事、祭祀、宴乐等场所，位于正殿之前。

正殿：是会馆的核心，供奉关羽的场所。

春秋楼：一般位于会馆中轴线的尽头，内供关帝夜读《春秋》的神像。

2. 晋商会馆遗存

晋商在全国各地修建的会馆里，壮丽的建筑，华丽的牌坊，精巧的戏台，寓意深刻的楹联、匾额，细腻灵动的三雕艺术随处可见，晋商通过晋商会馆把明清时期的商业建筑推至一个新的水平。现存比较著名的会馆有河南社旗山陕会馆、江苏苏州全晋会馆、安徽亳州山陕会馆、山东聊城山陕会馆、河南开封山陕甘会馆，北京山西会馆、江苏徐州山西会馆、甘肃天水山陕会馆、内蒙古多伦山西会馆等。

（1）社旗山陕会馆。社旗山陕会馆位于河南省南阳市社旗县赊店镇，原名山陕同乡会馆，由山西、陕西富商集资，始建于清乾隆二十一年（1756年），光绪十八年（1892年）落成，历时137年。整个会馆占地面积为10 885.29平方米，建筑面积为6 235.196平方米。主体建筑依次是照壁、悬鉴楼、石牌坊、大拜殿和春秋楼，现存亭台楼阁130余间，室内外全用青白色大理石铺砌，建筑物采用石雕、木刻、火铸或陶瓷塑精美图案作为装饰，既有宫殿庙宇的恢宏壮丽，又有商馆的富丽堂皇，还有南方民居园林的典雅秀丽，是清朝时期最典型的民间建筑。

在全国现存会馆类古建筑中，社旗山陕会馆以其建筑规模最为宏伟、保存最为完好、装饰工艺最为精湛，商业文化内涵最为丰富，被公认为"中国第一会馆"。1988年被公布为第三批全国重点文物保护单位。

（2）苏州全晋会馆。苏州全晋会馆位于江苏省苏州市姑苏区，始建于清朝乾隆三十年（1765年），占地面积约为6 000平方米。整座会馆以中路为轴，分为中、东、西三路建筑。中路建筑是会馆的主体，气势雄伟，富丽堂皇，有门厅、鼓楼、戏台和大殿，是晋商们举行庆典和举办娱乐活动的场所。西路建筑庄重朴实，筑有两厅一庵。楠木厅和鸳鸯厅为晋商们交流商情、相互借贷、调剂资金的场所；万寿庵为停放已故在苏晋商灵柩之处，每年由专船将此处的灵柩迁回故土。东路有房屋数十间，供短期来苏州联系事务的晋商寄宿、存货以及在苏州破产失业的晋商借住。

全晋会馆是苏州历史上众多会馆、公所中现存最完整、具有代表性的古建筑群。古戏台是整个全晋会馆的精华所在，是苏州现存最为精美的古戏台之一，深得建筑大师贝聿铭的赞誉。2003年开辟为中国昆曲博物馆，2006年被公布为第六批全国重点文物保护单位。

（3）亳州山陕会馆。亳州山陕会馆又称花戏楼，位于安徽省亳州市区，始建于清顺治十三年（1656年），由山西商人王璧、陕西商人朱孔领发起筹建，后经康熙、乾隆两朝共百余年多次扩建而成。建筑面积为3 163.1平方米，院内以大殿为主建筑，戏楼辅衬，坐楼建于两侧，供看戏饮筵用。大殿两侧各有一深径小院，西为禅堂。戏楼精雕细刻、色彩绚丽、美轮美奂，集砖雕艺术之大成，因此又被称为花戏楼。

花戏楼有"三绝"，一绝是正门前的两根铁旗杆，每根重12 000斤，旗杆高约16米，直插碧空白云间；二绝是山门，花戏楼山门是一座仿木结构的三层牌坊式建筑，上面镶嵌着闻名天下的立体水磨砖雕，玲珑剔透，琳琅满目；三绝是木雕，与山门紧紧相连的戏台上镶满大杨木透雕，共刻有十八出三国戏文题材的木雕作品，里里外外六百多个人物，雕工十分精湛。1988年被公布为第三批全国重点文物保护单位。

（4）聊城山陕会馆。聊城山陕会馆位于山东省聊城市城区，从乾隆八年（1743年）至嘉庆十四年（1809年），历时66年建成，占地面积为3 311平方米。整个建筑包括山门、过楼、戏楼、左右夹楼、钟鼓二楼、南北看楼、关帝大殿、春秋阁等部分，共有亭台楼阁160多间，集中国传统文化之大成，融中国传统儒、道、佛三家思想于一体，布局紧凑、错落有致，连接得体，装饰华丽，堪称中国古代建筑的杰作。在全国现存的会馆中，聊城山陕会馆的建筑面积不算很大，但是其精妙绝伦的建筑雕刻和绘画艺术在国内罕见。

聊城山陕会馆为聊城"八大会馆"之首，也是其中唯一保存下来的会馆，是清代聊城商业繁荣的缩影和见证。1988年被公布为第三批全国重点文物保护单位。如今的太原晋商博物馆就是仿建聊城山陕会馆的整个建筑形制，博物馆的山门、戏台、牌楼按照原样1∶1复制过来的（图7-18）。

（5）开封山陕甘会馆。开封山陕甘会馆位于河南省开封市龙亭区，始建于清乾隆四十一年（1776年），由居住在开封的山西、陕西、甘肃三省的富商巨贾在明代开国元勋中山王徐达的府址上聚资修建而成，是清代山陕甘三省旅汴客商经商、贸

图 7-18　聊城山陕会馆山门

易、联络同乡感情的场所。会馆为四合院式布局，面积为3 870.29平方米，主体建筑置于中轴线上，由南向北依次为照壁、戏楼、牌楼、正殿，附属建筑位于东西两侧，包含左右掖门、垂花门、钟楼、鼓楼、厢房、东西跨院等。

山陕甘会馆是"馆庙合一"的建筑，是祭祀关羽的场所，也是商人异乡的家园，是维系商人团结的纽带，更是宣扬晋商信义和道义的场所。山陕甘会馆的建筑风格鲜明，韵致高雅，尤其是它的砖雕、木雕、石雕"三绝"技艺，形式多样，内容丰富，被誉为河南省明清时期建筑艺术的代表作。2001年被公布为全国第五批重点文物保护单位。

3. 晋商会馆戏楼

诚信敬业、重义轻利的山西商人们，在明清两季驰骋华夏，远涉重洋；业绩辉煌，举世瞩目。他们在经商驻地，不惜重金，集资建造了宏伟壮丽的晋商会馆及关圣神庙与豪华戏楼，用作身在异乡的晋人聚会、议事、迎宾、宴客、祭祀、联欢、娱乐的公共场所，借以凝聚晋商合力，联络乡里情谊，并造福于当地民众。晋商会馆中的戏楼上，常有家乡戏班前来唱戏，祭祀关圣，敬神娱人，宴请宾朋，慰藉乡愁，戏楼因此成为晋商会馆内最精华的核心建筑。

（1）苏州全晋会馆的戏楼。苏州全晋会馆的戏楼是苏州现存古戏楼中最好的一座，也是全晋会馆建筑群中的耀眼明珠。戏楼坐南面北，台面呈正方形，高出地面近3米。台顶覆盖黑色筒瓦，飞檐翘角，脊置龙吻；檐口额枋，双凤对舞，二龙戏珠，浮雕华丽；金狮倒悬于台柱，蝙蝠相伏于壁裙，构思奇妙，工艺极精。戏楼绝妙之处，当数其舞台顶部的"鸡笼"式藻井。藻井四周由曲木拱搭成架，环旋而上，状如编织之鸡笼，鬼斧神工。藻井顶部正中，置有铜镜，熠熠生辉。藻井通体华美靓丽，既给人以无比美感，又增强音响效果。日本剧场史专家松原刚教授对戏楼藻井构建之妙与其独特音响效果，惊叹不已。我国建筑大师贝聿铭与著名园林学家陈从周先生，称此戏楼构建当出高人之手。

（2）张掖山西会馆的戏楼。戏楼建在山门之上，坐东朝西。砖木结构，重檐歇山顶，青筒瓦覆盖，屋脊上饰有龙兽、陶楼。额枋、斗拱、雀替均为木雕彩绘，装饰华丽。台口四根朱漆明柱支撑梁架，边柱凸出，中间两柱置有石狮一对。戏楼两侧为两层看楼，看楼与山门、钟鼓楼相连。庭院及两侧看楼，可容纳千余观众。在漫长的几百年间，这里曾是张掖的重要观剧场所。

（3）社旗山陕会馆的戏楼。悬鉴楼，构建奇巧，装饰华美。因楼顶绘有彩色八卦图案，

人们又称之为"八卦楼"。戏楼坐南面北，与大殿遥相对应。三层重檐歇山顶，黄绿琉璃瓦覆盖。戏楼正面为三开间，两侧石柱上刻有两副楹联，分别为"还将旧事从新演，聊借俳优作古人"；"幻即是真，世态人情描写得淋漓尽致；今亦犹昔，新闻旧事扮演来毫发无差"。台口上悬挂有金字巨匾，上书"悬鉴楼"三个大字。其中，"悬鉴"二字拓于明末清初太原名士傅山的墨宝。戏楼两侧为八角腾空、两层起架的钟楼和鼓楼。三楼翼角交错，似分似连，相映相衬。已故中国古建筑学会会长、南京大学校长杨廷宝先生称赞其为"华夏古戏楼的典范之作"。

（4）亳州花戏楼。因戏台之上藻井彩绘与四周遍布雕花而得名。戏楼东西两侧建有看楼，看楼和大院广场可容纳千人看戏。每年关公诞辰和重大节庆，均有戏班演出，花戏楼前人头攒动，热闹非常。花戏楼为砖木结构，重檐歇山顶，由六根抱柱支撑，四方翼角飞翘；台口前伸，三面敞开，形如"凸"字。戏楼底部为出入会馆的通道，戏楼上的两层彩绘木雕装饰，雕刻手法精细，人物造型逼真，色彩艳丽明快，为不可多得的木雕珍品。

自古商路即戏路。戏以商远播，商借戏繁荣。山西商人出资建造的会馆戏楼，便是山西戏班的外埠之家。这些精美的戏楼既是晋商钟爱戏曲的见证，也是晋文化与其他文化融合交流的结晶。

• 课堂活动

任务1：请查阅相关资料，做一张晋商会馆专刊报纸，详细介绍会馆历史、功能特征、建筑遗存、关公崇拜等内容。

任务2：阅读以下材料，根据所学知识，谈谈明清时期晋商伦理中的关公崇拜。

山左有孔子，道德高于万山，世人重其文也。然有以文为之经，必有武以为之纬。惟我关子生于山右，仕于汉朝，功略盖天地，神武冠三军。尤可称秉烛达旦大节垂于史册，洵足媲美孔子，躬当武夫子之称。……

——雍正八年（1730年）十月十五日，河南北舞渡山陕会馆《创建戏楼碑记》

任务3：参观太原迎泽公园内太原晋商博物馆（现为中国共产党太原历史展览馆），调研该博物馆的历史背景、建筑特色、晋商发展史等内容，写出1 000字左右的调研报告。

微课：守正创新
——百年字号焕新光

• 案例导入

"红梅牌"砖茶的故事

20世纪80年代末，中苏两国结束敌对，民间开通了商业交往。第一批到达中国的俄罗斯客商带来的采购清单中有一样特殊的商品——"红梅牌"砖茶，令他们失望的是不但市场上找不到这种茶，甚至众多的中国企业、贸易商人没有人知道这种商品的产地在哪儿，是由谁生产的。

到了20世纪90年代，大量晋商住宅和字号被清理出来，对外开放。人们才赫然发现祁县长裕川茶庄曾经是一家专营对俄、对蒙贸易的大商号，当年他们向俄国输出的一种主要商品就是"红梅牌"砖茶。为什么俄罗斯商人对这样的商品情有独钟呢？甚至制造这种商品的商人已经消失近百年后仍然会让他们念念不忘呢？

案例分析： 长裕川是明末清初祁县四大财东中首屈一指的渠家著名的老字号之一，也是晋商中开设时间长、规模大的茶庄之一。砖茶，是晋商为了适应流通需要而设计加工的产品形态，也是茶叶贸易中的一大发明，不但易于运输存放，还因为砖茶上贴有晋商商标，写有"晋商监制"字样，帮助晋商打响了品牌。晋商老字号随着漫漫商路声名远播，誉满天下。

晋商的字号是晋商的主体，是晋商的组织细胞。晋商称雄商界的五百年间，涌现出了一批又一批著名商号。它们或历经百年沧桑，至今还熠熠生辉；或如保晋矿务公司、汾阳义泉涌酒坊等，发展演变为现代大型企业；或曾名噪一时，现已消失在历史的烟尘中……曾经赫赫有名的晋商老字号就像舞台上已经谢幕的演员，静静地侧身于历史的帷幕之后。传奇历史、经验教训、荣辱成败，任凭后人评说。

• 知识精讲

晋商从无到有，从贫到富，经商的足迹遍及天下。他们不畏艰辛，不惧风险，遍涉百业，在国内外开设了诸多商号，如日昇昌、"蔚"字五联号、协同庆、百川通、大德恒、大德通等票号；中和德、宝隆堂、德全厚、裕泰盛等钱庄；会元银号、宏晋银号、晋恒银号等银号；长裕川、大德诚、永聚祥等茶庄；广升药店、义泉涌酒坊、六必居酱菜、双合成糕点、益源庆醋坊等，这些字号是晋商商业智慧的结晶，是晋商文化的重要组成部分。很多晋商老字号面临着时代的机遇和挑战，坚持守正创新，为中国商业的发展做出了积极贡献。

一、大盛魁 草原第一商号

大盛魁商号是清代山西人开办的对蒙、俄贸易的最大商号，被称为"草原第一商号"。它跨越清代，直至新中国成立前夕关门歇业，绵延近三百年，它缔造了无数个中国商业史的"创举"。大盛魁极盛时有员工六七千人，商队骆驼2万多峰，号称其资产可用五十两重的银元宝，铺一条从库伦到北京的道路。在本土商业史上，一直有着"南有胡雪岩，北有大盛魁"之说。

1. 商业帝国："雄踞塞外三百载，横跨欧亚九千里"

大盛魁的创始人并非商贾巨富，而是三个名不见经传的游商小贩。康熙年间，清政府在平定准噶尔部噶尔丹的叛乱中，由于军队深入漠北，"其地不毛，间或无水，至瀚海等砂碛地方，运粮尤苦"，因而准许商人随军贸易。在随军贸易的大部队中，有三个肩挑货郎担的小贩，即太谷的王相卿、祁县的史大学、张杰。他们三人虽本小利微，但是买卖公道，待人忠厚，生意十分兴隆（图7-19）。

图 7-19　大盛魁的三位创始人

清兵击溃噶尔丹后，主力部队移驻大青山后的武川，其给养仍需原驻地山西右玉县杀虎口供应，杀虎口因此商贾云集、经济繁荣。三人合力在杀虎口开办了商号"吉盛堂"，据推算，时间大约在清康熙三十二年（1693年）。后几经波折，艰难创业，约于雍正二年（1724年），"吉盛堂"改名为"大盛魁"。

最初大盛魁的总号设立于乌里雅苏台和科布多，归化城（今呼和浩特）是大盛魁一处重要分庄。光绪后期，大盛魁又在库伦（今乌兰巴托）开设分庄。19世纪初，大盛魁的总号迁到了归化城，从此大盛魁成为归化城市场的操纵者，由于其规模宏大，被赞为"一个大盛魁，半座归化城"。除广袤的蒙古草原外，大盛魁在京、津、沪、杭、晋、冀、鲁、豫、湖、广等省区都有分支机构、小号和坐庄人员。其鼎盛之时，拥有包括汉、蒙、回、满等各族员工六七千人，国内外分号82家，骆驼2万多峰，经商足迹遍及全国各省及俄罗斯和中亚诸国，雄踞塞外而傲视天下，资产超过1亿两白银。大盛魁极盛时几乎垄断了蒙古牧区市场，蒙古的王公贵族及牧民大都是它的债务人。大盛魁三年分红一次，鼎盛期每股分红可达一万余两白银。真可谓"雄踞塞外三百载，横跨欧亚九千里"。

2. 货通天下：“集二十二省之奇货”

大盛魁经营的基本地区是乌里雅苏台和科布多。乌、科两地柜上的店员，在柜上住过三年，学会蒙语以后，就组成若干小组到草原各帐篷售货。基本上是一个店员，再雇一个蒙民，两个人骑两匹骆驼，另用两匹骆驼驮货，走串蒙古包送货上门。夏天卖了货，换成羊马；冬天卖了货，换成皮张。同治时期，大盛魁看到茶、烟销路好，为了适应蒙民的口味和运输上的便利，与茶商、烟商一起制出名牌“三九砖茶”和“祥生烟”，而且越做越精细，越做越定型，颇受蒙民欢迎。历史照片牵驼人如图7-20所示。

图7-20　历史照片牵驼人

大盛魁经营的商品种类繁多，上至绸缎，下至葱蒜，无所不包。其经营范围包括金融业、日用百货业务、牲畜及皮毛业务、电灯公司、印票业务、办理清廷委托的税收事务和炉业、运输业。这些商品除归化城能解决少量外，大部分需要从各省市采购，所以大盛魁商号的分支机构几乎遍布全国各地。在购货、运输、销售、资金周转、货物调拨、银两汇兑等方面都是依靠自己的力量来完成的，号称“一条龙”运销体制。

大盛魁从蒙古贩运到内地的牲畜主要是羊和马，据说每年贩运羊最少有10万只，最多可达20万只，每年贩运马最少有5 000匹，最多2万匹。正如其总号大门的对联：“集二十二省之奇货裕国通商，牢记诚信为本，取财有道；步千里之云程披星戴月，方能以其所有，易其所无。”

3. 商业创举：历史上第一家股份制企业

大盛魁传下来最关键的“商业经”，是创建了公司制、股份制、合伙制等企业制度及最早的跨国贸易雏形。从3个生意人合伙做买卖开始，就形成了股东制雏形，后又形成了股东大会制度，可以说是我国最早出现的股份制企业，比国外早了200多年，堪称亚洲股份制的鼻祖，是中国商业史上最早实现“二权分离”的股份制，也是当时最具有现代意义的股份制。

大盛魁商号从创业之初，就创立了以“财神股”（公积金雏形）为基础，结合“人力股”（给企业骨干入股）、“财股”（给三位创始人入股）、“狗股”（给建立奇功的狗入股）的多种形式的股份制。

> **知识链接**

大盛魁的股份制

创始人王相卿、张杰、史大学最初并没有出资垫股，不是合资经营而是人力合伙经营，3人肩挑货物在草原上走包串户，靠辛苦起家。后来3位创始人相继去世，经号伙（职工）会议，给3人各设了一个“永远身股”，是为纪念和报酬死者的功绩而定的分红的份额，并非垫资的财股。这种特殊状态一直持续到1805年才得以改变，将王、张、史三家的“永远身股"改为"财股"，这样，大盛魁才有了没有垫过资的"财东"。但大盛魁的财东与其他财东不同，它的财东只享分红的权利，却不负亏损负债的责任，这种特殊性造成了大盛魁的财东在商号职员中没有一点权威，财东们也是除对分红感兴趣外，对商号经营大略与人员任用基本上不加过问。

由于大盛魁一直强调人力合伙的性质，所以商号的一切权力都集中在了历届经理的手里。所有的人权与财权全部集中在总号大掌柜的手里，大掌柜不仅在任期内有号事的处置权，而且对继任大掌柜的任用也有着决定权。

大盛魁的员工分为从业人员和雇佣人员两种（图 7-21）。

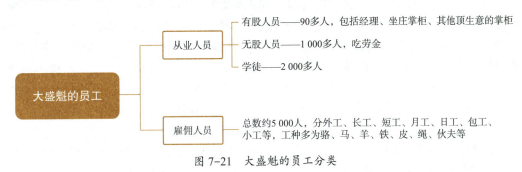

图 7-21　大盛魁的员工分类

由此可见，大盛魁是一家典型的股份有限公司，并在管理上最早实现了经营权和所有权的分离，这不能不说是一个伟大的商业创举。

想一想　大盛魁的股份制和其他晋商的股份制有何异同？

4. 成功秘诀：长盛不衰的经营之道

大盛魁之所以能雄踞塞外 300 年而长盛不衰，缔造伟大的商业奇迹，与它灵活的经营策略密切相关。

（1）顽强的创业精神。王、张、史三人结成兄弟，抱团取暖，以义待人。他们不怕风险，冒着风雪，踏着沙漠，终于走出了一条以山西、河北为枢纽，北越长城至西伯利亚，东过大海至日本，南到东南亚的国际商路。

（2）灵活的经营策略。大盛魁按照蒙古牧民的生活习惯来定制商品，砖茶、斜纹布、蒙古靴、马毡、木桶、木碗、奶茶等极受牧民喜欢。蒙古牧民过着游牧生活，居住分散，大盛魁就采取流动贸易的方式，组织骆驼商队，把货物运输到牧民居住的帐篷里。蒙古牧区因经济不发达，牧民手中很少有货币，大盛魁就采取以物易物或赊销的方式进行交易。正是由于大盛魁采取这些极其灵活的经营策略，才使其大获成功。

（3）大盛魁与骆驼"房子"。大盛魁每年由归化运往北路和西路的货物，通常是以**骆驼"房子"**来计算的。到了蒙古国以后，大盛魁就把大房子改组为小房子，分别到各旗进行流动贸易。规模大小完全以销售货物的情况来决定。大盛魁就是用这些"沙漠旱船"把成千上万斤各种货物驮来运往，驼背上承载了大盛魁近两个半世纪的旅蒙贸易。

小视频：大盛魁的骆驼"房子"

（4）大盛魁的小号。大盛魁在长期的经营活动中，产生了类似西方母子公司的分号制。

起初，大盛魁销售的各种货物是从归化城购买的，以后随着营业的发展和扩大，它就投资开设了各行各业的小号。大盛魁主要的小号有大盛川票号、三玉川茶庄、天顺泰绸缎庄、东盛昌发货店、德亨魁牲畜店、盛记毛庄等，它们分别承担着大盛魁的金融、茶叶、绸缎、牙记、牲畜等业务。据说，大盛魁有几家小号都分配过巨额的红利，它们最盛时期的资本总额，甚至超过了原资本的数十倍。

5. 折戟沉沙：并未走远的"商业航母"

19世纪中叶以后，由于俄国经济势力的侵入及英、美等外国商品的倾销，大盛魁受到一定程度的排挤，营业区域日渐缩小。1911年辛亥革命之后，蒙俄订立库伦通商协定，俄国人取得了在蒙古国无税自由贸易的特权，使大盛魁在蒙古的市场进一步缩小。1917年俄国十月革命胜利后，大盛魁在俄国境内的商业资本被没收，使其雪上加霜。1921年蒙古国宣布独立，1924年建立了蒙古国，实行公有制，大盛魁在蒙古国的资产全部丧失。至此，大盛魁的商贸活动只剩下了内蒙古和新疆，从而使总号资产负债难以平衡，不得不向外举债，各种小号也先后折价处理。从自身来看，大盛魁后期用人不当，制度不健全，一些掌柜挥霍浪费惊人，侵吞号款事件屡有发生。1929年，大盛魁商号宣告歇业，1947年，彻底倒闭。

大盛魁这个纵横草原的"商业航母"，随着它的驼队走完了自己200余年的辉煌历程，但大盛魁顽强拼搏的创业精神、诚信为本的经商之道、为国分忧的爱国情怀将永远长存。

二、"蔚"字五联号 规模最大的票号

清道光三年（1823年），中国历史上第一家票号日昇昌横空出世，清道光六年（1826年），第二家票号蔚泰厚隆重上市，随之蔚丰厚、蔚盛长、新泰厚、天成享商号也改组票号，组成了赫赫有名的"蔚"字五联号，与日昇昌票号分庭抗礼，迅速发展为晋商中规模最大的票号，在中国商业史上留下了光辉的一页。

1. 筑巢引凤 票号初建

介休巨富侯氏家族，人称"侯百万"。1823年日昇昌票号挂牌营业时，与之一墙之隔的"蔚泰厚"绸缎庄东家侯荫昌，看到票号业务生意兴隆，十分眼红。不久，日昇昌二掌柜毛鸿翰与大掌柜雷履泰不合，被排挤出号。侯荫昌闻讯后立即重金聘请毛鸿翰为大掌柜。毛鸿翰于道光六年（1826年）将蔚泰厚绸缎庄正式改组为票号。在毛鸿翰的努力下，蔚泰厚票号大获其利。紧接着侯荫昌又将蔚丰厚、蔚盛长、新泰厚绸缎庄及天成享细布庄一律改为票号。五个票号各有经理独立核算，但都受毛鸿翰的统一筹谋指导，人们习惯称之为"蔚"字五联号。

侯财东知人善用，毛掌柜忠心耿耿，两者齐心协力，配合默契。又请超山书院的徐继畬帮助制订了严格的号规"七不准"（图7-22），"蔚"字五联号一手抓管理，一手抓经营，基础愈加雄厚，声势愈加显赫，成为日昇昌强有力的竞争对手。

蔚泰厚号规
一不准无事外出；
二不准宿娼赌博；
三不准娶小纳妾；
四不准私开店号；
五不准吸毒酗酒；
六不准蓄私放贷；
七不准占用号款。

图7-22 蔚泰厚号规

2. 宏图大展 名利双赢

"蔚"字五联号成立后，很快发挥其雄厚的资金优势，利用熟悉各地市场的有利条件，

先期在全国各大城镇建立了几十处分支机构，架设了汇兑银两的完善网络。从山西票号的发展进程看，前30年共出现票号12家，在全国建立分支机构90多处，这个时期蔚字号的分庄约占其中一半。1911年明清更替，山西票号处于衰败时期，山西24家票号在全国95个城镇共设分支机构475处，当时蔚字号分支机构为148处，将近1/3。

从票号数量看，山西票号前后共有43家，在最早的6家中，"蔚"字五联号占其中5家；从经营时间看，43家票号长者百年，短者二三年，"蔚"字五联号全部在90年以上；从网点数量看，当时在全国设网点达18处以上的票号共15家，"蔚"字五联号全部在其中。可见，"蔚"字五联号经营时间之长、规模之大、范围之广。另外，"蔚"字五联号的财富之多、人才之众、声誉之高，更是其他票号望尘莫及的。

光绪二年（1876年），山西票号在上海的24家分号组织成立"山西汇业公所"，蔚盛长分庄经理以其威望，被推为两董事之一；光绪二十九年（1903年）十二月初十，北京汇兑金银号商会被批准成立，蔚丰厚驻京分庄经理李宏龄也被推为两董事之一；1914年，完全靠借债过日子的北洋政府特设内国公债局，为取得山西票号支持，蔚字号天成亨经理范元澎被推为公债局董事。"蔚"字五联号见表7-1。

表 7-1 "蔚"字五联号

票号	创立时间	财东	首任经理	资本	分庄数量	歇业时间
蔚泰厚	道光六年（1826）	侯荫昌	毛鸿翰	24万两	33处	1921年
蔚丰厚	道光六年（1826）	侯荫昌	阎永安	10万两	26处	1921年
蔚盛长	道光六年（1826）	侯荫昌、王培南	郭存祀	12万两	22处	1916年
新泰厚	道光六年（1826）	侯荫昌、赵一第	赵巨渊	16万两	26处	1921年
天成亨	道光六年（1826）	侯荫昌、马铸	候王宾	16万两	23处	1921年

3. 大浪淘沙 得失荣枯

自从太平天国运动之后，中国的政治和社会一直动荡不安，这对票号业的发展极为不利。"蔚"字五联号虽然在困境中奋力搏击，甚至结交官府以免损失和破落，但大势所趋，"蔚"字五联号已无力回天。此时，侯家的太太、少爷仍然过着养尊处优、奢侈腐化的生活。他们吸食鸦片，抛银斗阔，挥霍无度，到了末代曾孙侯崇基直落得个衣不蔽体、食不果腹的地步，最后竟活活冻死在街头，无人收尸。

蔚泰厚因为武昌起义现银和财产被抢，难以维持，于1921年关闭；蔚盛长票号因为放款收不回来，于1916年倒闭；新泰厚票号因为在辛亥改革后被散兵土匪抢劫而陷入窘境，于1921年歇业；天成亨票号在庚子事变和辛亥革命及辛壬年战事中损失30万两巨款，"令人毛发森竖"，于1921年秋歇业。

知识链接

蔚丰厚票号改组银行

在"蔚"字五联号中，唯有蔚丰厚票号经受住了考验，与时俱进。1915年，蔚丰厚北京分号经理郝登五回平遥总号商议改组蔚丰商业银行，总额定为300万元。以蔚丰厚票号原来的基本金担任三分之一，添招新股份三分之二，按照股份有限公司经营一切业务。1916年，蔚丰商业银行正式成立，并在天津、上海、汉口、长沙等十几个大城市设立分行。开业后营业日繁，颇有成效，两年后又在全国各地增设30个代理汇兑处。但后期由于经营不善，也于1921年遇到倒闭的厄运。

三、益源庆 世代相酌的宫廷御醋

1. 宫廷御醋 源自王府

益源庆是久负盛名的晋商老字号，位于太原市桥头街宁化府胡同内。益源庆原本是明初洪武年间民间的一个以制醋、酿酒、磨面为主的家庭作坊，创建时间为明洪武十年（1377年），初取名为"一元庆"，意为薄利多销、开元大吉之意。后被晋王朱棡最宠爱的第五子宁化王朱济焕收购，成为王府作坊，并改名为"益源庆"。"益"乃收益利润，"源"为源源不断，"庆"含庆祝之意，"益源庆"寓意"买卖兴隆，生意不断"，专为王府制醋、酿酒、磨面。因为出产的醋配料讲究、制作精细、风味绝佳、质久不变，宁化王便将其敬献到宫中，从此，益源庆成为宫廷御醋，世代相酌。

2. 流入民间 经久不衰

明清之际，晋王府毁于战火，益源庆的酿醋技术传入民间。至嘉庆二十二年（1817年），益源庆老店已有日产150千克醋的规模，是当时山西最大的制醋作坊。其后，益源庆虽几易其主，但醋的质量始终如一，买卖也因而经久不衰。益源庆醋是传统的固态发酵工艺，后期采用熏醅增色增香，生产出的醋香、酸、甜、绵，色泽棕红、滋味醇厚。正所谓"绵酸香甜调味佐餐国人争夸三晋醋，蒸醅熏淋夏晒冬捞此中艰辛有谁知。"

3. 创新发展 醇香如故

1993年，益源庆被贸易部认定为首批中华老字号企业；2006年，被商务部认定为中华老字号；2011年，益源庆宁化府老陈醋酿造技艺被列入"山西省非物质文化遗产"；2012年，益源庆被认定为中国驰名商标；2015年5月，记录了益源庆600多年来的酿醋技艺发明、发展和传承过程的"宁化府益源庆历史档案"入选第四批《中国档案文献遗产名录》，为山西醋文化留下了珍贵的资料；2020—2022年，连续三次入选《胡润中国最具历史文化底蕴品牌榜》。时至今日，昔日的宁化府早不是王侯尊贵的象征，但由此得名的益源庆醋，却醇香如故，成为人们喜爱和信赖的醋业老字号。

知识链接

"一字无欺堪做主，千金唯诺好通商"

民国初年，益源庆的冀有伦掌柜外出要账归来后，发现店里的醋有些发霉变质。经过调查，冀掌柜了解到原来是店里的伙计发现醋变质后，怕赔钱私自舀出上层浮霉，将剩余变质的醋混到好醋中卖给街坊。东家知道后十分生气，除狠狠训斥伙计外，还特意派伙计告知街坊邻居，携近日所购之醋换取新醋，分文不取。之后，他让伙计将剩余变质醋和街坊交回的醋，于大街闹市倾入排污沟。事后，冀掌柜请人写了一副对联悬于店铺两侧："一字无欺堪做主，千金唯诺好通商。"这也成为益源庆传诸后世的铺规之一。

• 课堂活动

任务1：除文中所列举的晋商老字号外，晋商还创造了哪些知名的老字号？还有哪些依然"活着"的老字号？试着给同学们讲一讲它们的故事。

任务2：将大盛魁的创业故事编成剧本，分角色扮演，感受"诚实守信、开拓进取、务实经营、和衷共济、经世济民"的晋商精神。

任务3：老字号是中国工商业发展历史中孕育出的金字招牌，如何传承发展是老字号面临的重大问题。请你实地走访调查一家晋商老字号，并结合2023年商务部、文化和旅游部、国家市场监督管理总局、国家文物局、国家知识产权局联合印发的《中华老字号示范创建管理办法》，谈谈老字号应该如何守正创新发展。

拓展资料

晋商会馆与徽商会馆的不同

晋商会馆与徽商会馆最大的不同表现在：晋商会馆地域性明显，而徽商会馆宗族性突出。……徽商最重宗法，举族经商的现象非常普遍。一个商业团体，往往就是一家人或同族人。而维系其宗族血缘关系的方式又是行之有效的，号称"千年之冢不动一抔，千丁之族未尝散处，千载之谱丝毫不紊"。在同乡会馆中，这种纽带起到了基础性乃至根本性的作用，使徽商网络更为坚实牢固，也更具有凝聚力和拓展力，从而奠定了徽商集团具有竞争优势的组织基础。

此外，晋商会馆与徽商会馆初建的目的不同。晋商会馆创建之初就是为商人服务的。明代山西人在北京创建的五所会馆中，有四所是商人所建，清代的晋商会馆都是商人建立的。因此，从建立之初晋商会馆就带有明显的商业性质。而徽商会馆起初是朝考接待、官宦寓居之地。随着徽商的发展，大批徽人旅外，会馆功能逐渐扩大，并逐渐成为徽州人旅外的主要落脚点，成为徽州人"亲和力""凝聚力"和"创造力"的大本营。

再者，晋商会馆与徽商会馆不同的"儒贾观"决定了两者功能的侧重点不同。人们评价徽商"贾而好儒、贾儒结合"，是亦商亦儒的儒商。他们靠读书的优势，由儒而商，由商而观，官商相济。所谓"左儒右贾"的徽商，看似儒贾并重，实质却是重儒轻贾。全国各地的徽商会馆中，常有"几百年人家无非积善，第一等好事只是读书"的楹联，这正是徽商的心志表白。他们业贾致富后，总是让儿孙读诗书，"就儒业"，不惜代价，务求成功。他们兴建书屋，购买书籍，以重金延师课子，或者亲自督促子弟读书，或者兴办义学，教育本族子弟，更有甚者则兴建书院或捐资书院，也有资助本族子弟参加科考的。重教兴学已成为徽商会馆的一种风尚，这种风尚历经几百年，代代相传，经久不衰。

晋商则不同。晋商打破了"儒为名高，贾为厚利"，贵贱有别，目标不一的封建观念，而提出了"贾可习儒，儒亦可贾，贾也可士，士也可不失贾业"的儒贾相通观。晋商之所以繁荣，就是将儒家思想活学善用在贾道上，从而形成了一个具有相当文化底蕴的商人群体。晋商在儒和贾的选择上，与徽商恰好相反，认为经商致富是光耀门庭，读书功名一文不值。因此，晋人摒弃旧俗，褒商扬贾，以经商为荣。晋商一改"学而优则仕"为"学而优则商"，把儒家教育的诚信、仁义精神引入商界。鉴于以上不同的"儒贾观"，决定了在重教兴学、助学济困等社会功能方面，徽商会馆比晋商会馆表现得更为突出。

——资料来源：刘建生，《晋商五百年——会馆浮沉》147～150页

知识检测

模块七题库

思考与实践

1. 思考

（1）在全国古城古镇同质化严重的情况下，山西的晋商古城镇遗址如何走出一条特色发展之路？

（2）晋商大院的建筑和装饰彰显了哪些文化内涵？晋商文化旅游应该如何整合营销，共同发展？

（3）晋商老字号，如何在"老"与"新"中找到平衡，守正创新发展？老字号的经营之道带给你怎样的创业启发？

2. 实践

任意选择一处晋商遗址遗迹，进行一次研学旅行，根据所见所闻撰写一篇研学旅行考察报告，要求图文并茂，写出考察中发现的问题，并提出自己的对策建议。

模/块/评/价

评价内容	自评	组评	教师评价	综合等级
知识检测（题库成绩）	（　　）分	（　　）分	（　　）分	☆ ☆ ☆ ☆ ☆
课堂活动（任务完成）	☆ ☆ ☆ ☆ ☆	☆ ☆ ☆ ☆ ☆	☆ ☆ ☆ ☆ ☆	☆ ☆ ☆ ☆ ☆
课下实践（调研报告）	☆ ☆ ☆ ☆ ☆	☆ ☆ ☆ ☆ ☆	☆ ☆ ☆ ☆ ☆	☆ ☆ ☆ ☆ ☆

感悟提升

学习本模块后，你在职业感悟、生活感悟、生涯感悟等方面是否有新的认识和提高？请具体写出。

模块八 | 盘点晋商民俗

模块导读

　　民俗是一个社会群体在语言、行为、思想观念和社会心理上的集体习惯，是一个国家或民族在历史发展的长河中逐渐创造和形成，并反复出现、世代相承、相沿成习的生活文化现象。民俗文化传承久远，其内容历久弥新，挖掘整理本土民俗文化，既要做到研古习今，又要力求细致唯实，既要掌握精髓实质，又要抛却糟粕陈腐。在文旅融合的时代背景下，如何以文塑旅、以旅彰文，挖掘整理、传承借鉴内涵深邃的民俗文化，功在当代，利及千秋？

　　山西地处黄河流域的黄土高原，民风质朴，经过千百年的传承，留下了地域色彩浓厚的民间风俗。明清以来，崇尚文化、仰慕文明的晋商，不仅是商贸金融的先驱，也促进了社会进步和民族文化的发展与交流，丝弦悦耳、余音绕梁的晋剧晋曲，强身健体、蕴含着深邃中华哲理的山西武术，美化丰富、点缀人们生活的民间社火（图8-1），每一样都与晋商密切地联系在一起。本模块将带你走进这些民俗，看看晋商与它们相辅相成的促进作用。

图8-1　社火之抬阁

学习目标

知识目标	1. 了解山西面食文化，掌握晋商对山西饮食文化的贡献； 2. 了解山西传统体育项目心意拳、形意拳及戴氏心意拳等，掌握晋商对传统武术产生、发展的影响； 3. 了解晋商的精神生活，熟知梆子戏的产生、传播，掌握晋中一带列入非物质文化遗产的民俗项目
能力目标	1. 具有自主学习、探究学习的能力； 2. 具备获取、整理分析、归纳总结及运用信息的能力
素养目标	1. 培训独立思考、发现解决问题的能力； 2. 传承三晋优秀传统文化，树立文化自信意识

思维导图

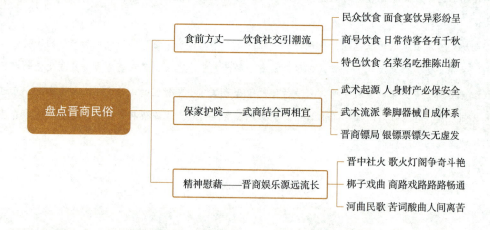

盘点晋商民俗

- 食前方丈——饮食社交引潮流
  - 民众饮食 面食宴饮异彩纷呈
  - 商号饮食 日常待客各有千秋
  - 特色饮食 名菜名吃推陈出新
- 保家护院——武商结合两相宜
  - 武术起源 人身财产必保安全
  - 武术流派 拳脚器械自成体系
  - 晋商镖局 银镖票镖矢无虚发
- 精神慰藉——晋商娱乐源远流长
  - 晋中社火 歌火灯阁争奇斗艳
  - 梆子戏曲 商路戏路路路畅通
  - 河曲民歌 苦词酸曲人间离苦

微课：食前方丈
——饮食社交引潮流

• 案例导入

丰美饮食

　　清末民初文人刘大鹏，为山西省太原县（今太原市）赤桥村举人，在他写的《退想斋日记》中有这样的记载："今日为冬标期，各处商人于前数日来此处周行银两，此间坐贾皆请外来商人吃饭，极其丰盛。"又记载："凡诸客商，名曰便饭，其实山珍海错、巨鳖鲜鱼，诸美味也。习俗使然，并无以此为非者，间有一二不欲如此，亦不得行矣。"还记载："侈靡之风，太谷为甚，各铺户待客酒馔华美，率皆过分，其尤甚者，殆如官常之自奉也，间有俭约者，群焉咻之，以为不合时宜，莫能推行群行尽利焉。"

　　从以上的文字中可以看出，富有的晋商日常饮食"食则包鳖鳞鱼、山珍海错""太、汾则食物比南北为繁，颇讲烹饪之法""鸿宴富阔豪而不奢、膳食以礼俭而有序"，并集全国各地风味。

　　案例分析：俗话说"民以食为天"，饮食文化是中华民族在长期的饮食产品的生产与消费实践过程中，所创造并积累的物质财富和精神财富的总和，涉及自然科学、社会科学及哲学等多个学科，在社会发展过程中，不同的地域逐渐形成特色的饮食及与之相关的技术、工具、理论等。

　　山西地处黄河中游，是世界上最早、最大的农业起源中心之一，也是中国面食文化的发祥地。饮食在百姓日常人际交往和商业应酬中成为必备的交流媒介。无论是美食命名、食材选择，还是烹调方法、饮食礼制等方面，都具有别具一格的美学特征。饮食文化是民间文化的重要内容，在人们的日常生活中占有核心地位，是民众多彩生活长期积淀传承的结果。在这种传承中，上流社会对下层民众的示范作用十分明显。在山西中部区域这片沃土上，令人引颈以望的晋商在民众饮食文化中的示范和影响就非常凸显。

• 知识精讲

　　墨子曰"食必常饱，然后求美；衣必常暖，然后求丽。"商业的发展，集市的繁荣，为民众日常消费提供了物质基础和消费市场，与此同时，遍及全国的晋商往返于家乡和外地，也影响了山西民众的日常生活。二者合力，极大地提升和丰富了当地民众的饮食文化。

一、民众饮食　面食宴饮异彩纷呈

1. 面食之乡

民以食为天，饮食在人们的日常生活中占有核心地位，并在长期生活中积淀传承，山西是面食之乡，山西人喜欢吃面食，面食花样繁多，有据可查的面食就达280余种。

面食的做法大致可分为水煮、清蒸、烧烤、油炸、煎烙等种类。水煮面食有擀面、剔尖、刀削面、刀拨面、抿圪抖、擦圪抖、柳叶叶、搓鱼鱼、圪朵朵、握溜溜、切板板等；清蒸面食有佛手馍、发财馍、花卷、包子、窝窝、石窝窝、栲栳栳、圪扦扦、菜蛋蛋、石壳壳、拨烂子、焖面、蒸饺子、枣糕等；烧烤类面食有太谷饼、干面饼、石头饼、油旋子、酥饼子、菜饼子、肉火烧、煎饼、春饼等；油炸类面食有油花花、牛腰腰、油蛋蛋、油炸糕、甜麻叶、炸油条、糯米糕、豆腐盒子等；煎烙类面食有水煎包儿、水煎卷卷、葱花烙饼、豆面煎饼、南瓜糊塌、案案糕等。山西面食能有如此蓬勃发展的局面，与晋商的有力助推是分不开的，它是昔日饮食之风的延续和发扬。

查一查 山西的十大面食有哪些？

知识链接

杏花堂招牌面食——关公油泼大刀切面

杏花堂是一家以晋商文化为核心的特色餐厅，"关公油泼大刀切面"是杏花堂招牌面食。所用的大刀以关公青龙偃月刀为原型，重28斤，是中国吉尼斯纪录最大的一把切面刀（图8-2）。大刀面精选哈萨克斯坦面粉，只用温水和面，不添加任何的盐、鸡蛋、水碱，面的口感筋道富有韧性，搭配香而不辣的陕西秦椒，经油泼后面的滋味更加香醇！

图8-2 杏花堂的关公大刀

2. 宴饮习俗

晋中商业交流的热烈氛围中，宴饮成为平常之事。"九个碗""十二器""八八宴席""一百单八将席""八十八件海碗席""四四到底席""八八六十四席""八碟八碗席"等都是当时晋中著名的商贾宴席。

平遥传统豪华宴席"八八宴席"，早在清代已初具规模，光绪年间风行于平遥城。八八有上八、中八、下八之别。选用材质有山八珍：驼峰、熊掌、鹿筋等，海八珍：燕窝、鱼翅、海参、鱼肚、鱼好、鲍鱼、龙爪等；草八珍：猴头、银耳、竹荪、口蘑、花菇、黄花菜、发菜等。基本是八干、八鲜、八海、八蒸肉、八山珍、八大炒、八烧烤、八甜食。它是山西面食、传统小吃、精品菜肴、地方物产等丰富多彩的美味佳肴的结晶，从菜单的内容可以看出，无论是食物用料，还是烹饪方法，都引进了全国各地的风味，这完全是晋商走南闯北所带来的变化。

民众最普通的交际应酬宴是"八碟八碗席"，计有十六道菜，再加一汤四主食。四素碟：旗干银耳、松花蛋、金针腐干、葱油黄瓜。四荤碟：五香鸡块、五香熏鸡、海米香菇、白肉片。八大碗：喇嘛肉、八宝莲子、金银宝、红烧鱼、清蒸鸡、樱桃肉、羊肉萝卜、水晶肘子。一汤：八宝粥。四主食：花卷、豆包、酥饼、佛手。

延伸阅读

红白喜事——三台

晋商家宴红白喜事，比较讲究排场，一般家宴"八碗八碟"已是上等酒席。但一些富商还要上三台。所谓三台，就是除"八碗八碟"外，又有点心、水果、三炒三烩，一共124种食品。这124种食品分为三台，分别由鸡、鸭、猪各统帅一台，故称三台。普通宴席吃三台，遇有重要人物光临则还要吃"官席"。官席与三台一样，数量也是124件，但质量档次要高，碟盘摆放也有讲究，每桌菜品必须摆成吉祥字形，并切合坐席者的身份。如新郎新娘坐的桌子，124件菜肴要摆成"龙凤呈祥"四字样。男方迎娶新娘的吃客桌子，124件菜肴要摆成"一品当朝"字样。女方陪女送嫁的送客坐的桌子，这124件菜肴要摆成"得胜回朝"字样。宴请女婿的桌子，124件菜肴要摆成"状元及第"的字样。

二、商号饮食 日常待客各有千秋

昔日的晋商商号里的饮食，相当于现在的公司、学校里的食堂。商号里的饮食大致分两类：一类是商号内部的日常用饭；另一类是做生意时的待客用饭。

1. 日常饮食

晋商商号内部吃饭不付伙食费，有大、中、小灶之分。经理吃小灶，伙计、学徒吃中灶、大灶。就大灶伙食标准而言，也高于当时当地中等人家水平。《山西乡土志》记载富有的晋商日常饮食"食则包鳖鳞鱼、山珍海错""太、汾则食物比南北为繁，颇讲烹饪之法"，并集全国各地风味。

祁县富商**乔家饮食**就十分讲究。乔家的食谱中集中了京、川、鲁、粤、苏、扬、浙、湘各地菜肴的精华。乔家的食物用料十分讲究，如酱瓜要扬州正宗所产，榨丝香菜则来自四川，腐乳、豆豉需购自京、津。无论天上飞的，还是水中游的，抑或是地上走的，举凡各种动物禽鸟和瓜果蔬菜都能摆上乔家的餐桌。乔家的正餐，每顿都有山珍海味。由于讲究吃食，乔家平常每桌饭都要花上五六十块大洋。

小视频：乔家饮食

2. 待客饮食

晋商待客用饭有两种：一种是掌柜等有身份人的吃饭之所。如归化城有一种小班馆子就是这些人吃饭的地方。小班馆子相当于现在的高级饭店，环境僻静、优雅，还有歌女唱曲，光绪时全城有3家，即大召东夹道的锦福居、棋盘街的荣升元、三官庙街的旺春园。小班馆子每天中午后才开门营业，门面外用黑布白心书写"包办酒席""南北大菜"幌子。凡来的客商均自备大骡子轿车，每到吃饭时间轿车能停满一条街。三更天以后才由各商号小伙计打上灯笼，把老板接回去。另一种就是大戏馆子，赴宴的多为小顶生意的掌柜、伙计和学徒。这种饭店既卖饭又唱戏，所以又称戏酒馆子。大戏馆子的营业有季节性，通常冬天开张，因为这时旅蒙古国的客商返回归化城，各商号都要请客。像大盛魁这样的商号，请一次客分好几天吃，每天有五六百人。同时戏班到了冬天，不便远行，便在馆子内演出，于是大戏馆子在归化城盛行起来。

三、特色饮食 名菜名吃推陈出新

晋商是明清时期最负盛名的商人，他们把生意做到了海外，并带回不同地区的饮食文化，在晋商的带动下，晋菜众取所长，体系优异。

1. 地方名菜

山西特别是晋中有许多普通的食品和菜肴，经过商家推陈出新，最终得以成为地方名菜。

（1）干烧肘子。太谷的传统风味名菜。出自太谷曹家，缘于烹调上的一次失误，竟推出了这道香而不腻、酥软可口的"干烧肘子两张皮"。直至抗日战争前夕，太谷的隆盛长、德胜园、清和元等饭庄，都将干烧肘子作为一道名菜推出。

（2）熔冰花。别出心裁的制作方法。做法是把冰块捣成核桃大小，放入白面中滚动几下，立即在油锅中炸，急放急捞，置于盘里，撒上白糖即成，吃时外脆里凉，别有风味。

（3）贴（铁）雀儿。引进外地吃法。主料是麻雀，从天津传入晋中。据说，抓来的麻雀根本就养不活，最后都是撞笼而死，所以说麻雀性子"铁"，才叫铁雀儿。每到严冬，铁雀儿的羽毛渐丰，肉脯肥嫩。炸铁雀儿需要用料酒、精盐、蒜末，最后加入糖醋，淋上芝麻油。

延伸阅读

美食配美器

饮食是百姓日常人际交往和商业应酬必备的交流媒介。明清时期晋商大院中普遍使用的是精美的餐具。《太谷饮食文化》一书中详细记载了晋商的饮食风俗、民俗与餐具、厨具的变迁，例如，太谷传统宴席"三鲜盆"，是一道十分别致的菜肴，其别致首在其专用器具，它是一平底圆形带盖的镀铜锡盆，直径为36厘米，深为17厘米，盆分有三等分的格，互相接通，三样主料分放于三格，汤味可相互调和。盆下配一铜架，下方放一杯酒，食时点燃杯中酒。此器具虽与火锅同理，但颇具晋中地区特色。

2. 特色食品

由于商家极力追求美食，故而诸多特色食品在当地应运而生。

（1）太谷饼。享有"糕点之王"的美称。太谷饼的产生和盛行与晋商当年的显赫财富有关，城南沟子村有一个阔老太太，半夜里突然想吃饼子。消息传到一个烧饼铺里，店内的老师傅结合了西域胡饼的制作原理，设计出一种"甘饼"，这种饼具有甜而不腻、酥而不碎、味美鲜香等特点。阔太太吃后胃口大开，连连称赞。后来太谷饼被慈禧太后发现，将其定为宫廷贡品，更让太谷饼身价陡增。

（2）孟封饼。清徐县孟封村的传统名食。孟封饼以香、酥、软、甜、凉闻名，创制于清光绪十年。当时南里旺村有一姓冯的财主，雇佣孟封村的赵晋山做饭，冯家十分苛求，要求每天吃饭不重样，赵厨师手艺高超，最终研制出了这款饼子。

此外，还有太谷油面、祁县东观镇的熏肉、太谷的汤禓驴肉及制作考究的平遥牛肉等。

尝一尝 品尝这些特色食品，查阅这些特色食品的老字号有哪些。

知识链接

创新晋商菜肴——杏花堂四大创新菜

杏花堂传承经典的同时突破创新，用好食材、好工艺成就好味道，打造出高水准的山西待客宴。杏花堂曹艳生大师的四大创新菜：

（1）乔府醋鱼。祁县富商乔家，每年都会宴请全国各地分号掌柜，席间必须有一道菜，那就是鱼。上鱼时，鱼头对准乔致庸，乔东家要喝一杯鱼头酒，再说一句吉祥话，众人才可以动筷吃鱼。

（2）曹家烩通天下。"汇通天下"是对山西票号的盛赞，曹家更是通过全国的商号将各地的珍品食材带回山西，汇于一家。这道菜优选鲍鱼、海参、花胶、蹄筋等食材，融合了广东盆菜、谭家菜、佛跳墙和山西烩菜制作而成。

（3）常家银冬瓜。常家是晋商万里茶路的开创者，为了安全将白银熔铸成像冬瓜一样的巨型银锭，称为"没奈何"，也叫银冬瓜。杏花堂将香酥鸭放在银冬瓜之中，取"白银万两，鸭轴登场"的寓意。

（4）亢家山泉水苏尼特羊肉。这道菜肴曾是清朝的皇家贡品，临汾亢百万也只用它来接待最尊贵的客人。杏花堂精选了苏尼特的羊肉，用山泉水去白煮清蒸，羊棒骨熬制汤底，将羊肉的鲜美最大化地释放。

• 课堂活动

任务1：查找资料，了解几位明清时期晋商待客的名宴内容。

任务2：列举山西代表性的面食、特色饮食，并尝试亲自制作，让你的家人朋友做出评价。

任务3：晋商对山西饮食文化有很大的影响。在新时代，晋菜在哪些方面可以推陈出新，进行创新？

• 案例导入

传统体育高校生根发芽

　　2023 年 6 月 10 日，第 18 个"文化和自然遗产日"，第五届中国体育非物质文化遗产大会在山西师范大学举行，大会期间，举行了"第五届中国体育非物质文化遗产大会形意拳邀请赛"，共有来自全国各省（区、市）武术协会、武术馆（校）、武术之乡等 32 支队伍的近 400 人参赛，精彩演绎了形意拳的五行拳、十二形拳、杂式锤、刀术、枪术、棍术、剑术、大刀，徒手对练、器械对练，以及规定形意拳、自选形意拳等技艺内容，呈现了中国体育非遗的多样性、民族性、艺术性，也集中展现了体育非遗文化中的典型中国特色和中国风格。

　　全国普通高校中华优秀传统文化传承基地（武术）授予山西师范大学"全国普通高校中华优秀传统文化传承基地（武术·形意拳）"称号。

　　案例分析：2011 年，由晋中市太谷形意拳协会申报的"形意拳"成为国家级非物质文化遗产，2019 年 11 月，入选调整后的国家级非物质文化遗产代表性项目保护单位名单。形意拳是中国武术大家庭的重要组成部分，是我国优秀的四大拳种之一，也是山西省武术文化领域中最具代表性、最具活力和影响力的拳种。此外，山西还有心意六合拳、武庄挽弓、樊氏八卦掌揉身转、鞭杆、岳氏八翻手、忻州挠羊赛、陈氏太极拳、耍大杆、太极功夫扇、宇文武社火、打荒棍等 20 余项体育非遗技艺，体现了山西体育非遗项目的丰富形态和独特魅力。

　　体育非物质文化遗产是中华优秀传统文化的重要组成部分，为中国文化自信自强，提供了强大精神支撑和丰厚文化滋养，唯有坚定文化自信，秉持开放包容，坚持守正创新，才能更好地担负新时代新的文化使命，助力推进中国特色社会主义文化建设，建设中华民族现代文明。

• 知识精讲

　　武术是中国传统的体育项目，具有健身和攻防双重功能。明清晋商是山西武术发展的重要力量，晋商因外出到数千里外经商，为人身和财产安全的保证需要雇佣镖师，且商人富户们自己也要习拳健身，保证自己的身体及人身安全，于是在山西各地形成了浓郁的习武之风。

一、武术起源　人身财产必保安全

　　晋中的武术活动源自晋商的发展。明清晋商是山西武术发展的重要力量，他们在从事商业活动的过程中直接促进了山西武术运动的发展。

明清之际晋商富甲天下，商业的繁荣伴随着晋商货物运输量的迅速增长和商铺的大量出现，出于自身和货物运输安全及商铺经营安全的考虑，晋商急需大量的习武者对其提供安全保障，这个需求一方面为当时的习武者提供了就业机会，并促使了广大习武者积极钻研武术，提高自身武术本领。如榆次著名拳师李广亨早年在太谷"中心正"钟表店当学徒，被孟姓富商看重，来到孟家学得形意拳，后来又把拳艺传给钟表店店友，以至于当时人们称中心正钟表店为"武功商店"。另一方面，晋商大量人、财、物的流动也促进了晋中保镖业的诞生，镖局行业得以发展，并发展壮大起来。保镖业吸引了当时全国各地武林高手汇集三晋，保镖的过程中山西的武林高手又拜访各地名师，促进了武术内容的交流，提高了武术的水平，发展了三晋地域武术，丰富了武术拳种。例如，平遥流行的长拳是王正清在北京经商时所学，王正清在嘉庆年间在北京以苦力轧面为业，闲暇时，他以粗壮的轧面杆为武器，将武技运用其中，可连耍数百下，人称"面王"。一次，在街上与一官员的开路差役发生冲突，官员被王正清的武艺所动，把他推荐到京城武林高手刘留的练武堂学艺，学成后的王正清在平遥城内开设"同兴公"镖局，他的武术之功得以流传。

此外，晋商重视武术还表现在不少晋商本身就具有一定的武术功底，用以强身和防卫盗贼袭击，甚至参加军事斗争抗击入侵海盗。例如，太谷富商孟如虽为一名商人，却对武术颇有钻研，从小就爱好习武，练就了一身上乘的功夫。另有记载明嘉靖三十三年（1555年），山陕盐商人为抗击日本海盗入侵，曾选善射骁勇者500名商兵防守扬州。隆庆元年（1567年），江苏松江倭寇压境，山陕诸商骁勇者曾"协力御之"。清初，在苏州的山陕客商有善射者二三十人。

由此看来，财富的迅速增长为山西武术发展提供了坚实的物质基础，晋商的商业发展需求是山西武术发展的重要推动力量，形成了明清晋商与山西武术共融与共荣的特殊历史文化现象。

知识链接

国家级非物质文化遗产——传统体育

山西国家级非遗项目中传统体育入选4项，具体见表8-1。

表8-1　山西国家级非遗项目中传统体育

编号	名称	公布时间	申报地区或单位	保护单位
Ⅵ-26	形意拳	2011	山西省太谷县	晋中市太谷形意拳协会
Ⅵ-29	心意拳	2008	山西省晋中市	晋中市心意（形意）拳协会
Ⅵ-29	心意拳	2011	山西省祁县	祁县戴氏心意拳协会
Ⅵ-57	通背缠拳	2011	山西省洪洞县	洪洞县通背缠拳协会

二、武术流派 拳脚器械自成体系

山西的武术在明清晋商的商业活动需求的推动下发展迅速，这一时期成为山西传统武术集大成的阶段，心意拳、形意拳、弓力拳、通背拳、傅拳及鞭杆等一批富含地方浓郁特色的传统拳械，相继在这一时期产生，并通过多种渠道得以传播并走向社会。

山西武术目前共有拳种60余种，而流传分布在晋中地区的就有38种之多，这些拳种发祥与发展或多或少地受到了晋商的影响，其中最具代表性的当属形意拳和鞭杆。

1. 心意拳

心意拳又称"六合拳"，属少林支派，兴起于明末清初，流行于晋中及河南漯河、周口等地区，数百年来世代相传，创始者是明末清初的永济人姬际可。姬际可，字龙峰，明末清初山西蒲州人（今永济），有神拳之称，创六合枪法及拳法，是心意六合拳、心意拳、形意拳的始祖。其后人称姬际可曾在少林寺学艺，故有源出少林之说。

知识链接

姬际可

姬际可年少时，在家塾里学文习武。他刻苦用功，聪明过人，深得家长和教师的喜爱。后来姬际可在终南山访得名师，机缘巧合得到了《岳武穆拳谱》。姬际可精通大枪，据说他练"点椽功"时骑战马，手握大枪，每次就在乘马疾驰瞬间，总能刺中屋檐下椽头。后在少林寺期间，姬际可的拳术与大枪都让武僧们大开眼界，于是他留在少林寺教授武僧习武。有一次，偶见两鸡相斗，灵光一闪，于是他参照少林寺的龙、虎、豹、蛇、鹤五拳，集百家所长，创编出了刚柔相济、攻防一体的心意六合拳。该套拳法前后一共六式，概括为鸡腿、龙身、熊膀、猴相、鹰捉、虎扑，由于这套拳法在对战中攻击性很强，因此特别适用于防身杀敌，故从学者络绎不绝。得真传者有河南马学礼、安徽曹继武、山西戴隆邦等。

心意拳是晋中历史上的武术前辈们在继承姬氏原创心意拳的基础上，结合保镖护商等新的武术实践，遵"天人合一"之理，循"一气、两仪、三才、四象、五行、六合、七进、八卦、九宫、十方"之规，摄自然生灵之长，合"天干地支"之数长期实践，共同研制而成的。心意拳传承的内容包括拳学理论、散手套路、器械套路和处世哲学等。其主要特点是既有零招散式，又有盘练表演套路，同时，还兼有内功功法。心意六合拳模仿鸡、龙、虎、蛇、燕、鹞、马、熊、鹰、猴的形态，主要拳法有外五形、十大形、四把捶、单把、双把等，另外，还有铜、锤、刀、枪等器械套路，是一套集搏击、健身、防身、养生、修心于一体的优秀拳种。

2. 戴氏心意拳

戴氏心意拳起源于山西省祁县，创始者据史载是山西省著名武术家戴隆邦（另一说戴龙邦）。戴隆邦是祁县望族巨贾戴氏家族的第19代，他自幼嗜武，聪颖过人，勤奋好学，在武术世家的熏陶下，全面继承其祖师爷戴伯苗所传的"意拳"，后来继承姬际可所创的"心意六合拳"，并得曹继武先生传授的"古心意拳"，傅山先生传授的"内功心法"（小周天功），结合各种武术（螳螂，八卦等），最终创立戴氏心意拳，武术界将他尊为戴氏心意拳的开山鼻祖。

戴氏心意拳是一种保守、神秘、威力强大的汉族拳术，是一门科学的内外兼修的武术。"内"讲究心与意合、意与气合、气与力合（此为内三合），"外"讲究手与足合、肘与膝合、肩与胯合（此为外三合）。戴家拳一直在戴氏家族内部传承，很少外传，至戴奎时才开始开放对外传授。

传统武术传播限制及创新发展

武术在传播的过程中总有一些传播禁忌，但也反面促进了新武种的诞生。如戴氏心意拳从创始后只传家人，极少传外。一因此功不出则已，一出手非死即残，祁县有俗语："太极十年不出门，心意一年打死人"，因此拳威力甚大，故戴氏传人很少与人比手，即使练功也在四下无人或深夜时独练，祁县有俗语："只见戴家拳打人，不见戴家人练拳"。二因戴家后人基本靠保镖护院，习武吃饭，故即使有传，亦是皮毛。后来被河北深县（今深州市）人李飞羽诚信学艺的精神所打动，收其为徒。然而戴家身法（蹲猴势）、心法皆未传授，手法也只传授了每招每式的一半，戴氏心意拳的精华完全没有泄露。这导致外传的形意拳与戴氏心意拳的招式名称相同，套路截然不同，但也正因如此促进了形意拳的形成。

3. 形意拳

形意拳是传统武术的一个拳种，现存三大著名内家拳（太极、八卦、形意）之一。2011年5月，形意拳列入第三批国家级非物质文化遗产名录，2019年11月，入选调整后的国家级非物质文化遗产代表性项目保护单位名单。

形意拳的创始人为道光年间河北深县（今深州市）人李飞羽（字能然，人称老能、洛能）。李飞羽自幼喜爱武术，刻苦研习，至中年已具有深厚的武术造诣，后慕祁县戴家心意拳之名，遂往求教，经十年艺成。大约在19世纪60年代，李飞羽在太谷创立了以心意拳为基础，以象形取意为动作编创原则，以心意成于内，肢体形于外，内外相合的整体原则，融入其他拳术之长的"形意拳"。

李老能学艺

据推测，李老能（李飞羽）在1840—1850年间到祁县戴家学拳。李老能十分仰慕祁县戴家心意拳之名，便变卖部分家产，到祁县小韩村求艺。李老能来到小韩村，多次叩访戴文雄（戴隆邦二子，又名戴二闾），均被"戴氏心意拳不传外人"而阻回。但李老能求艺心诚，投入百两银子在当地租地种菜，每天为戴家送菜，三年来风雨无阻，终被收于门下，后又成为戴二闾的继承人。李老能学武出师后，被太谷富商聘用，在"吉安堂"开始了形意拳的改革创新。咸丰六年（1856年）征得师父同意，收太谷的车二为徒，后因忙于镖局事务，将车二又拜托师傅戴二闾栽培，之后广收门徒，又先后收下李广亨、贺运亨、宋世荣、宋世德，再收河北郭云深、刘奇兰、张树德、刘晓兰、李镜斋、刘元亨等，这些弟子各有所长，形意拳逐步衍化为具备地方特色的山西形意拳与河北形意拳。

李飞羽所创建的形意拳，基本内容为三体式桩功、五行拳和十二形拳。三体式为形意拳独有的基本功和内功训练方式，即天地人三才，三生万物，有"万法出于三体式"之说。五行拳结合了金、木、水、火、土五行思想，分别为劈拳（金）、钻拳（水）、崩拳（木）、炮拳（火）、横拳（土）。十二形拳是仿效十二种动物的动作特征而创编的实战技法，分别为龙形、虎形、熊形、蛇形、鮐形、猴形、马形、鸡形、燕形、鼍（tuó）形、鹞形、鹰形。

形意拳是中国武术大家庭的重要组成部分，是我国优秀的四大拳种之一，无论是在历史上的影响力，还是现有保存下来的技术套路体系和当下拥有的练习人数、传播广度等，形意拳都毫无争议地算得上是山西省武术文化领域中最具代表性、最具活力和影响力的拳种。

比一比　心意拳与形意拳有什么区别？

4. 鞭杆

晋商武术流派中最具代表性的是鞭杆。出于防卫的目的镖师往往会携带武术器具防身，但由于剑、刀、棍、枪等传统武术器具不便携带，且十分容易引起他人注意，晋商深刻认识到这一点，经过一段时间的实践便开始就地取材，将赶马车用的短棍代作武器，经过长期演变和历代武师的加工，形成了具有山西特色的地方武术——鞭杆。鞭杆的内涵极为丰富，包含了刀、枪、棍、剑中的绝大部分技法。在具体技法上，鞭杆强调"贴身手沾鞭，身械协调相随，切忌拖泥带水"，作为当时新出现的拳种，鞭杆体现出了方便实用的特点，其不外扬的拳法又将晋商含蓄稳重的性格特点体现得淋漓尽致。

三、晋商镖局 银镖票镖矢无虚发

查一查　你看过的哪些影视作品中出现了"镖局"？这些镖局的业务有哪些？

1. 镖局的创立

镖局是晋中地区武术发展的重要载体之一。所谓"镖局"，就是雇佣武艺高超的镖师护送押运现银、贵重货物，并保障人身安全的私人安保机构，镖师在平时则看家护院和坐店下夜。镖局的组织包括镖局主人、总镖头、从事保镖工作的镖头和镖师、大掌柜、管理杂务的伙计和杂役。镖局的买卖叫作"出镖"或"走镖"。无论接到什么样的镖，掌柜的一定要当面点清，账目清楚。契约上注明：收到银两若干两，寄到什么地方，交给哪个商号，至于银子成色、分量，并不过问。镖局接到重要的买卖，一般掌柜的都要请总镖头或经验老到的镖师"押镖"，保镖之人拿着接收镖物的清单，再带上官府开的通行证，就可以封箱上路了（图8-3）。一趟镖安全地送到一个地方之后就可以拿到应得的报酬，返回自己镖局之内了，生活也就有了着落，英名也会在世上留下。

图8-3　镖局押运

镖局起源于清乾隆年间（另一说认为创于明正德年间），是在自由商贸经济发展的前提下产生的，虽然目前尚无资料证明镖局的产生源于晋商，但从两者的发展历程中可以看到千丝万缕的联系。在动荡的明清社会环境下"非有特殊武艺之人一路护卫，势难保行旅平安"，晋商也不可能将自身的安危和大量货物贩运、资金运输中的安全完全委托于单个的习武者，而受到传统重农抑商思想的影响，明清政府也没有为商人的商业运输提供安全保障的职能机构，因此，民间组织形式的镖局逢时而生。

清朝中叶，随着山西票号业的兴起，镖局主要业务即票号押送银镖，形成了镖局走镖的两大镖系，即银票和票镖。镖局在发展中逐渐形成了兼具使用价值的**镖局文化**。清末时期，随着镖局生意的衰败，镖局的主要业务对象开始转化，为一些有钱有势的客人押送衣、物、首饰和保护人身安全，这就形成了粮镖、物镖、人身镖三大形式。

小视频：镖局文化

2. 著名的镖局

山西商帮遍布全国各大商埠，商品交易长途贩运中经常需要运现，故开设镖局者山西人居多，清代各商业重地尤其是晋中都有镖局。

卫聚贤《山西票号史》记载："考创设镖局之鼻祖，乃系乾隆时神力达摩王，山西人神拳张黑五者。领圣旨，开设兴隆镖局于北京顺天府前门外大街。"由此可以看出，中国第一家镖局（清乾隆年间说）是山西人"神拳无敌"张黑五在北京顺天府门外创办的"兴隆镖局"。中国镖局历史上，山西人创办镖局无论在时间上还是在数量上都是最早和最多的。例如，平遥县的王正清创办的"同兴公"镖局，祁县戴二间创办的"太汾"镖局，文水左二把创办的"昌隆"镖局都享有名气。

当时在全国各重要商埠所设的大大小小的镖局不可胜数，其中较为出名的镖局有30多家，而著名的、业务覆盖最广的、通行全国的有十大镖局，具体见表8-2。

表8-2　晋商十大镖局

序号	名称	存续时间	经营地点	创始人
1	兴隆镖局	清乾嘉年间	北京顺天府	神拳无敌张黑五
2	会友镖局	清乾隆—1912年	北京前门	三皇炮捶门宋彦超
3	成兴镖局	1878—1900年	河北沧州	镖不喊沧州李冠铭
4	玉永镖局	清嘉庆—1838年	江苏苏州	长眉老道张德茂
5	昌隆镖局	1840—1901年	江苏苏州	铁腿左二把左昌德
6	广盛镖局	1802—1830年	河南赊店	心意拳宗师戴二间
7	同兴公镖局	1855—1913年	山西平遥	神枪面王王正清
8	源顺镖局	1878—1900年	北京珠市口	大刀王五王子斌
9	三合镖局	1890—1971年	河北张家口	公议拳传人安晋元
10	万通镖局	1891—1999年	河北保定	单刀李李存义

3. 优秀的镖师

镖局的主角是镖师，优秀的镖师要兼有武学修为、江湖威望及丰富的走镖经验，山西很多镖局的镖师都是名震一时的武术宗师。民间唱出的顺口溜就是各个拳种联合走镖的真实写照（图8-4）。

明清时期，祁县的戴隆邦、平遥的王正清和文水的左昌德被世人并称为"华北三杰"，王氏向左氏学习绵掌、弹腿，左氏向王氏习练大枪、信拳，在彼此的交流中，取

王家的枪（平遥）、
戴家的手（祁县），
左家的弹腿天下走（文水），
安家的大弓（榆次弓力拳）
射出口（东口），
大盛魁的镖师（西口）不用吼（有镖旗亮相不必喊镖）。

图8-4　拳种联合走镖的真实写照

长补短、进取不息，二人在走镖期间，义气相投，结为金兰之好，共同切磋武艺。

小故事

戴奎大战流矢儿

祁县史家开办的大盛魁商号、祁县乔家开办的复盛公商号，其运货驼队曾多次在蒙古草原被土匪所抢劫。据说领头的劫匪绰号"流矢儿"，其人武艺高强。史、乔两家深受其勒索之害，便雇来祁县著名的镖师——戴奎惩治其人。戴奎接镖后，孤身一人前往杀虎口，单挑了流矢儿的大弟子飞骆驼，并接了流矢儿的战书，在搏斗中，戴奎以绝招制住"流矢儿"腋下夹窝穴，使他一下蹲在地上，脑袋耷拉，涎水流出，两目发怔，面无人色，回到家没出七天，气血难通，一命归天。

课堂活动

任务 1：学习你感兴趣的武术，调查形意拳的非遗传承人。

任务 2：查找资料，了解山西武术流派在今天的发展。

任务 3：查一查现有镖局类的景点有哪些。了解其现状，并为其发展出谋划策。

单元三　精神慰藉——晋商娱乐源远流长

微课：精神慰藉
——晋商娱乐源远
流长

● 案例导入

中国社火之乡——晋中市

中国社火之乡是由中国民间文艺家协会授予的一种称号，全国有三地获得此项奖项，分别是山西省晋中市、陕西省陇县和河南省鹤壁市。

晋中社火源于秦汉百戏，发展于唐，盛于宋，丰富于明清，形式多样，精彩纷呈，有2 500多年的历史，是中国社火文化的典型代表，刘大鹏在其《退想斋日记》中记载："太谷城灯节甚盛，各铺户门口均悬灯结彩，大街小巷，鼓乐声音喧喧不断，夜间十分热闹……"，又记载："元宵佳节……各街各户，燃红灯，烧塌火，彻夜通红，灯光、火光与月光相接一片，丁男子妇，悉踊跃观。而村居人等，又装男扮女，嬉戏于街，名之曰秧歌"。晋中社火有七大类两百余种，如背棍、掘棍、高跷、舞龙、舞狮、旱船花灯、龙灯、秧歌、锣鼓八音、小花戏、霸王鞭、架火等。在历史的漫漫长河中，晋中社火兼收并蓄，南北融合，更具艺术魅力，受到广大群众的喜爱，被国外人士誉为"东方一绝"，成为中华民间艺术"奇葩"。

案例分析： 晋中社火节是晋中旅游产业的六大文化名片之一，除重大活动外，每年元宵节是闹社火的固定时期。每到此时，城镇乡村都要在主要街道和广场挂彩灯、搭彩楼彩台、装彩车，进行各种演出和街头文艺表演。舞龙、舞狮、抛绣球、抬花轿、民间八音会吹奏、锣鼓大赛、晋剧、秧歌、小戏演唱等各种民间演出活动竞相登台，场面人山人海、灯火辉煌，可谓集民间艺术之大成，融民族精华于一炉，丰富多彩的节目将游客带入乡土气息十足的文化氛围中。

在文旅融合的背景下，社火成为旅游的重要元素。此外，戏剧、民歌等民俗在文旅产业发展中扮演着更重要的角色，彰显地域深厚历史文化底蕴。

● 知识精讲

马克思认为，艺术起源于劳动，因为劳动提供了文艺活动的前提条件，产生了文艺活动的需要，构成了文艺的主要内容，但艺术还同时服务于人类的审美，具备认知、教育、娱乐等社会功能。

一、晋中社火　歌火灯阁争奇斗艳

社火，也称"射虎"，又称"耍社火""闹红火"，"社"为土地之神，"火"即火祖，社火即对古老的土地与火的崇拜，是古时候人们用来祭祀、拜神的宗教活动，它寄托着人们

255

对未来一年生活诸事顺意的美好期盼，是民俗文化中的重要组成部分。

山西社火从秦汉戏曲中脱胎，发展丰富于唐宋时期，明清两代达到繁盛，此时各类社火层出不穷。到了清道光年间，社火又开始分为文社火和武社火两大类。文社火多以演唱或歌舞剧为主，表现节日的喜庆气氛，而武社火多由习武之人及其弟子组织，多以强身健体和表现三晋儿女淳朴彪悍的民风为主。经过数千年的演变发展，明清时期由于晋商的盛极一时，山西社火在规格上也有了一定的提升，达到了前所未有的繁荣程度。

想一想 在你生活的家乡有什么样的社火活动？

1. 晋商与社火

晋商主要生活在山西晋中地区，晋商的发展对此地人民的日常生活也产生了巨大的影响，当然也推动着当地娱乐活动——社火的发展，形成了更加热闹红火、多姿多彩且独特的晋中社火。

（1）晋商的经济实力提升了社火的繁荣度。例如，晋商的鼎盛为太谷秧歌的繁荣发展提供了强大的经济基础保障，也丰富了太谷秧歌的剧目。社火中显示富贵繁华的花灯，以太谷灯为例，灯节成为太谷之光。从清道光年间开始，光灯随着晋商商业兴盛而名扬四海，"扬州的灯，太谷的影"这句谚语就是在赞美太谷的灯。

（2）社火活动表现得更多元化和外来化。晋商南北往来穿梭于全国各地，将外来元素引入社火中，如太谷非常受人喜爱的社火项目"绞活龙"，就是康熙年间太谷商人田氏在广东经商时，将当地制龙和耍龙的技术与太谷当地的舞龙技术相结合而出现的。又如晋商将太谷秧歌和当地的其他艺术形式传到外地，同时，也将其他地方民间艺术带回故乡，流入太谷的其他地方的艺术形式促进了太谷地区秧歌艺术的发展与成熟，成为太谷秧歌不断完善的重要条件。

（3）晋商因自身经营原因也形成了社火活动。如每年的正月初八是晋中商号开铺的日子，届时许多商号门前华灯高挂，异彩纷呈，气氛喜庆，"元宵一片管弦声，火树银花不夜城，多少衣香兼鬓影，四街游览看灯棚。"这不仅是因为商业的繁盛点燃的生活激情，还蕴藏着巨大的商机，两者有机结合，互相促进，相得益彰。

2. 著名社火

山西民间社火纷繁多样，令人目眩，明清时期社火已在山西境内广泛传播，几乎所有府县都有闹社火的习俗。其中，祁太秧歌、背铁棍、榆社霸王鞭、寿阳艾社、左权开花调已经分别载入国家级、省级非物质文化遗产保护名录，民谣也称"榆次的架火，太谷的灯，徐沟的铁棍爱煞人。"

（1）祁太秧歌。祁太秧歌也称"太谷秧歌""平遥秧歌""晋中秧歌"，因其产生于祁县、太谷且在榆次、平遥、介休、交城、文水、汾阳、太原等地区广为流传而得名。祁太秧歌是集音乐、舞蹈、唱、念、做、打于一体，并以唱为主的综合艺术，它源于农民田间劳作的即兴吟唱，后来加入舞蹈、故事情节，祁太秧歌或一剧一曲，或一剧多曲，曲调优美动听，语言生动活泼，内容主要反映祁县、太谷及晋中一带农民的劳动、爱情等日常生活，情节简单，唱词多为排比句式，舞蹈动作活泼多样，很有生活气息和地方特色，深受广大人民群众所喜爱。现已列为国家级非物质文化遗产。

武秧歌

山西祁县流传着一种"武秧歌"，是由祁县温曲村财主贺大壮所创作。贺家曾在全国几个大城市开设商号，为了让子孙应试武状元，贺大壮将他在河南经商时从少林寺学的武艺带回传授，并以"秧歌"形式演练。武秧歌在行进中使用各种武器对打，还加入晋剧武打的锣鼓和简单的戏剧情节，是典型、地道的山西晋商武术文化。

（2）架火。架火是一种造型社火，在晋中榆次、太谷等县比较盛行。榆次南庄架火、太谷黑山火、排楼火、桌子火最著名。南庄架火起源于民间烟火炮仗，清代已发展到奇艺光彩的境界。架火以单桌顶立，共十二张桌，寓意一年十二个月，如有闰月，则顶十三张桌。架火用纸、麻、竹竿等结扎成山石状，彩绘出来，再使用各种纸炮、花炮、绣花炮编织成图案，悬挂于桌子的各层，成为集雕塑、绘画、结扎、裱糊、剪纸于一身的综合艺术品。燃放时，点燃走马，经固定路线，打中架火最下一层，之后逐层燃放，鞭炮齐鸣，礼花喷射，硝烟弥散，五彩缤纷，十分壮观。

（3）太谷的灯。太谷的灯在道光时就已颇具盛名，之后从咸丰、同治一直延续下来。太谷的灯与太谷的商业活动有关，商贾的往来，商业的发展使太谷县城有仿效苏、杭、扬三州之风气。太谷的灯品种繁多，制作精巧。道光时，太谷富商从广东引进的宫灯形式有八角、六角样式，质地有玻璃、纱、绣缎三种，灯架多是紫檀等硬木制成，再用千家诗、唐宋诗词、花鸟鱼虫、山水人物等装饰，庶民百姓将剪纸贴于灯面。走马灯的形状是圆柱体，用纸或纱裱糊，借烛光热力，推动转盘，以隐现各种人物故事和诗词幽趣。清嘉道年间，太谷田家后人经商广东，将"绞活龙"的制作技术引进太谷，活龙长四丈五尺，纸扎龙头，布制龙身，选空旷之地搭两座龙棚，龙棚之间由许多绳索相连，中间悬挂一个圆球，把两条龙系在绳索上，龙身内放置数盏灯，龙棚中人力绞动绳索，二龙即可上下左右翻飞腾跃，地面上则由十几个人舞动老龙，上下配合。夜晚来临，灯月辉映，老龙小龙上下腾飞，或二龙戏珠，或双龙拜母，吼声震野，十分壮观。

（4）徐沟铁棍。徐沟铁棍又称抬阁，以幼女着丽衣扮装，缚股于铁棍之上而舞，下以八人或十六人或二十四人抬之。要求所有抬阁人以统一节拍上下起伏，带动阁上演员舞动。又有背棍，又称背阁，背棍由上中下三截构成，有直顶、旁顶、活心等样式，分单人棍、双人棍、三人棍，由一壮汉背铁棍，上扛一至三名儿童，他们共同扮演一组戏曲或故事人物，并配以与人物相符的道具。表演时，背棍者根据故事，迈着与角色心理、性格相吻合的步伐，被背者也随之做相应的表情和姿势，构成上下浑然一体的艺术造型。

二、梆子戏曲 商路戏路路路畅通

山西是中国戏曲艺术的发祥地之一，堪称"中国戏曲的摇篮"。宋金时期，山西戏曲就已经日臻繁荣，元代平阳府就是产生元杂剧的温床，元曲四大家中有三位就是山西人。明清时期，山西地区形成了很多剧种，最有影响的是四大梆子，这四大剧种集中体现了山西戏曲的基本特征，**对山西戏曲剧种的发展产生了深远影响。**

小视频：梆子戏对山西戏曲剧种的影响

1. 四大梆子戏

山西四大梆子戏是指南路梆子、中路梆子、上党梆子、北路梆子四种戏曲剧种，它们的活动范围覆盖全省，并辐射毗邻省区，是山西民间文艺的支柱和霸主，是山西戏曲艺术的瑰宝。

南路梆子又名蒲剧，是四大梆子中形成时间最早、发展历史最长、影响最大的剧种。蒲剧艺术风格表现为慷慨激越而又委婉柔和，粗犷豪放而又细腻缠绵，代表曲目有《窦娥冤》《赵氏孤儿》《徐策跑城》《苏三起解》《舍饭》等。中路梆子又称晋剧，是由南路梆子派生出来的，广泛盛行于太原和晋中一带，唱腔丰富，婉转动人，代表曲目有《辕门斩子》《打金枝》《空城计》等。上党梆子起源于明代末期，盛行于长治、晋城两市，上党梆子高亢明朗、粗犷朴实，代表曲目有《彩仙桥》《小二黑结婚》《王贵与李香香》《白毛女》等。北路梆子在晋北、雁北地区广为流传，其唱腔高亢激昂、华丽委婉，代表曲目有《金水桥》《血手印》《小刀会》等剧目。

查一查　你的家乡有哪种类型的梆子戏？找出代表性曲目，听一听这些浓郁的山西味的曲调。

2. 晋商对戏曲的影响

《中华戏曲》中说"山陕商贾发迹于明，兴盛于清，衰落于民国。梆子戏也形成于明，盛行于清，衰落于民国"，翻阅山西戏曲和晋商发展的资料，不难发现，山西地方戏曲的形成、繁荣与晋商有着密不可分的关系。

商路即戏路，晋商邀请戏班演出。晋商皆在千里或万里之外经商，他们经常不惜重金邀请家乡的戏班到他们所在地进行演出。在晋商聚集的商业重镇大多建有山西会馆，而会馆内多筑有戏台，于是逢年过节或每月初一、十五，同乡欢聚一堂，祭神祀祖，聚餐演戏。晋商请名角演唱，主要是为商业服务，扩大影响。例如，每年正月商铺开业，都要请戏班来唱"开市戏"，黄瓜熟的季节唱"踩青戏"，年终要唱"分红戏"，赢利要唱"庆功戏"，贸易洽谈要唱"招待戏"等。晋商讲究以和为贵，以戏会友，形成一种轻松愉快的社交氛围，也解决一些商业纠纷，在这里没有商场的残酷，只有晋商们举重若轻的大度与诙谐（图8-5）。

图8-5　晋剧简笔画

晋商出资举办梆子戏班，并为梆子戏培养后人。咸丰年间，祁县富商渠氏办起了"三庆戏班"，同治时渠源淦又组织"聚梨园"。咸丰十年前后，榆次聂店富商王钺办有"四喜戏班"，民谣有"四喜班有好戏，秃红秃丑盖山西，人参娃娃一杆旗，饿了吃的打卤面，渴了喝的一条鱼。"大盛魁商号库伦分号掌柜罗弼臣物色了20多位票友成立"自乐班"，一切开支由大盛魁供给，每逢初一、十五便在会馆演出。晋东南壶关以贩铁起家的富商王氏，传到第四代王大旦时，投资白银十万两，组建了"十万班"。光绪二十年，慈禧太后60大寿，王大旦曾带领他的十万班赴京为太后贺寿演出，受到了慈禧太后的赞扬，并将"十万班"改名为"乐意班"，"十万班"由此名震京华。

晋商还投入大量资金创办"娃娃戏班"，晋剧的第一戏班"云生班娃娃班"，是在清嘉庆三年（1798年）由祁县张庄村岳彩光首办。榆次王湖村的三家窑主合资创办了"三合店娃娃班"，祁县的渠家创办了"三庆班娃娃班"，太原东米市济生馆药店的四掌柜创办了"大小太平娃娃班"，榆次富商崔玉峰创办了"保和班娃娃班"，徐沟东罗村巨商时成瀛创办了"小梨园娃娃班"等，为梆子戏培养了大批接班人。

渠源淦的聚梨园

渠家大院里有一座戏台院，据说在山西建有的戏台的民间院落，只有渠家大院这一处，说明渠家对晋剧的热爱。渠家第17代有个出了名的纨绔子弟——渠源淦，他和父辈们不同，对经商没有丝毫兴趣，却沉迷梨园，凭借着家资万贯的基础，花重金在自家院子里建设戏台院，请戏剧名班来家里唱戏，大院内常常高朋满座，笙歌漫舞。但是渠源淦觉得还不过瘾，亲自组建了一个戏班子，叫"上下聚梨园"。为提高技艺，他把戏班子分为两班，上班研究剧目与演出，下班培养戏剧小童。他的聚梨园是排练、演出、教学三位一体的戏剧团体。与此同时，他还对晋剧的唱腔和伴奏进行了一系列改革，堪称晋剧专家。渠源淦尽管是耗尽家财，但他把自己的爱好发挥到了极致，对晋剧发展有着突出贡献。

晋商痴迷戏剧，对梆子戏进行研究和改革。还有一些艺术素养高的晋商亲自为晋剧的改革贡献力量。太谷任村巨商任卯元是一位晋胡拉得出神入化的乐手，每到冬季戏班封箱休假时，他便把各路乐师名手请到自家商号，一起切磋晋剧音乐和唱腔的改革。他还亲自收集整理了晋剧曲牌200首，自费出版了《中路梆子工尺谱》，从理论到实践探索晋剧声腔的创新之路。出生于祁县富商家庭的韩子谦，父亲在扬州经商，母亲为江南昆曲名伶，受家庭氛围的影响，他与戏剧结下了不解之缘，也成全了他的事业。韩子谦于1925年同时考取北京大学艺术学院戏剧系和北京平民大学新闻系，四年后同时获取两校毕业文凭，返晋后专心致力于晋剧艺术的研究和改革。为此，他不惜重金购买全部行头，于每年冬季请晋剧艺术名流前来聚会，互相切磋技艺，并且成立了"戏曲研究社"。他将自己的戏剧理论用于地方戏曲的研究和改革，从晋剧的剧本、音乐、声腔到表演艺术，都进行了深入系统的研究和改革。1952年被山西省晋剧二团聘为导演，开创了中路梆子设导演的先河，根据《苦相思》改编的《双蝴蝶》曾轰动省城。

纵观晋商与戏剧一路走来的漫漫路程，商扶戏、戏帮商、互促进、共繁荣。晋商是梆子戏成长的摇篮，梆子戏是晋商的精神家园，戏以商远播，商以戏兴隆。晋商以强大的经济实力支撑梆子戏的发展，梆子戏以特有的文化魅力为晋商拓展商路。晋商和梆子戏在山西的经济与文化建设中，做出了不凡的贡献。

三、河曲民歌 苦词酸曲人间离苦

河曲县位于晋西北高原的黄河弯曲处，是晋、陕、蒙三省交界处，是山西的西北门户，"千万年的黄河日夜流，河曲的民歌唱不到头"，河曲被誉为"民歌的海洋"。

河曲民歌从音乐体裁上大致分为山曲、小调及劳动号子三类，这些民歌都有着朴实、真挚、浓郁的乡土气息，与老百姓的日常生活息息相关，其中以"走西口"为题材的民歌，就承载了当年山西人走西口的梦想和厚重的晋商文化。

走西口是山西人民充满艰辛的移民路，走出去的是迫于生计、远走他乡的命运对赌，留下的是独守空房、以泪洗面的人间离苦，因此，河曲民歌虽然也有愉悦的曲调但还是营造了悲凉的基调。主要表达以下三个方面的内容：

（1）面对生活的残酷、心中的悲楚和苦情的发泄，民歌是"哭出来的"，如辈辈坟里不埋男，穷骨头撒在土默川。寡妇上坟泪长流，什么人留下个走西口？

（2）以"眼泪"为常见素材表达离别的伤悲、思念的苦楚及传递重逢的企盼，如提起你走西口呀，小妹妹泪花流；高山大河遮住面，这回走了多会儿见。

（3）走西口的晋商在途中心有所思、眼有所见、耳有所闻及亲力亲为的浓郁的"真情"，如西北风顶住上水船，破衣烂衫我跑河滩；拉了两天骆驼放了两天羊，揽长工的人儿好凄惶。

知识链接

山曲

河曲称山曲为"酸曲"，属山歌类型，山曲是河曲民歌中数量最多、传唱最为广泛的。山曲内容包罗万象，上到国家大事，下到个人私事，从古到今，从国内到国外，充满了幽默诙谐的气氛，且山曲的语言特色为具有浓郁乡土气息的河曲方言，山曲中的叠字、衬字、衬词大量使用，使山曲充满了生活化的、乡土化的气息，山曲还是一种口头音乐艺术，是在人们口口相传中传承和扩散的，演唱风格和方式随着歌者的不同而变化，这就导致山曲的旋律、节奏、速度没有固定的模式，这些都强化了山曲的艺术感染力，也增强了山曲特有的艺术魅力。

• 课堂活动

任务1：利用网络平台，学唱一段山西梆子戏。

任务2：查找资料，列举山西各地民歌的主要剧名，并体会各地民歌的特点差异。

任务3：查找资料，总结整理我国二十多年来具有中国特色的戏剧与文旅的融合之路。

梆子乱弹的激昂慷慨

"山乡庙会流水板整日不息，村镇戏场梆子腔至晚犹敲"。这副来自晋西旧戏台的楹联，集中反映了山西人民对戏曲的强烈爱好。这种爱好，源远流长，形成一种世代相传的传统风尚。其原因在于：第一，舞台小天地，粉墨演人生。戏曲是综合艺术，其特有的艺术魅力能吸引各类观众和人群，表达并满足他们复杂的情感诉求和审美情趣；第二，寓教于乐的戏曲在一定程度上弥补了基础教育和社会教育事业的不足，许多人是从戏曲中受到启蒙教育、温故知新的；第三，戏曲活动是一种大众文化娱乐形式，对于交通闭塞的穷乡僻壤，走江湖的戏班一进村，锣鼓点儿一响，四方乡亲奔走相告，百姓扶老携幼出门聚会，造成一种难得的公共社交机会；第四，在满足精神生活需要的同时，戏曲活动也是集市贸易活动的重要组成部分；第五，戏曲活动迎合和满足了一切民俗活动的要求。山西民间讲究"不响动不吉利"，大锣大鼓闹红火以求吉祥。新婚大喜、生儿育女、逢年过节要唱戏，迎神赛社、宗祠祭祖、消灾祈雨要唱戏，架梁起屋、去病弃疾等要唱"还愿"戏。死了人办丧事，自然不便唱戏了，但也要请吹鼓手"吹"戏，还要在死者的墓室壁上"画"戏。戏曲能唱能吹能舞还能画，娱人娱鬼又娱神，真是出将入相、出神入化，人鬼神共享，淋漓尽致地迎合并满足着大众的精神生活与物质生活需求。

> 曲是曲也曲尽人情愈曲愈折，
>
> 戏岂戏乎戏推物理越戏越真。
>
> 莫妙于台上人离合悲欢入画谱，
>
> 最灵是阅场者兴观群怨助诗情。
>
> 载治乱知兴衰千年制度若亲目，
>
> 寓褒贬别善恶一部春秋全在兹。

清初思想家傅山当年为孝义县（今孝义市）圪卓头戏台题写的这些楹联，或许道出了戏曲创作和戏曲欣赏的妙诀。

吴晗看过蒲剧，曾欣然赋诗："嘉靖蒲梆久擅场，腔高板急谱宫商。"郭沫若来山西看过了更多的梆子戏，同样赋诗道："看罢南梆看北梆，激昂慷慨不寻常。"他们一语中的地描摹出山西戏曲的本质特色和总体风格。腔高板急、激昂慷慨、粗犷豪放、阳刚正气不仅是山西四大梆子，也是山西全部地方戏曲的特色和风格。

——资料来源：周敬飞《中国地域文化通览 山西卷》2013.12（中华书局）

知识检测

模块八题库

思考与实践

1. 思考

（1）寻找资料，比较山西不同地域的饮食差异及产生原因。

（2）"世界上任何事物的发展都存在着生命周期"，从这个角度思考本模块中提到的各项目的、产生、发展、现状及消亡情况。

（3）结合相关模块学习内容，请为传统文化中民俗或非物质文化遗产的传承发展提出自己的看法。

2. 实践

结合所学知识，收集"传统武术"相关资料，选择山西传统武术的任一流派，做一次流派传承人专访，录制一个不少于5分钟的访谈视频，并同步学习一个简单易行的防身技能或者养生手法。

评价内容	自评	组评	教师评价	综合等级
知识检测（题库成绩）	（　　）分	（　　）分	（　　）分	☆☆☆☆☆
课堂活动（任务完成）	☆☆☆☆☆	☆☆☆☆☆	☆☆☆☆☆	☆☆☆☆☆
课下实践（调研报告）	☆☆☆☆☆	☆☆☆☆☆	☆☆☆☆☆	☆☆☆☆☆

感悟提升

学习本模块后，你在职业感悟、生活感悟、生涯感悟等方面是否有新的认识和提高？请具体写出。

参考文献

[1] 高春平. 晋商学 [M]. 太原：山西经济出版社，2009.

[2] 高春平. 国外珍藏晋商资料汇编（第一辑）[M]. 北京：商务印书馆，2013.

[3] 张正明，张舒. 晋商经营智慧 [M]. 太原：山西经济出版社，2015.

[4] 张正明，张舒. 晋商兴衰史 [M]. 太原：山西经济出版社，2010.

[5] 刘建生，刘鹏生. 晋商研究 [M]. 太原：山西人民出版社，2002.

[6] 刘建生，燕红忠，张喜琴，等. 明清晋商与徽商之比较研究 [M]. 太原：山西经济出版社，2012.

[7] 刘建生. 晋商五百年——会馆浮沉 [M]. 太原：山西教育出版社，2014.

[8] 刘建生. 晋商五百年——经营谋略 [M]. 太原：山西教育出版社，2021.

[9] 黄鉴晖. 晋商经营之道 [M]. 太原：山西经济出版社，2009.

[10] 黄鉴晖. 山西票号史 [M]. 太原：山西经济出版社，2002.

[11] 孙丽萍. 天下晋商 [M]. 太原：山西人民出版社，2009.

[12] 吴秋生. 晋商文化教育读本 [M]. 太原：山西经济出版社，2009.

[13] 杨继平，程选. 晋商文化概论 [M]. 北京：首都经济贸易大学出版社，2018.

[14] 孔祥毅，陶宏伟. 晋商案例精选 [M]. 北京：经济科学出版社，2008.

[15] 庞利民. 晋商与徽商（上、下卷）[M]. 合肥：安徽人民出版社，2017.

[16] 王拥军. 晋商的精算——晋商财雄天下的商战传奇 [M]. 北京：北京工业大学出版社，2013.

[17] 赵丽生. 晋商风云 [M]. 北京：高等教育出版社，2018.

[18] 穆雯瑛. 晋商史料研究 [M]. 太原：山西人民出版社，2001.

[19] 范志萍，武红艳. 走进晋商 [M]. 太原：山西经济出版社，2013.

[20] 中国人民银行山西省分行，山西财经学院《山西票号史料》编写组. 山西票号史料 [M]. 太原：山西人民出版社，2002.

[21]《世纪动脉—万里茶道今昔》编写委员会. 世纪动脉——万里茶道今昔 [M]. 太原：山西经济出版社，2017.

[22] 刘再起. 晋商与万里茶道 [M]. 北京：人民出版社，2021.

[23] 郑恩兵. 草原深处远逝的驼铃——世纪动脉之张库商道 [J]. 社会科学论坛，2019（02）：186-197.

[24] 曹慧明. 保晋档案 [M]. 太原：山西人民出版社，2008.

[25] 肖淑珍. 跟着晋商学管理 [M]. 北京：中国城市出版社，2007.

[26] 葛贤慧. 商路漫漫五百年——晋商与传统文化 [M]. 太原：山西经济出版社，2009.

[27] 曹昌智. 平遥古城 [M]. 太原：山西经济出版社，2012.

[28] 陈捷，张昕. 王家大院 [M]. 太原：山西经济出版社，2012.

[29] 朱彤. 细数晋商成与败 [M]. 北京：北京联合出版公司，2012.

[30] 柳永平. 晋商家训 [M]. 太原：山西经济出版社，2016.

[31] 王先明.晋中大院 [M].北京：生活·读书·新知三联书店，2002.

[32] 周敬飞，胡安平.中国地域文化通览 山西卷 [M].北京：中华书局，2013.

[33] 张焕君.三晋文明十三讲 [M].北京：商务印书馆，2019.

[34] 渠珠.山西保矿运动与祁县实业家渠本翘 [J].晋中学院学报，2012，29（02）：82-84.

[35] 黄顺荣.保晋公司四个时期的经营及其延伸发展 [J].文史月刊，2019（11）：64-71.

[36] 雷承锋.中国近代民族工矿企业的兴衰浮沉——以保晋公司的经营为例 [J].太原理工大学学报（社会科学版），2018，36（05）：62-68.

[37] 崔锁龙.胡聘之与山西近代工业的兴起 [J].太原大学学报，2006，7（02）：25-26.

[38] 黄柏权，巩家楠.万里茶道跨越亚欧的"世纪动脉"[J].中国民族，2021（07）：74-77.

[39] 杨平.明清晋商会馆的形成及布局形制探析 [J].山西科技，2014，29（06）：44-45.

[40] 殷俊玲.晋商与晋中民众的饮食生活 [J].太原师范学院学报（社会科学版），2010，9（03）：31-34.

[41] 高丽洁.明清时期山西社火研究 [D].大连：辽宁师范大学，2014.

[42] 宋淑霞.明清时期晋商与形意拳关联之研究 [D].武汉：华中师范大学，2016.

[43] 柴国珍.山西戏曲剧种文化地理研究 [D].西安：陕西师范大学，2008.